PLAY! SOLID WORKS
PART 2026 BASIC

플레이!솔리드웍스2026 파트 베이직 _원동현 저

머리말

플레이! 솔리드웍스 2023 베이직 이후로 2년여 만에 선보이는 베이직 교재의 신간입니다. 2010년 첫 번째 교재를 집필할 때는 워드 파일에 입력한 초본을 출판사에 전달하고, 여러 차례 편집본과 교정본을 주고받으며 여러 단계를 거쳐가며 책을 완성했지만, 15년이 지난 열 다섯번째 교재는 초본 작업과 내용 편집 작업, 내부 디자인과 표지 디자인 작업까지 전문 프로그램을 사용하여 제가 직접 작업하는 경지(?)에 이르렀습니다. 특히 플레이! 솔리드웍스 교재 역사상 처음으로 파트 베이직과 어셈&도면 베이직 두 권으로 나누어 출간하게 되어 여러가지 의미가 더해지며 특별한 교재가 되었습니다.

기존 교재로 학습해 온 독자 여러분들의 피드백, 유튜브 강의에 댓글로 전달해 주시는 피드백, 그리고 전국의 재직자 교육생 여러분들, 대학생들과 수업하면서 교육자의 입장에서 체크한 개선 사항들을 하나씩 정리하여 교재에 반영했습니다. 본 교재가 솔리드웍스를 처음 접하는 독자 여러분들에게 가장 좋은 교재이자, 프로그램에 대한 부담감과 어색함을 친근함으로 바꾸어 주는 교재이자, 배우는 즐거움과 성취감을 느끼는 교재가 되기를 바라는 마음으로 이 교재를 집필했습니다.

15년 동안 좋은 책을 쓸 수 있도록 즐겁게 작업할 수 있도록 변함없이 기다려 주시고 배려해 주신 청담북스 김규철 대표님께 감사드립니다. 전국의 학교에서 강의할 수 있는 기회를 만들어주시는 큐빅시스템즈 박민형 부장님께 감사드립니다. 매해 잊지않고 특강으로 불러주시는 전국의 대학교 교육담당자님과 선생님들께 감사드립니다. 남인천 폴리텍 산학협력단, 대전 한밭대학교 산학협력단, 현대로템 기술교육원 담당자님들께도 깊이 감사드립니다.

운영중인 SWUGN KOREA 커뮤니티 회원들과 스태프 여러분들께 감사드립니다. 다쏘시스템 솔리드웍스 관계자님들께도 감사드립니다.

기도로 중보해 주시는 부모님, 새로운교회 청년부 친구들, 고등부 선생님들과 우리 반 아이들, 그리고 먼곳에서도 기도해 주시는 세 분 집사님, 그리고 저를 위해 기도해 주시고 응원해 주시는 모든 독자 여러분들께 깊이 감사드립니다.

제가 누리고 있는 모든 것들이 어디로부터 왔는지, 누구에게로부터 왔는지 잊지 않는 하나님의 자녀가 되겠습니다. 처음 마음을 잊지 않고 하나님이 허락하시는 자리에서 최선을 다하겠습니다. 모든 것을 주신 하나님께 감사드립니다.

2025. 10.

저자 원 동 현

목차

Chapter 1. 준비해야 할 것들   09

   1. 솔리드웍스 프로그램 준비하기 -------------------- 10
   2. 옵션 설정 - 시스템 옵션 ----------------------- 14
       1) 시스템 옵션 - 필수 설정 항목   14
       2) 시스템 옵션 - 선택 설정 항목   17
   3. 옵션 설정 - 파트 문서속성 --------------------- 20
   4. 사용자 도구모음 추가 ------------------------- 22
   5. 작업 환경 저장하기 -------------------------- 25
       1) 사용자 정의 속성 추가하기   25
       2) 문서 속성 저장하기 = 파트 템플릿   26
       3) 시스템 옵션 저장하기 = 설정 레지스트리 파일   28
   6. 작업창 [설계 라이브러리] 활용하기 --------------- 29

Chapter 2. 알아야 할 것들   33

   1. 인터페이스 소개 ----------------------------- 34
       1) 피처매니저- 디자인 트리   35
       2) 빠른 보기   35
       3) 작업창 (설계 라이브러리)   36
       4) 하단부 탭   36
   2. 솔리드웍스의 파일 관리 ------------------------ 37
       1) 솔리드웍스의 파일 관계도   37
       2) 파일 이름 변경 및 이동   38
       3) 파일 관리 시 주의사항   38
   3. 문서 저장하기 ------------------------------ 40

Chapter 3. 한눈으로 보는 솔리드웍스 (동영상 가이드)   43

1. 마우스 키보드 사용하기 ------------------------- 44
2. 스케치 에피타이저 --------------------------- 45
3. 파트 에피타이저 ----------------------------- 46
4. 어셈블리 에피타이저 -------------------------- 47
5. 도면 에피타이저 ----------------------------- 48

Chapter 4. 3D 모델링의 3요소와 구조   49

1. 솔리드웍스의 3가지 재료와 레시피 ---------------- 50
2. 모델링의 구조와 디자인트리의 이해 --------------- 51
3. 모델링 접근방법 - 플러스 방식과 마이너스 방식 -------- 53
    1) 플러스 방식
    2) 마이너스 방식
4. 입체형상을 보는 방법 - 3각법 정투상도 ------------- 54
5. 모델링 작업을 위한 작업계획 훈련 ----------------- 55
    1) 1단계 훈련 - 3각법 훈련   55
    2) 2단계 훈련 - 3각법에 따라 그려보기   57
    3) 3단계 훈련 - 설계 계획 세워보기   59

Chapter 5. 제 1요소 - 면   61

1. 솔리드웍스에서 기본으로 제공하는 3장의 도화지 -------- 62
2. 스케치를 시작해 볼까요? ---------------------- 63
3. 새로운 평면 추가하기 ------------------------- 64
    1) 오프셋 평면   65
    2) 중간 평면   65
    3) 각도로 기울어진 평면   66

Chapter 6. 제 2요소 - 스케치   67

   1. 스케치를 작성해 볼까요? - 68
        1) 자동 치수 모드로 스케치 작성하기
        2) 수동 치수 모드로 스케치 작성하기
   2. 스케치 작성도구 - 69
        1) 선   69
        2) 사각형   70
        3) 원   71
        4) 원호   71
        5) 홈   72
        6) 다각형   73
        7) 점   73
   3. 스케치 편집도구 - 74
        1) 요소 잘라내기   74
        2) 지능형 치수   75
        3) 스케치 필렛 (모깎기, Fillet)   78
        4) 스케치 모따기 (챔퍼, Champer)   79
   4. 스케치 응용도구 - 80
        1) 요소 변환   80
        2) 요소 오프셋   81
        3) 스케치 패턴 (선형/ 원형)   82
        4) 요소 대칭복사   83
        5) 동적 대칭복사   84
        6) 인스턴트 2D   84
        7) 음영 스케치 윤곽선   85
   5. 구속조건 - 스케치의 성격 - - - - - - - - - - - - - - - - - - 86
   6. 스케치 완전정의 - 89
        1) 크기 정보
        2) 위치 정보
   7. 스케치를 따라해 볼까요? - 90
   8. 스케치 연습문제 1단계 - 94
   9. 스케치 연습문제 2단계 - 96
   10. 스케치 연습문제 3단계 - 98

Chapter 7. 제 3요소 - 피처   101

1. 피처 도구의 분류 ---------------------------- 102
2. 돌출/ 돌출 컷 피처 옵션 ---------------------- 102
3. 피처 필렛과 피처 모따기 ---------------------- 103
    1) 피처 필렛 (모깎기, Fillet)　　　　　103
    2) 피처 모따기 (챔퍼, Champer)　　　 105
4. 3D 선형 패턴과 원형 패턴 -------------------- 106
    1) 3D 선형 패턴　　　　　　　　　　　106
    2) 3D 원형 패턴　　　　　　　　　　　107
5. 3D 대칭 복사 ------------------------------ 108
6. 보강대 ----------------------------------- 109
7. 쉘 -------------------------------------- 110
8. 구배 ------------------------------------ 111

Chapter 8. 파트 1단계 - 솔리드 기본 각면   113

1. 교재 활용 방법 - 저자의 의도 ----------------- 114
2. 기본 각면 예제 1 -------------------------- 115
3. 기본 각면 예제 2 -------------------------- 125
4. 기본 각면 연습문제 ------------------------- 136

Chapter 9. 파트 2단계 - 솔리드 응용 각면   141

1. 응용 각면 예제 1 -------------------------- 142
    1) 풀이과정　　　　　　　　　　　　　143
    2) 풀이과정 - 설계 변경하기　　　　　　150
2. 응용 각면 예제 2 -------------------------- 160
3. 응용 각면 연습문제 ------------------------- 170

Chapter 10. 파트 3단계 - 솔리드 곡면　　　　　175

　　1. 회전 피처 개념정리 --------------------------- 176
　　2. 솔리드 회전 예제 ---------------------------- 177
　　3. 솔리드 회전 연습문제 ------------------------- 186

　　4. 스윕 피처 개념정리 --------------------------- 188
　　5. 솔리드 스윕 예제 ---------------------------- 189
　　6. 솔리드 스윕 연습문제 ------------------------- 197

　　7. 로프트 피처 개념정리 ------------------------- 198
　　8. 솔리드 로프트 예제 -------------------------- 199
　　9. 솔리드 로프트 연습문제 ----------------------- 207
　　10 종합 연습문제 ----------------------------- 208

Chapter 11. 부록　　　　　211

　　1. 56P 모델링 작업을 위한 작업 계획 훈련 정답 ---------- 212
　　　　1) 1단계 훈련 정답
　　　　2) 2단계 훈련 정답
　　2. 94P 스케치 연습문제 정답 --------------------- 214
　　　　1) 스케치 연습문제 1단계
　　　　2) 스케치 연습문제 2단계
　　3. 플레이! 솔리드웍스 공식 유튜브 채널 -------------- 215
　　4. 솔리드웍스 한국 공식 사용자그룹 SWUGN KOREA ------ 216
　　5. 원동현 저자 직강 온/오프라인 교육 신청안내 ---------- 217

chapter 01
준비해야 할 것들

01 솔리드웍스 프로그램 준비하기
02 옵션 설정 - 시스템 옵션
03 옵션 설정 - 파트 문서속성
04 사용자 도구모음 추가
05 작업 환경 저장하기
06 작업창 [설계 라이브러리] 활용하기

01 솔리드웍스 프로그램 준비하기

솔리드웍스 프로그램을 설치하려면 먼저 솔리드웍스 공인 리셀러를 통해서 프로그램을 구매해야 하며, 공인 리셀러는 솔리드웍스 공식 홈페이지 **www.solidworks.co.kr** 에서 확인하실 수 있습니다.

컴퓨터에 인터넷을 연결한 후, 구매처에서 제공받은 설치 파일을 실행하면 다음과 같은 화면이 표시됩니다. 다음 아이콘을 선택하여 다음 단계로 진행합니다.

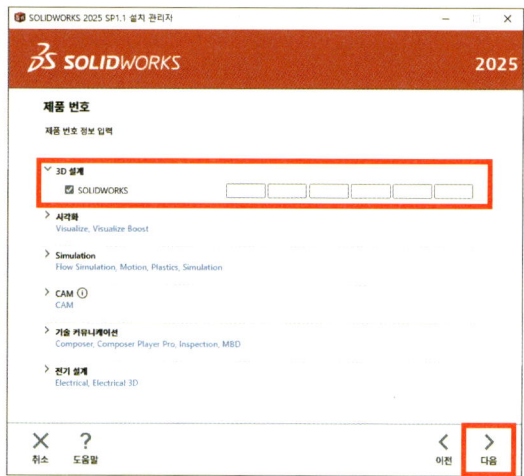

구매 시 받은 라이선스 보증서에 적혀 있는 제품 번호를 입력합니다. 또는 프로그램 구매 시 입력한 이메일 주소를 사용하여 로그인 시 제품 번호가 자동으로 입력됩니다.

다음과 같이 프로그램 설치에 관련된 요약 화면이 표시됩니다. 제품 항목을 확장하면 사용하지 않는 프로그램을 체크 해제하여 설치 용량을 줄일 수 있습니다.

하단부의 < 사용자 조건에 동의 > 항목에 체크한 후, 설치를 진행합니다. 프로그램의 새로운 서비스 팩 버전이 있을 경우 함께 다운로드하여 업데이트 설치가 시작됩니다.

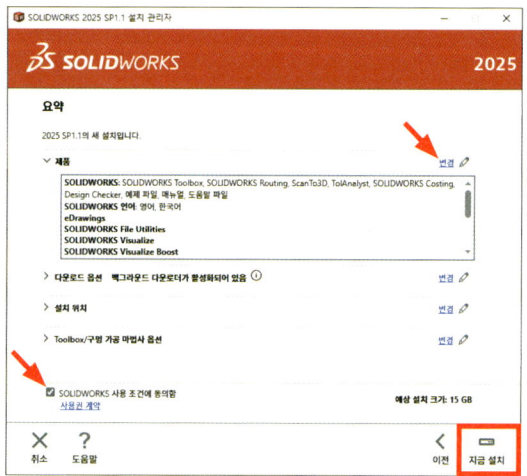

업데이트할 서비스팩 프로그램 다운로드가 완료되면 프로그램 설치가 곧바로 시작됩니다.

설치가 완료되면 솔리드웍스의 새로운 기능을 PDF 문서로 확인할 수 있습니다.

마침 항목을 선택해서 프로그램 설치를 완료합니다.

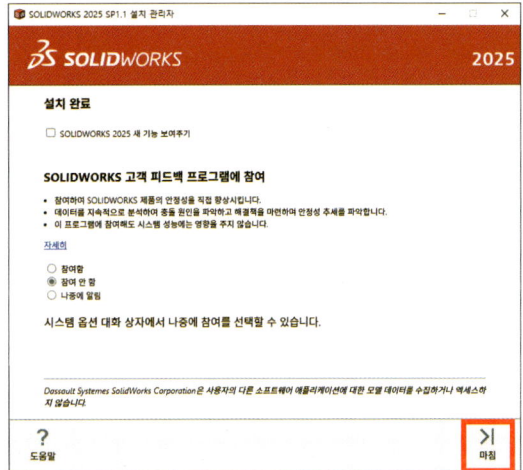

솔리드웍스를 처음 실행하면 다음과 같이 정품 인증 및 활성화 안내창이 표시됩니다. 활성화 작업을 진행해 볼까요?

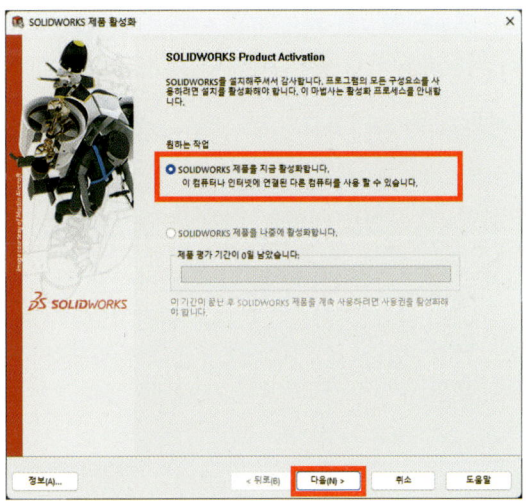

정품 활성화 작업은 두 가지 방법이 있는데, 대부분 **인터넷을 사용한 자동 활성화 방법**을 사용합니다.

활성화 할 항목- SOLIDWORKS 항목을 선택한 후, 구매자의 이메일 주소를 입력하고 다음 항목을 선택해 봅시다.

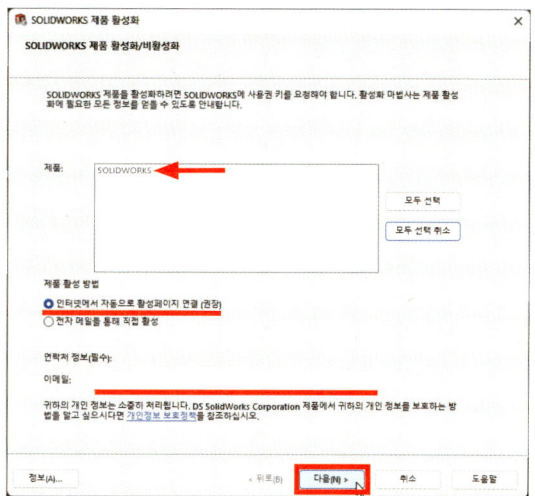

다음과 같이 프로그램의 유효 기간이 표시되며 정상적으로 활성화 되었다는 팝업창이 표시됩니다.

마침 항목을 선택하면 곧바로 솔리드웍스 프로그램이 실행됩니다.

[TIP] 새로운 컴퓨터에 솔리드웍스를 다시 활성화 하고 싶어요

솔리드웍스를 활성화 한 후에 컴퓨터를 포맷하거나, 다른 컴퓨터로 옮겨서 재설치를 해야 하는 경우가 발생했다면, 무작정 삭제하고 재설치를 했다가는 양쪽 모두 사용불가의 문제가 발생할 수 있습니다.

그러므로 **기존 컴퓨터에서 다음의 절차를 따라 반드시 비활성화**를 한 후에 새로운 컴퓨터에서 설치 및 활성화를 해야 정상적으로 사용할 수 있습니다. 라이선스 관리에 주의해 주세요.

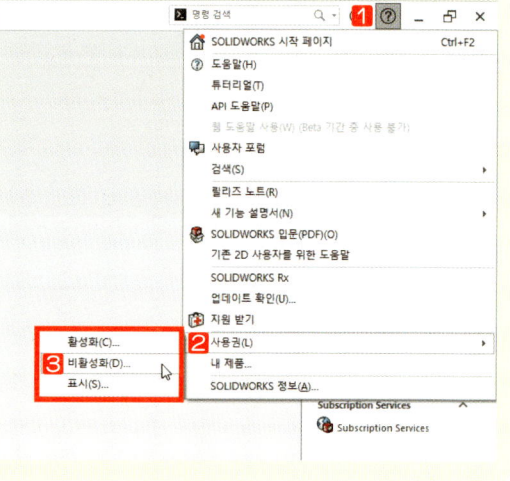

솔리드웍스를 설치한 후 처음 실행하면 다음과 같은 초기 화면이 표시됩니다. 그리고 사용권 계약에 대한 팝업창이 최초 1회 표시되면 **< 동의함 >** 항목을 선택해 줍니다.

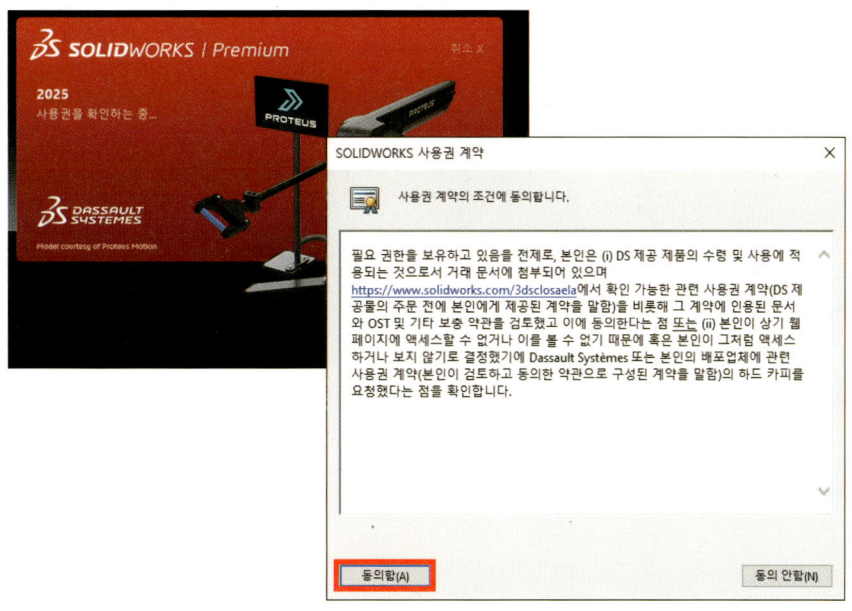

[TIP] 솔리드웍스 2026 이상 버전은 윈도우 11에서부터 사용 가능합니다.

윈도우 10의 지원이 종료됨에 따라, **솔리드웍스 2026 버전부터는 윈도우 11에서부터 설치가 가능합니다.** 그러므로 설치하기 전에 윈도우 운영체제를 확인해 주시기 바랍니다.

또한 솔리드웍스는 **애플 맥OS 버전이 별도로 지원되지 않으므로** 맥이나 맥북 사용자인 경우에는 별도의 윈도우 PC 를 준비하거나, 패러럴즈 등의 가상윈도우를 사용해야 합니다.

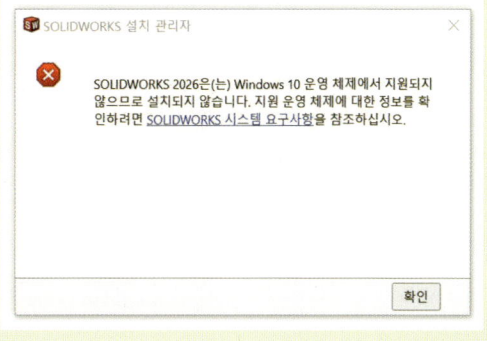

13

02 옵션 설정 - 시스템 옵션

1) 시스템 옵션 - 필수 설정 항목

솔리드웍스를 실행한 후, 메뉴바 - 도구 - 옵션 항목을 선택합니다. 다음과 같이 아이콘으로 실행할 수도 있습니다. 다음을 따라 **가장 기본적인 필수 옵션**을 설정해 봅시다.

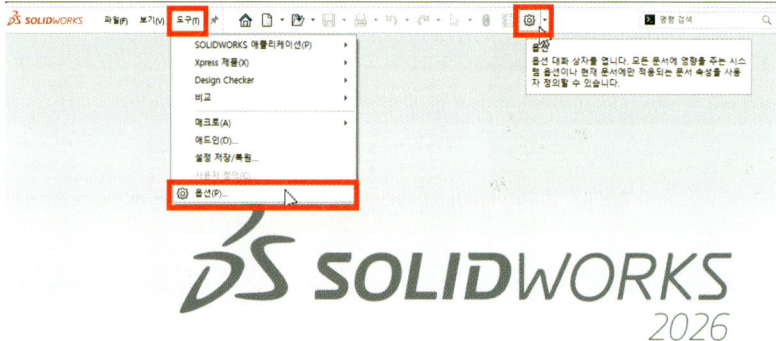

01 일반

솔리드웍스는 대부분의 기본적인 옵션이 이미 체크되어 있습니다. 별도로 영어 메뉴를 체크하면 영문 인터페이스를 사용할 수 있으며, **속도를 저하시키는 불필요한 하단부 옵션도 체크 해제**해 줍니다.

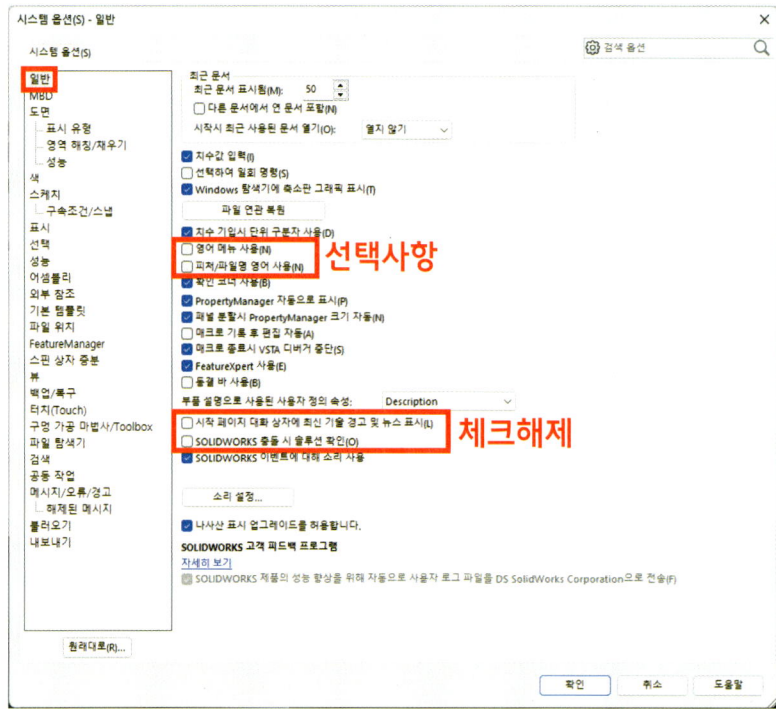

02 색

솔리드웍스에서 사용하는 각 항목에 적용된 색상들을 사용자가 변경할 수 있습니다. 모델링 작업화면의 **배경색 - 시점 배경을 단색으로 변경**해 봅시다. 흰색을 사용해도 좋고, 다음의 미색을 사용하면 화면의 눈부심을 줄일 수 있습니다.

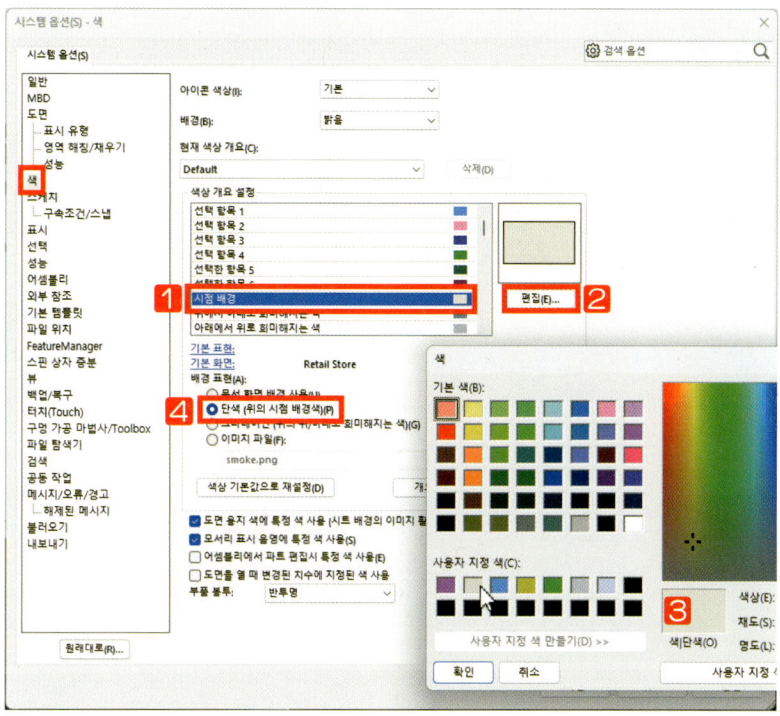

03 스케치

스케치 항목 역시 기본 사항들은 이미 적용되어 있으며, 스케치 모드의 필수 옵션으로 [스케치를 작성할 때 수직이 되도록 자동회전] 항목을 체크해 줍니다.

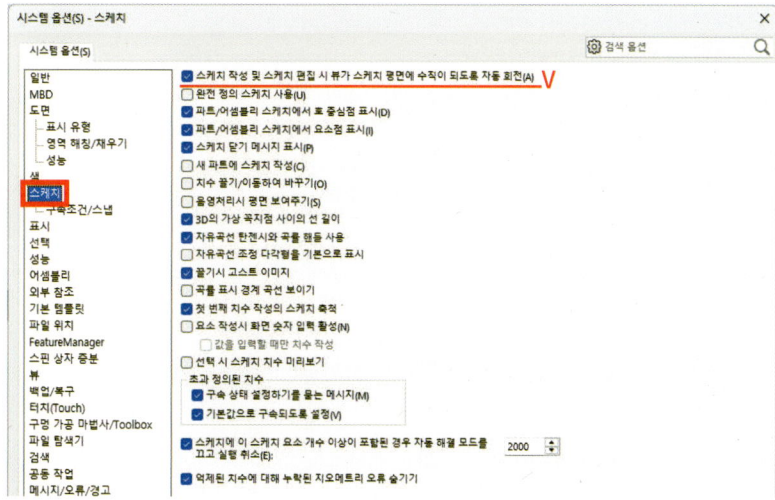

04 Feature Manager

디자인트리와 관련된 옵션으로, 대부분의 옵션은 기본 설정되어 있습니다. 그러나 **[동적 하이라이트] 옵션을 체크 해제**하면 작업 시 핸들링 속도를 높일 수 있습니다. 그리고 **파일 이름 변경** 옵션도 함께 체크해 줍니다.

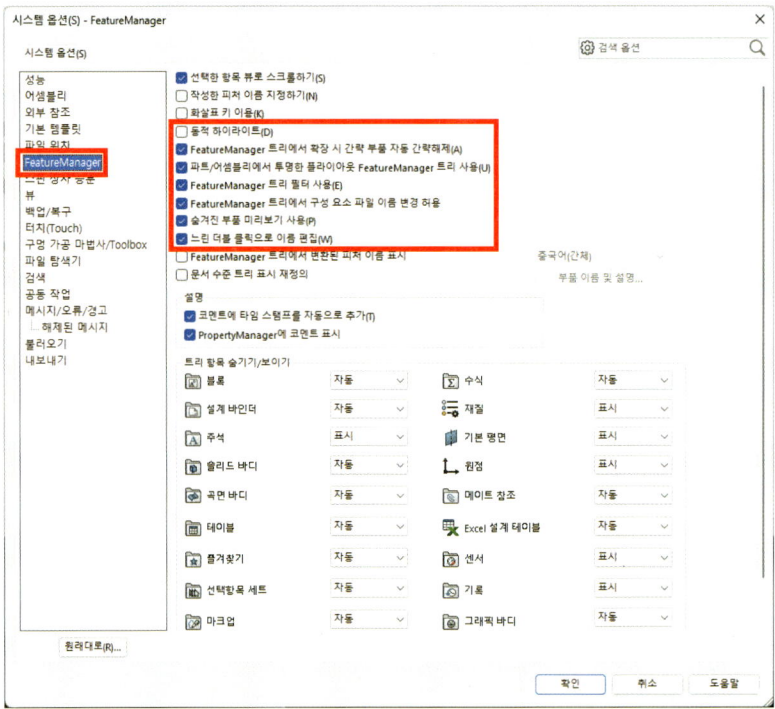

05 뷰

솔리드웍스는 오토캐드나 카티아 같은 타 프로그램에 비교해서 **휠 버튼을 사용한 화면 확대/축소 기능**이 반대로 설정되어 있습니다. 아래 항목을 체크하면 오토캐드와 같은 방향으로 마우스 휠 버튼을 설정하여 사용할 수 있습니다.

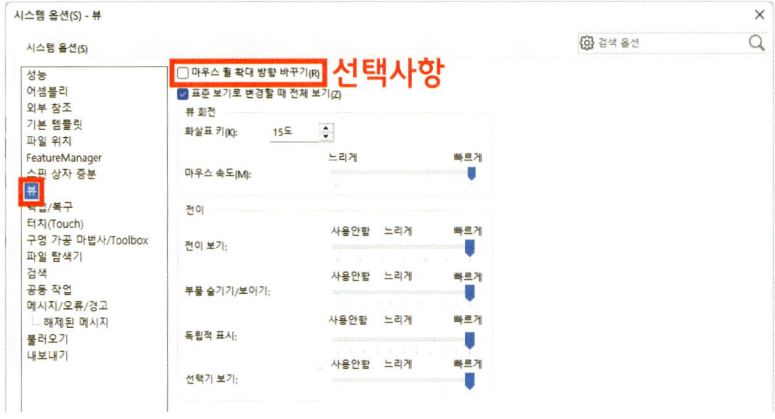

2) 시스템 옵션 - 선택 설정 항목

다음은 **보다 편리한 작업 환경을 위한 추가 옵션** 항목입니다. 선택 옵션이므로, 다음의 설명을 먼저 정독한 후에 필요에 맞추어 설정하시기 바랍니다.

01 표시

화면에 표시되는 모델링 효과에 대한 옵션으로, 대부분 기본값이 설정되어 있습니다.

어셈블리에서 부품을 편집할 때 편집 부품을 구별하기 쉽도록 어셈블리 투명도를 변경해 줍니다.

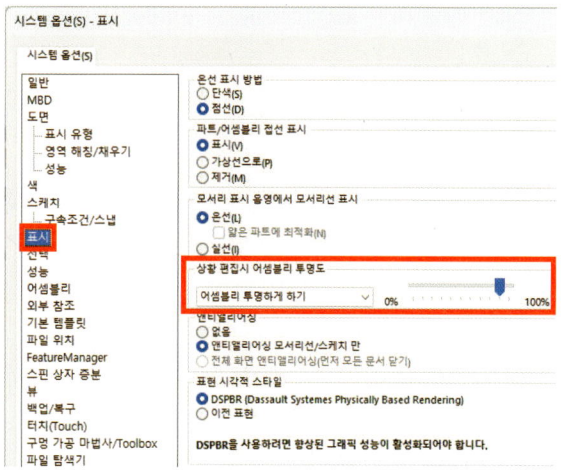

02 선택

화면 드래그의 방식에 대한 옵션입니다. 오토캐드와 같이 올가미 / 상자 모드 중에서 선택하여 사용할 수 있습니다.

상자 모드가 기본값으로 설정되어 있습니다.

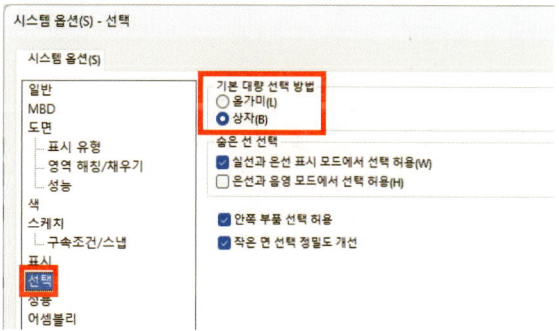

03 성능

성능 옵션은 프로그램의 구동 속도와 최적화와 관련이 있습니다.

특히 다음의 세 가지 옵션은 컴퓨터의 사양에 따라 체크/ 체크 해제가 극명하게 다른 효과를 만들기 때문에, 모델링 실습으로 테스트하면서 설정하는 것을 권장합니다.

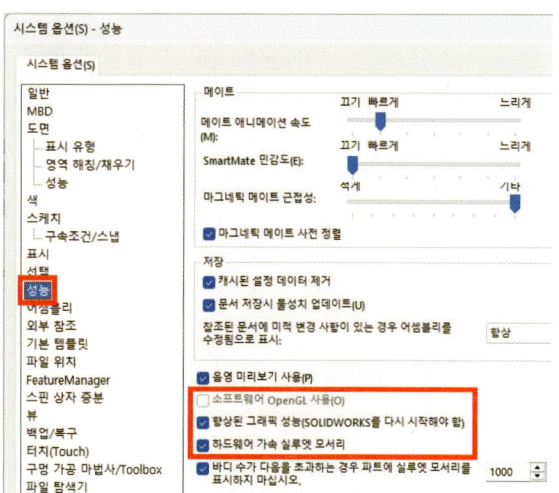

[TIP] 스케치나 치수가 갑자기 보이지 않아요! - 옵션 설정

솔리드웍스를 사용하다보면 종종 이상 현상들이 발생합니다. 작성한 스케치 라인들이 보이지 않는다거나, 치수 문자가 표시되지 않는 등의 화면 표시와 관련된 문제들이 주로 발생합니다.

이런 경우에는 다양한 해결 방법을 사용할 수 있는데요, **컴퓨터의 그래픽 카드 드라이버를 최신 버전으로 업데이트하거나 아예 삭제 후 재설치**하는 방법으로 문제를 해결할 수 있습니다.

그러나 다소 번거로운 방법이기 때문에 가장 먼저 시도해 볼 것은, **시스템 옵션 - 성능**에서 다음의 두 가지 옵션을 체크 또는 체크해제 후에 프로그램을 재실행해 보세요.

또는 **모든 옵션을 공장 초기화를 실행**하는 것도 방법입니다.

의외로 간단한 옵션을 설정하는 방법으로 문제를 해결할 수도 있습니다.

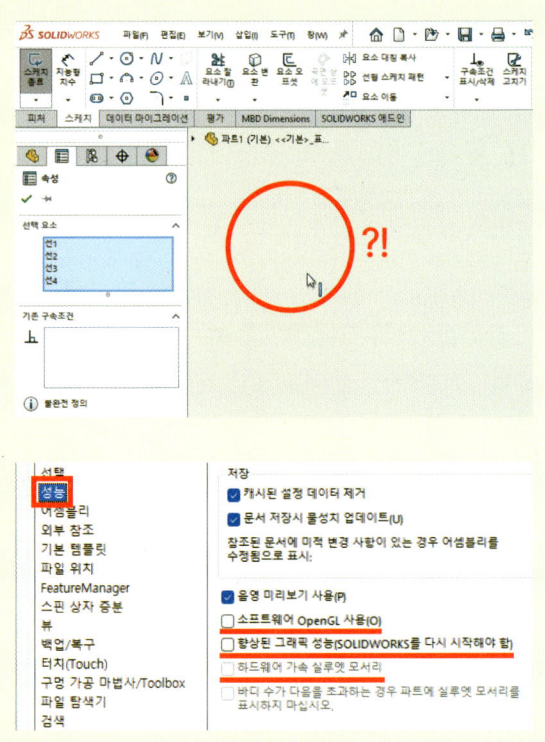

04 백업 / 복구

솔리드웍스 작업 도중 갑자기 프로그램이 강제종료 되거나, 컴퓨터의 전원이 꺼졌을 때와 같은 돌발 상황에 대비하여 지정한 시간마다 작업물을 자동 저장해 주는 기능입니다. 그러나 백업 폴더가 숨김 처리되어 있으므로, 다음과 같이 **별도의 폴더를 생성하여 지정해 주는 것이 좋습니다.**

05 불러오기

타 프로그램에서 생성한 파일을 솔리드웍스로 불러오기 할 때 사용하는 옵션입니다. IGES, STEP 등 여러 가지 파일 형식을 세부적으로 설정할 수 있습니다.

3D Interconnect 옵션을 체크하면 부품이 많은 대용량의 외부 파일이나 대규모 크기의 외부 파일을 빠르게 불러올 수 있습니다.

또한 **카티아, 인벤터 등의 파일을 변환 없이 어셈블리의 부품으로 추가**할 수도 있습니다.

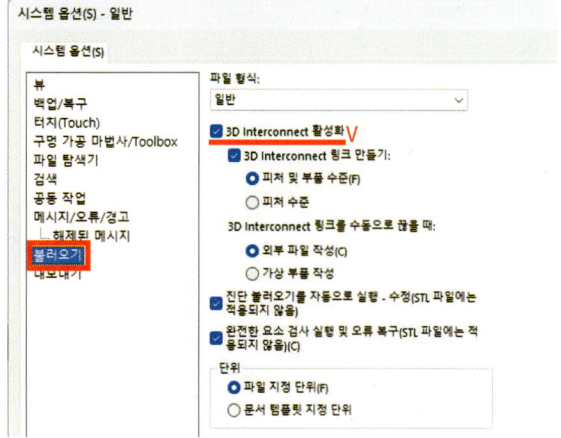

06 내보내기 - STEP 형식

솔리드웍스 파일을 STEP 파일로 저장할 때 사용하는 옵션입니다.

결과물 파일을 실행해 보면, 하나의 면이 두 개 이상으로 나누어지는 문제가 발생하는데, 이런 경우 **<주기적인 면 분할> 옵션을 체크 해제** 하면 단일 면으로 파일을 내보내기 할 수 있습니다.

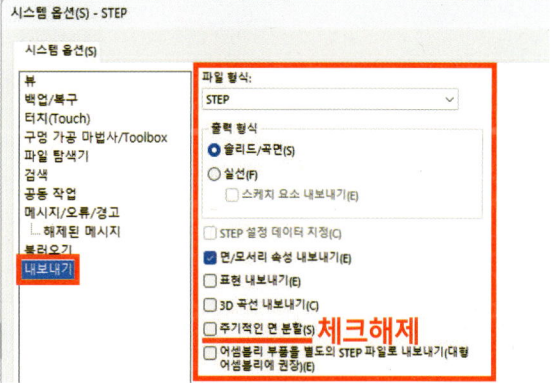

07 내보내기 - PDF 형식

솔리드웍스 파일을 PDF 파일로 저장할 때 사용하는 옵션입니다.

PDF 형식의 파일은 보통 2D 도면 문서를 저장할 때 사용하므로, 다음과 같이 **DPI 해상도를 상향 조정**하고 **고품질 옵션을 모두 체크**해 줍니다.

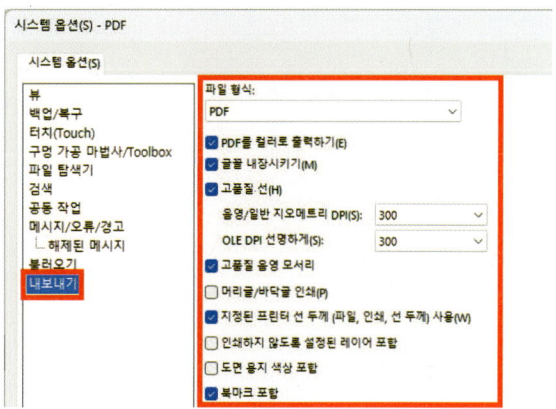

03 옵션 설정 - 파트 문서속성

파트 문서속성은 파트 작업이 이루어지는 작업 환경에 대한 옵션입니다. 즉, 문서 속성 옵션은 파트/ 어셈블리/ 도면별로 분리되어 있기 때문에 각 문서를 실행한 후에 각각 설정해 주어야 합니다.

솔리드웍스를 처음 설치한 후 새 문서를 실행하면 초기 단위 설정에 대한 팝업창이 표시됩니다. 이곳에서 **MMGS** 와 **ISO** 규격을 선택합니다. 그리고 **파트 문서**를 실행해 봅시다.

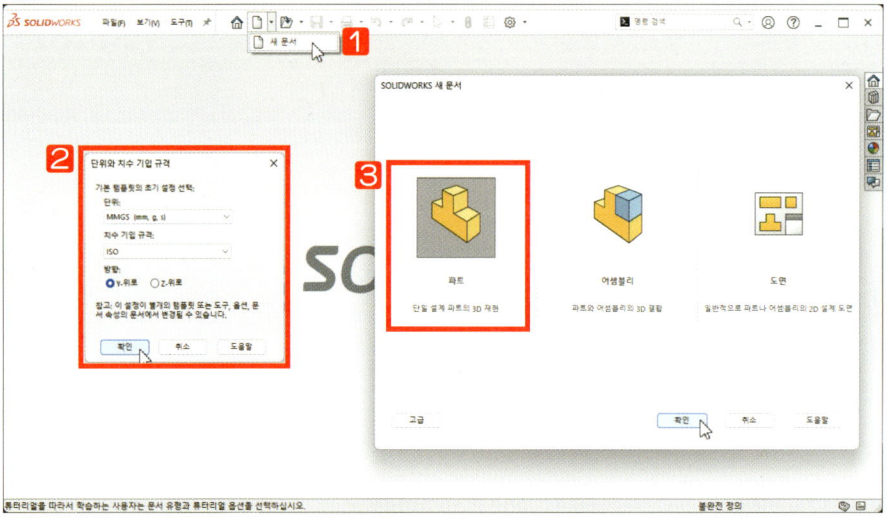

새 파트 문서를 실행한 후, 메뉴바에서 **시스템 옵션**을 실행해 봅시다.
(인터페이스는 다음 단원에서 자세하게 설명해 드립니다.)

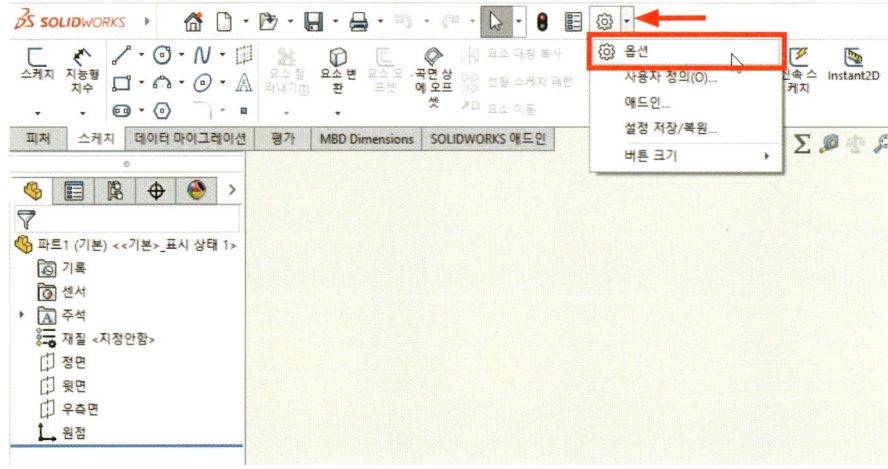

01 치수

파트 작업 시 **치수의 소수점 표시**를 선택할 수 있습니다. 버전에 따라 표시/ 삭제 중에서 선택할 수 있습니다. **자연수를 기준으로 .00 의 소수자리를 표시하지 않으려면 지능형 또는 삭제** 항목으로 설정합니다.

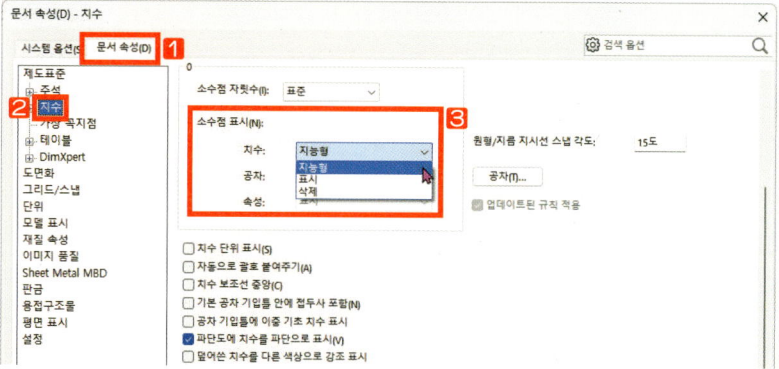

02 치수 - 하위 치수 표시옵션

치수 항목을 확장하고 하위 치수의 표시 옵션에 대해 **수평 문자 모드**로 변경하면 치수 가독성을 높일 수 있습니다. (**각도, 지름, 반경 치수에만 적용합니다.**)

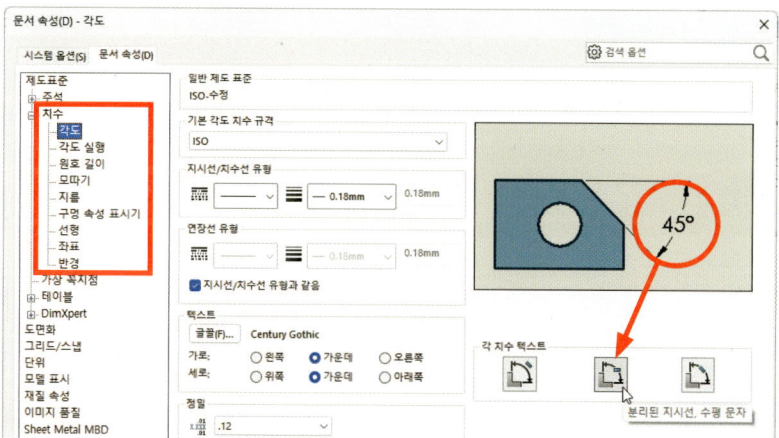

03 단위

기본 단위로 **MMGS** 가 설정되어 있는지 확인해 줍니다.

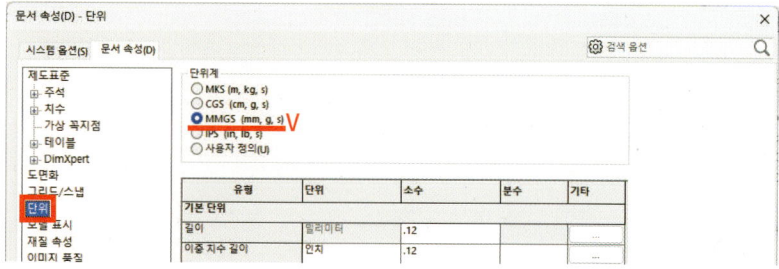

04 평면 표시

솔리드웍스에서 제공하는 평면은 앞면과 뒷면의 색상이 비슷해서 구분이 뚜렷하지 않으므로, **후면 색상**을 다른 색상으로 변경하고, 투명도를 100% 로 조정해 줍니다.

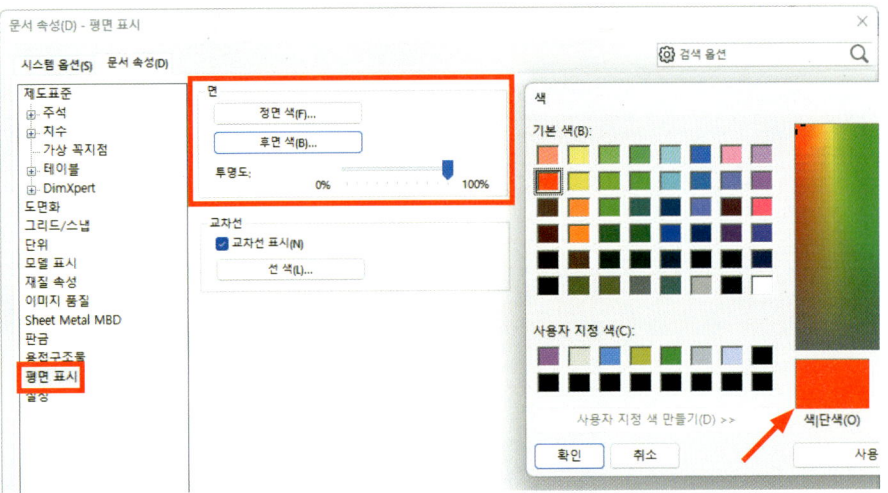

04 사용자 도구모음 추가

솔리드웍스에서는 사용할 수 있는 다양한 도구모음이 탭으로 구분되어 있습니다.

다음과 같이 도구모음 탭을 우클릭하여 탭을 확장하고 **필수 도구모음 탭**을 체크해 봅시다.

[필수 도구모음]
 - 피처
 - 스케치
 - 데이터 마이그레이션
 - 평가

[선택 도구모음]
 - 곡면
 - SOLIDWORKS 애드인
 - 직접 편집

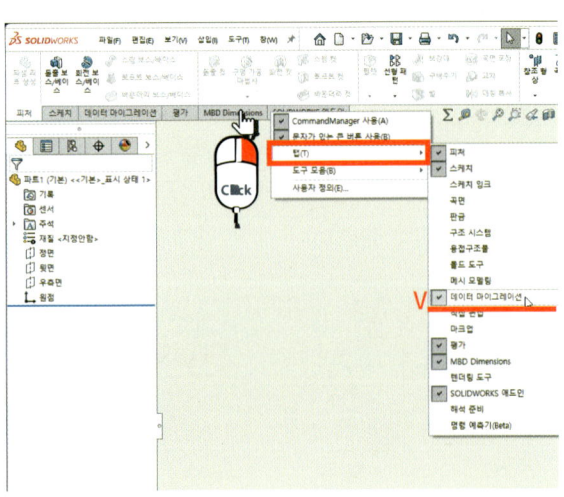

다음으로 솔리드웍스의 도구모음에 표시되지 않은, 숨겨진 도구들을 추가해 볼까요? 메뉴바를 확장하거나, 끝단에 표시되어 있는 아이콘을 선택하여 **사용자 정의** 항목을 실행합니다.

이곳에서 커맨드 매니저의 전반적인 옵션을 조정할 수 있습니다. 경우에 따라 **아이콘의 크기**를 변경하거나, 한글 설명을 빼고 아이콘만 표시하도록 변경할 수 있습니다.

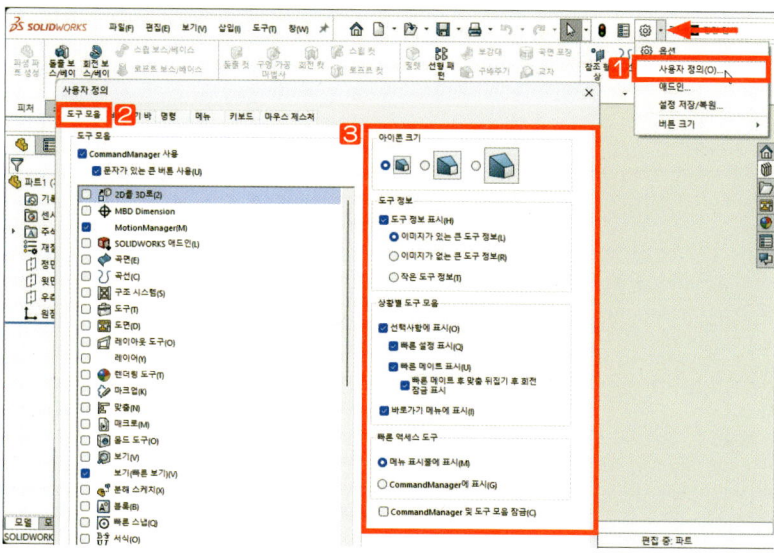

다양한 도구 중에서도 자주 사용하는 도구들은 즉시 사용할 수 있도록 메인 작업창의 빠른 보기 탭으로 추가하는 방법을 권장합니다.

바로가기 바 - 도구 항목을 선택하고 다음의 **측정 / 물성치 / 수식** 도구 아이콘을 **빠른 보기 탭으로 드래그 앤 드롭 방식으로 추가**해 줍니다.

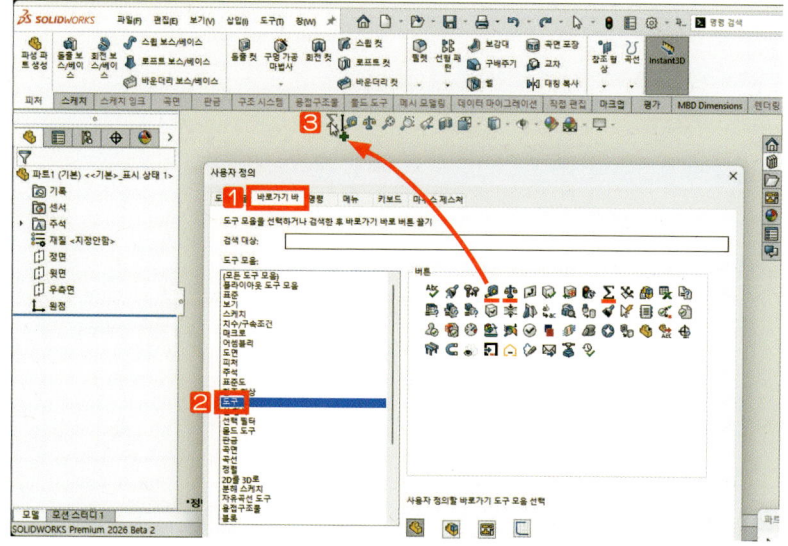

23

도구모음에 표시되지 않은 중요한 스케치 도구들도 추가해 봅시다. 먼저 **스케치 도구모음 탭**을 선택한 후, 다음의 스케치도구를 찾아서 스케치 탭으로 드래그해 줍니다.

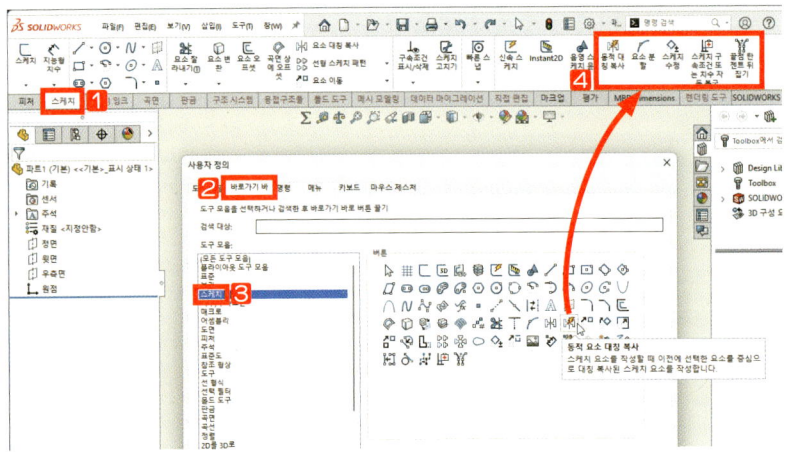

다음의 도구모음을 참고하여 스케치 탭을 구성해 봅시다. (피처 탭은 기본값을 사용합니다.)

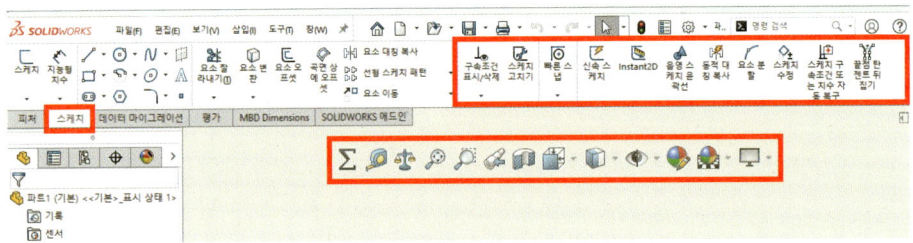

키보드의 단축키는 기본값을 사용하며, **마우스 제스쳐 - 스케치 도구** 탭에는 **잘라내기 도구**를 드래그 앤 드롭 방식으로 추가해 줍니다.

참고) 마우스 제스쳐의 개수는 4개부터 시작하여 익숙해지면 개수를 늘려가며 사용하는 방법을 권장합니다.

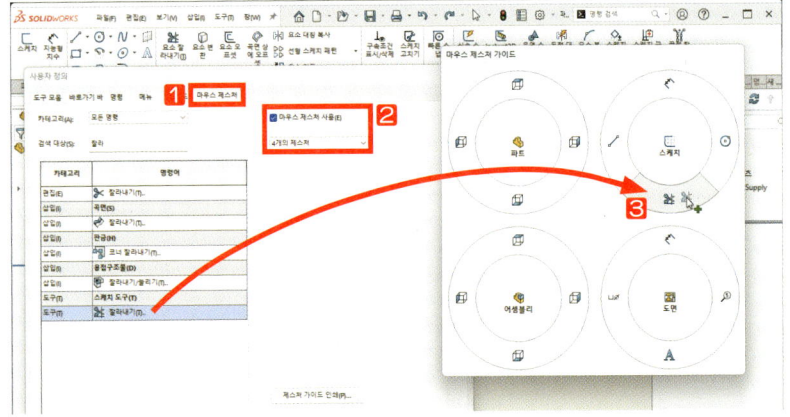

05 작업 환경 저장하기

1) 사용자 정의 속성 추가하기

이전 단원에서 설정한 문서 속성 옵션을 포함하여 **작업 환경 - 템플릿**으로 저장하면 매번 옵션을 설정하지 않아도 동일한 환경에서 작업할 수 있습니다.

이 때, **파트 문서에 회사명, 설계자, 가공 후 처리 등의 기본 정보**를 사용자 정의 속성값으로 미리 작성해 놓으면 모델링의 질량이나 재질 등의 정보가 자동으로 기록됩니다.

이 사용자 정의 속성값은 추후 2D 도면 작성 시 표제란이나 BOM 테이블 등에 자동 입력되는 등 다양한 용도로 활용할 수 있습니다.

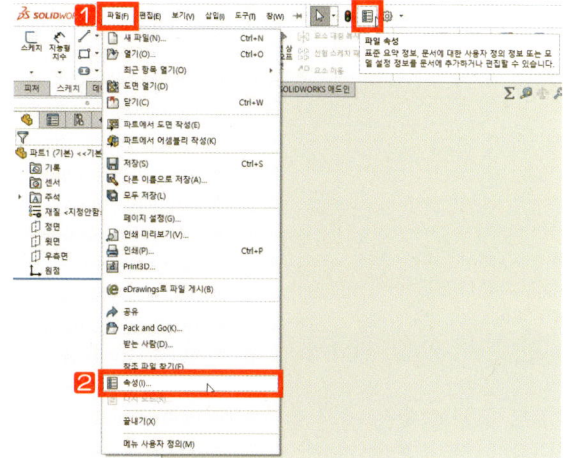

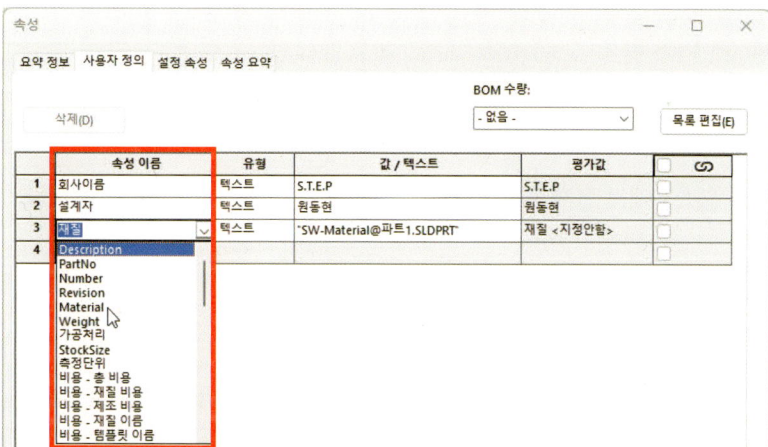

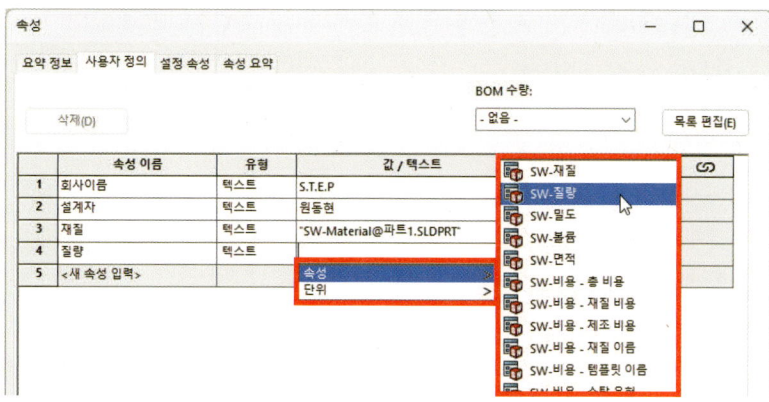

사용자 정의 속성은 회사에 필요한 내용들로 자유롭게 구성해 줍니다. 또한 속성값은 필요에 따라 내용을 변경할 수도 있습니다.

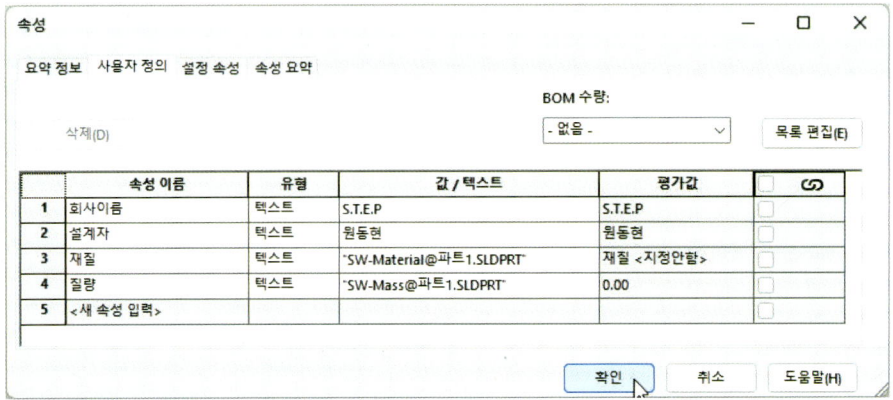

2) 문서 속성 저장하기 = 파트 템플릿

파트 문서의 모든 옵션 설정이 완료되면 다른 이름으로 저장 항목을 선택합니다. 저장하는 순서는 다음과 같습니다.

① 확장자를 파트 템플릿 - [.prtdot] 으로 변경합니다.
② 회사이름 - 파트 또는 실습 - 파트 등으로 이름을 입력합니다.
③ 바탕화면이나 D 드라이브 등에 별도의 템플릿 폴더를 미리 만든 후 지정해 줍니다.

템플릿 파일로 저장한 후에는 **현재 파트 문서는 별도의 추가 저장없이 종료해 줍니다.**

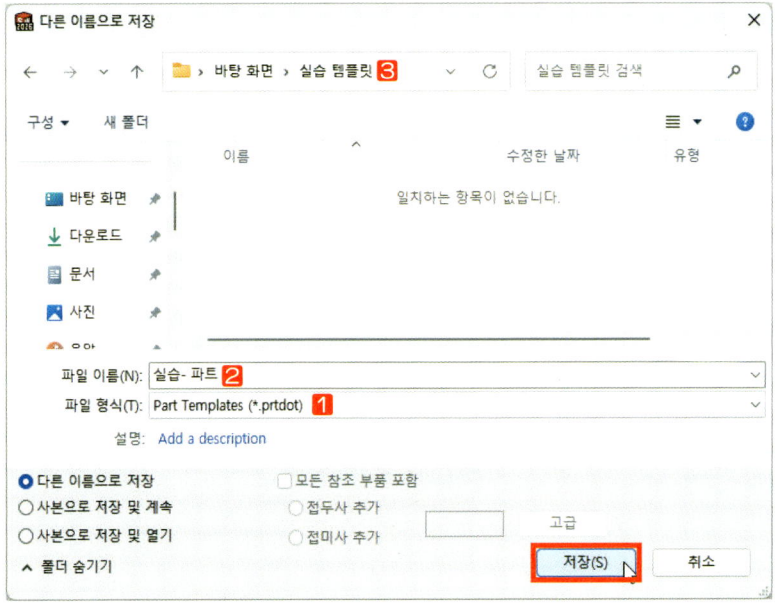

저장한 템플릿은 솔리드웍스와 연결해 주어야 정상적으로 사용할 수 있습니다. **시스템 옵션 - 파일 위치 - 문서 템플릿** 항목에 생성한 템플릿 폴더를 추가해 줍니다.

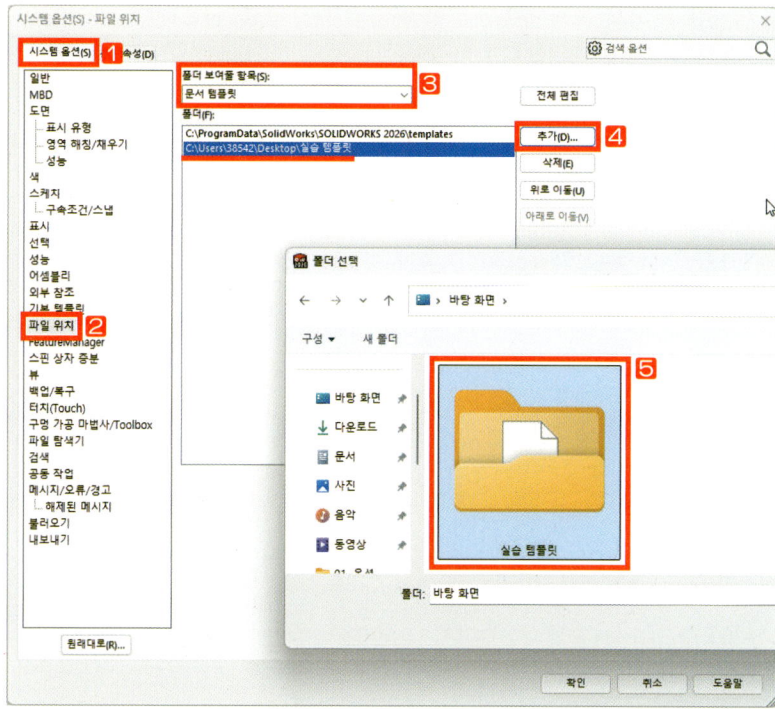

새로 만든 파트 템플릿이 정상적으로 표시되는지 확인해 볼까요? 새 문서를 실행한 후, 하단부 옵션 창에서 **고급** 탭을 선택합니다.

새로 만든 템플릿 폴더와 함께 저장된 파트 템플릿이 함께 표시됩니다.

참고) 어셈블리 문서와 2D 도면 문서 역시 각각의 문서에 각각의 문서속성을 설정해야 하며, 어셈블리 템플릿 / 2D 도면 템플릿 문서로 저장해 주어야 합니다.
플레이! 솔리드웍스 2026 어셈&도면 베이직 교재에서 더욱 자세하게 확인할 수 있습니다.

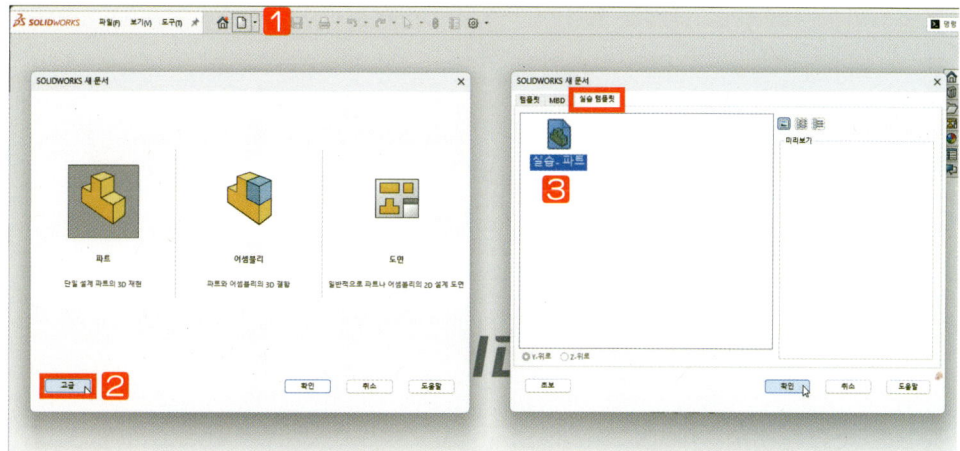

3) 시스템 옵션 저장하기 = 설정 레지스트리 파일

파트, 어셈블리 등의 개별 작업 환경 - 템플릿 구축 외에도, **솔리드웍스 전체에 적용한 시스템 옵션과 단축키 등의 옵션을 묶어서 설정 레지스트리 파일**로 저장할 수 있습니다.

이 설정 레지스트리 파일을 생성해 놓으면 솔리드웍스를 삭제 후 재설치하거나, 다른 컴퓨터에 설치하여 동일한 옵션을 설정해야 하는 경우 손쉽게 옵션을 적용할 수 있습니다.

다음과 같이 **메뉴바 - 도구 - 설정 저장 / 복원** 항목을 선택해 봅시다.

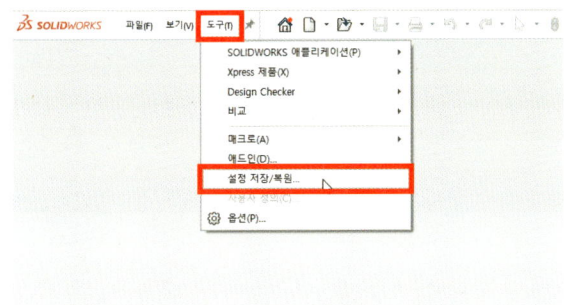

설정 저장 항목을 선택한 후, 다음 단계로 진행합니다.

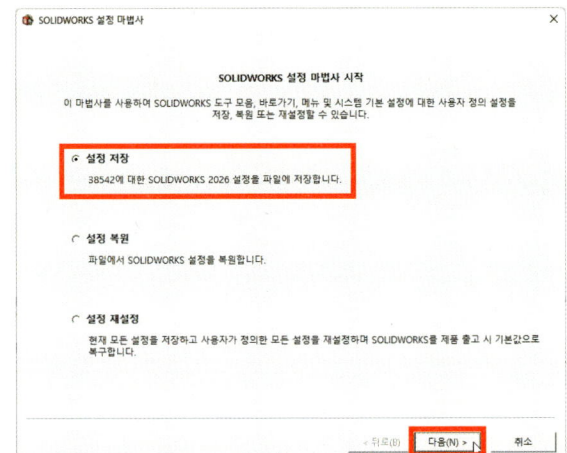

저장할 항목을 살펴 봅시다. 필요한 항목만 지정하거나, 전체 항목을 선택합니다.

그리고 **찾아보기** 항목을 선택해서 저장할 위치와 파일 이름을 입력한 후, 하단부의 **마침** 항목을 선택합니다.

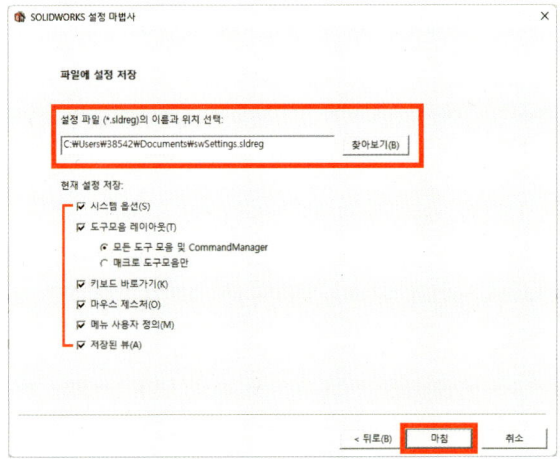

설정 레지스트리 파일이 저장되었습니다.

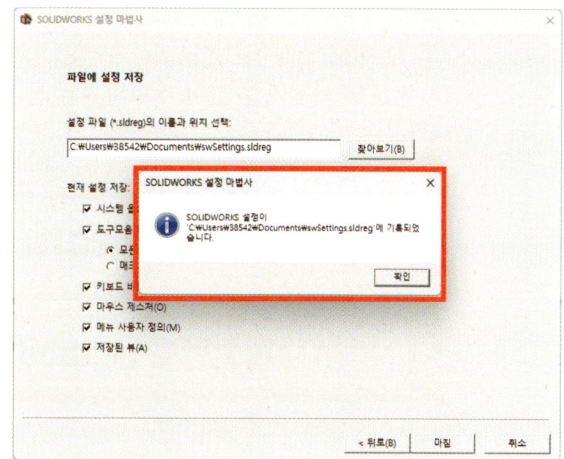

생성된 설정 레지스트리 파일은 미리 저장해 놓은 템플릿 폴더와 함께 자신의 이메일이나 회사 내 서버에 업로드하여 보관해 놓았다가 필요할 때 내려받아서 사용할 수 있습니다.

설정 레지스트리 파일을 더블클릭하는 방법으로 손쉽게 적용할 수 있습니다.

06 작업창 [설계 라이브러리] 활용하기

솔리드웍스의 오른쪽에 배치되어 있는 **작업창** 도구, 그 중에서도 **설계 라이브러리 탭**은 파일의 저장과 실행을 포함하여 중요한 역할을 합니다.

만약 작업창 항목이 갑자기 숨겨지거나 사라져 버렸다면, **메뉴바 상단을 우클릭하여 도구모음 - 작업창** 항목이 체크되어 있는지 확인해 주시기 바랍니다.

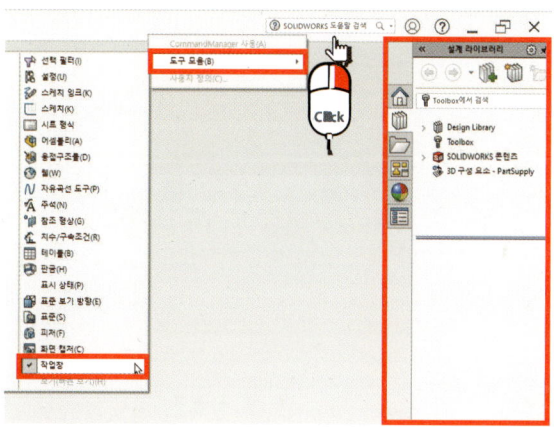

설계 라이브러리 탭에 교재의 예제 파일 폴더를 연결해 봅시다. 먼저 다음 사이트에 접속하여 예제 파일을 다운로드 합니다. 또는 교재 표지 안쪽의 청담북스 웹하드 사이트에 접속하여 다운로드 받아도 좋습니다. **별도의 회원가입 없이 누구나 자유롭게 열람할 수 있으며, 첨부 파일의 비밀번호는 다음과 같습니다.**

첨부파일에는 2017 버전과 2026 버전 두 가지의 예제파일이 담겨 있습니다. 도면의 정답과 풀이과정을 비교하는 용도로 사용합니다.

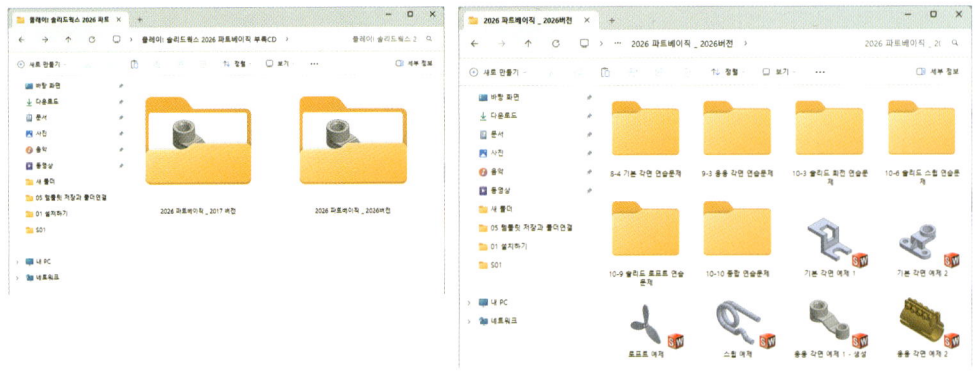

압축을 해제한 부록CD 파일 폴더를 다음의 순서를 따라 솔리드웍스의 설계 라이브러리에 연결해 봅시다.

연결된 폴더에 저장되어 있는 솔리드웍스 문서가 썸네일로 표시됩니다. **파일을 실행할 때, 썸네일로 확인하고 더블클릭하면 즉시 실행된다는 장점이 있습니다.**

또한, 파트나 어셈블리 문서를 저장하는 데에도 설계 라이브러리를 활용할 수 있습니다.

다음과 같이 **디자인트리에서 문서 이름을 드래그 앤 드롭 방식으로 설계 라이브러리의 폴더에 즉시 저장**할 수 있습니다.

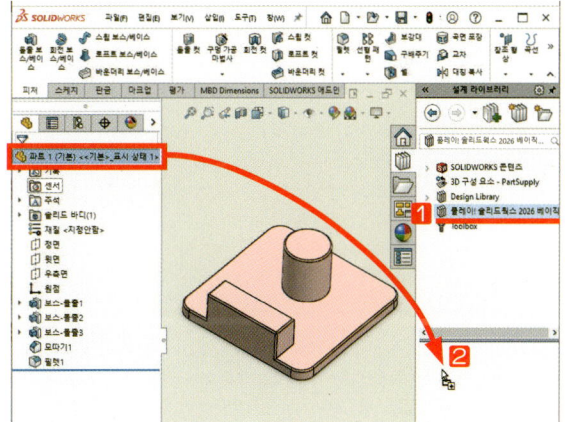

다음과 같이 다른 이름으로 저장 팝업창이 자동으로 표시됩니다. **저장 위치가 자동으로 지정되기 때문에, 파일 이름만 입력하여 손쉽게 저장할 수 있다는 장점도 있습니다.**

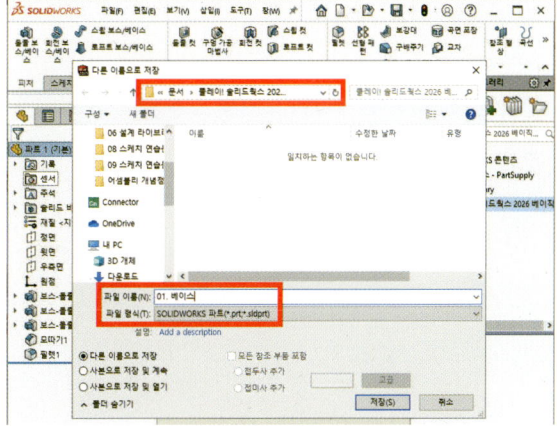

주의) 어셈블리 문서를 저장할 때는 반드시 어셈블리 확장자(.SLDASM)를 확인해서 저장해야 하며, 2D 도면 문서에는 드래그 앤 드롭 방식이 적용되지 않으므로 개별 저장해야 합니다.

MEMO ✓

chapter 02
알아야 할 것들

01 인터페이스 소개
02 솔리드웍스의 파일관리
　　솔리드웍스의 파일 관계도
　　파일 이름 변경 및 이동
　　파일 관리 시 주의사항
03 문서 저장하기

01 인터페이스 소개

솔리드웍스는 다음의 세 가지 작업 유형을 가지고 있습니다. 낱개의 부품을 만드는 **파트 PART 작업**, 부품들을 결합하는 **어셈블리 ASSEMBLY 작업**, 부품이나 조립품의 2D 도면을 작성하는 **도면 2D DRAW 작업**, 총 3개의 작업으로 구성되어 있습니다.

새 문서를 실행한 후 다음 화면에서 **파트 문서**를 선택합니다.

솔리드웍스가 다른 3D CAD 에 비해 첫인상이 친숙한 것은 **마이크로소프트 사의 워드나 엑셀 같은 문서작성 프로그램의 인터페이스과 비슷하게 구성**했기 때문입니다. 각각의 명칭은 다음과 같습니다.

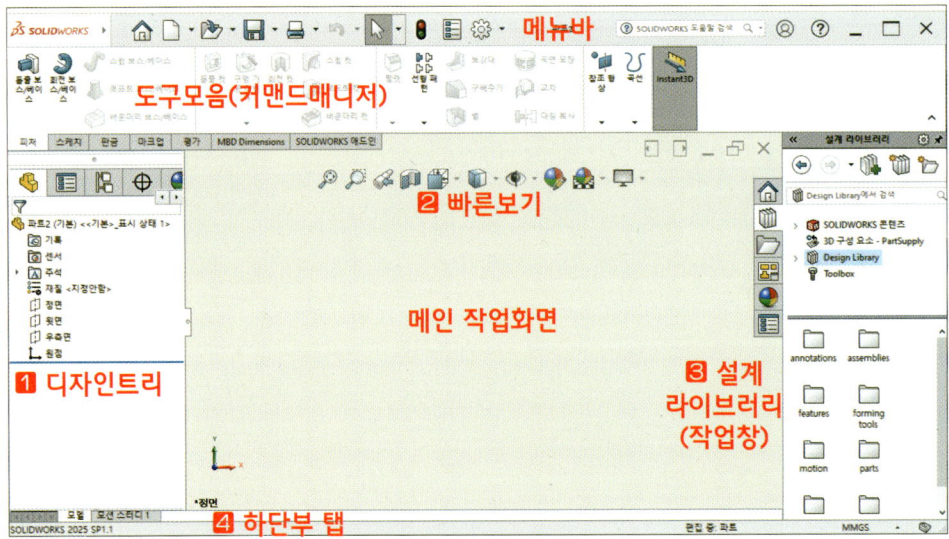

1) 피처매니저 - 디자인트리

솔리드웍스 작업창의 왼쪽 벽에 위치하고 있는 디자인트리에 대해 알아봅시다. 디자인트리는 다음과 같이 5가지 이상의 세부 탭으로 구성되어 있습니다.

첫번째 탭은 **피처매니저 디자인트리** (Feature Manager) 라고 부릅니다. 정면 / 윗면 / 우측면의 3면과 원점이 표시되어 있으며, 여러분의 솔리드웍스 작업과정 (History) 이 기록되는 공간이기도 합니다.

디자인트리 라고 부르는 탭은 대표적으로 이 첫번째 탭을 가리킵니다.

디자인트리의 마지막 탭은 **디스플레이 매니저** (Dispaly Manager) 탭으로, 이곳에는 모델링의 색상, 데칼, 조명과 카메라 등의 환경 옵션이 표시됩니다. 이 곳에서 화면 밝기와 재질 표현, 카메라 구도 등을 변경할 수 있습니다.

미리 설정해 놓은 환경은 즐겨찾기로 만들어놓고, 다음과 같이 빠른 보기 탭에서 손쉽게 적용하고 변경할 수도 있습니다.

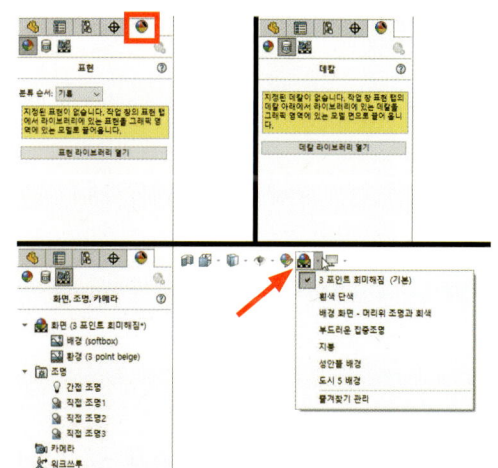

2) 빠른 보기

솔리드웍스의 메인 작업창의 상단에는 모델링의 다양한 표시 옵션을 제어할 수 있는 **빠른 보기** 탭이 구성되어 있습니다. 기본적인 확대 / 축소 및 단면도를 작성하여 모델링의 내부를 쉽게 확인할 수 있습니다.

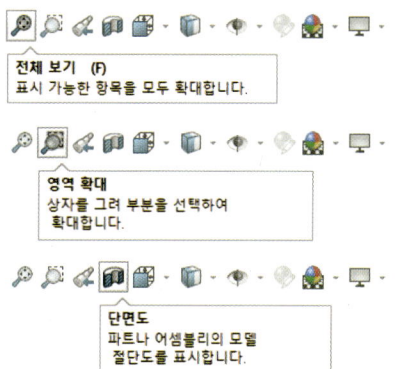

또한, 뷰 방향을 변경하거나 참조형상을 보이고 숨기는 작업, 모델링의 원근과 그림자 표시도 이 곳에서 설정할 수 있습니다.

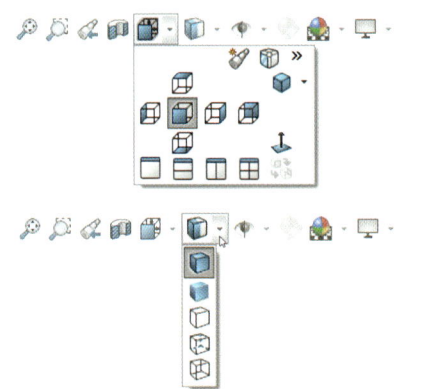

3) 작업창 (설계 라이브러리)

이전 단원에서 언급한 바 있는 설계 라이브러리 탭을 포함하여 오른쪽 측면의 탭을 **작업창** 이라고 합니다. 작업창 중에서도 **설계 라이브러리** 탭을 주로 사용하는데, 솔리드웍스 문서를 저장하고 불러올 때 요긴하게 사용하는 작업창 탭입니다.

그 외에도 파일 탐색기, 2D 도면 작업 시 활성화되는 뷰 팔레트 탭 등 작업 편의성을 높여주는 다양한 탭으로 구성되어 있습니다.

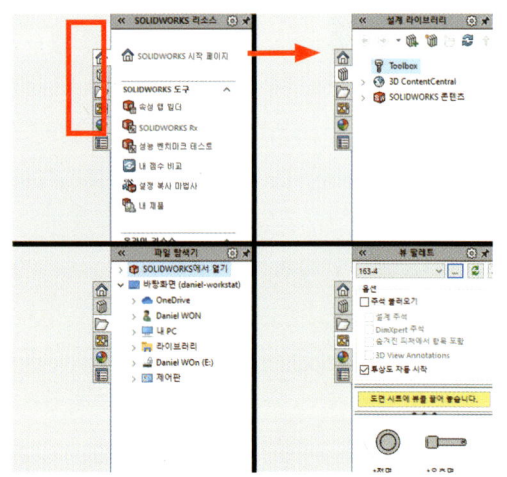

4) 하단부 탭

메인 작업창의 하단부는 3개의 탭으로 구성되어 있는데, 모델 탭의 오른쪽에는 빠르게 문서의 단위를 변경할 수 있는 **단위** 옵션이 표시되어 있습니다.

3D PDF 를 생성하는 데 사용하는 3D 뷰 탭과, 구동 영상을 제작할 수 있는 모션 스터디 탭이 표시되어 있으며, 솔리드웍스의 구매 버전에 따라 표시되는 항목이 다를 수 있습니다.

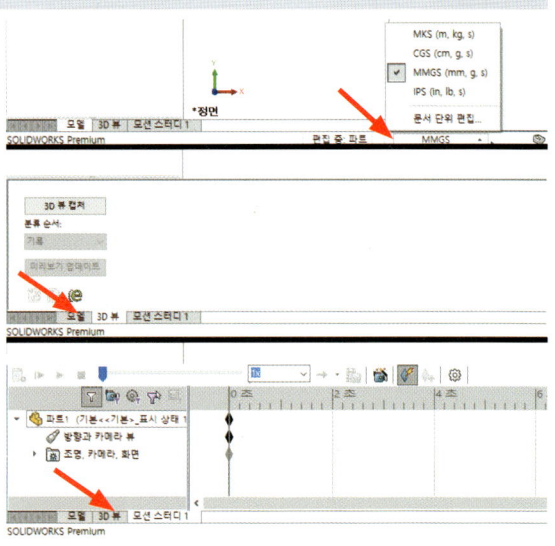

02 솔리드웍스의 파일관리

1) 솔리드웍스 파일 관계도

솔리드웍스 작업에 앞서, 우리는 **솔리드웍스의 파일 관계도**를 먼저 이해할 필요가 있습니다. 파일 간 관계를 이해하는 것은 솔리드웍스의 전반적인 작업에 있어서 굉장히 중요한 기본 지식입니다.

다음은 솔리드웍스의 파일 관계도를 나타낸 그림입니다. 솔리드웍스에서 단일 파트를 작성할 때 고유의 ID 가 생성되면서 파트 파일의 이름과 저장 위치 등의 정보가 함께 저장 됩니다.

이 파트 파일을 사용하여 어셈블리와 2D 도면을 작성하면, 파트의 정보들이 각각의 작업에 전달되어 **파트-어셈블리- 2D도면 간 동기화 체계**가 이루어지게 됩니다.

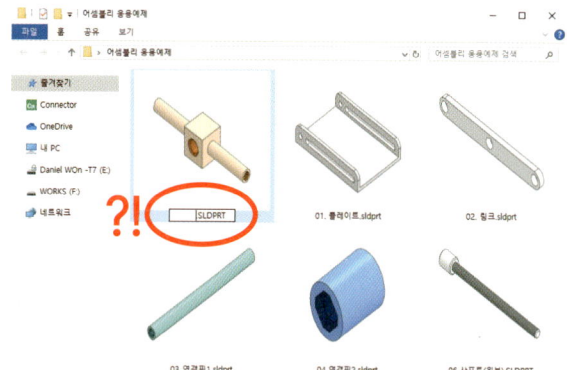

하지만 솔리드웍스의 파일 체계를 모르는 작업자가 윈도우 탐색창에서 다음과 같이 두번 클릭하여 파트 문서의 이름을 변경한다거나, 잘라내기-붙여넣기 의 방식대로 파일의 위치를 강제로 변경한다면 어떻게 될까요?

강제로 파일의 이름을 변경하거나 위치를 변경하면 다음과 같이 **파트-어셈블리 간, 파트-도면 간의 관계가 끊어져 버리게 됩니다.**

어셈블리 파일로 도면을 작성하더라도, 결국 어셈블리를 구성하는 파트 자체의 관계성이 끊어져 버리기 때문에 어셈블리 뿐 아니라 2D 도면까지 오류가 발생하는 연쇄 오류 효과가 발생합니다.

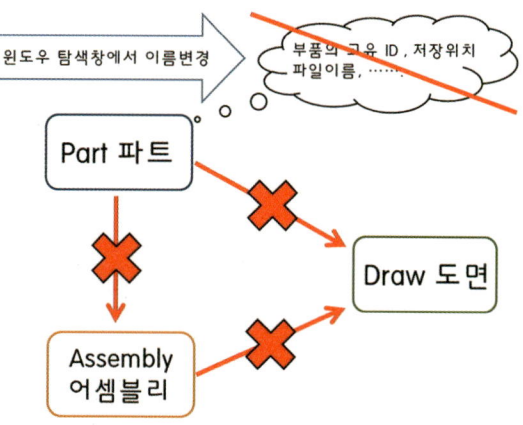

2) 파일 이름 변경 및 이동

그렇기때문에, 솔리드웍스의 파일의 이름을 변경하거나, 다른 폴더로 이동해야 할 경우에는 반드시 다음의 방법을 지켜 주어야 오류가 발생하지 않습니다.

윈도우 탐색창에서 **이름을 변경할 부품을 우클릭**하여 **SOLIDWORKS** 항목을 선택해 봅시다. 이름변경, 위치 이동 등 전반적인 파일 관리에 대한 하위 옵션이 표시됩니다.

옵션에서 이름바꾸기 항목을 선택하면 어떻게 될까요?

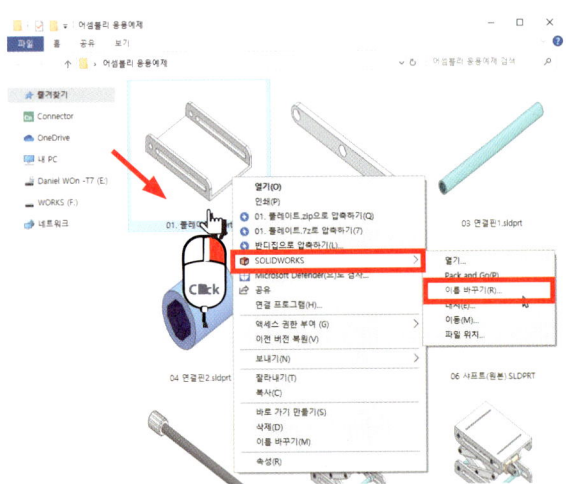

다음과 같이 팝업창이 표시되는데, 이름을 변경하고자 하는 파트 파일과 연결되어 있는 어셈블리나 2D 도면 문서를 함께 표시해 줍니다. 이 곳에서 **체크 항목을 유지한 채 이름을 변경해야 파일 관계가 끊어지지 않습니다.**

일부러 어셈블리와의 관계를 끊어야 한다면 하단부의 항목을 체크 해제한 후에 이름을 변경해야 합니다. 폴더 이동 작업도 동일합니다.

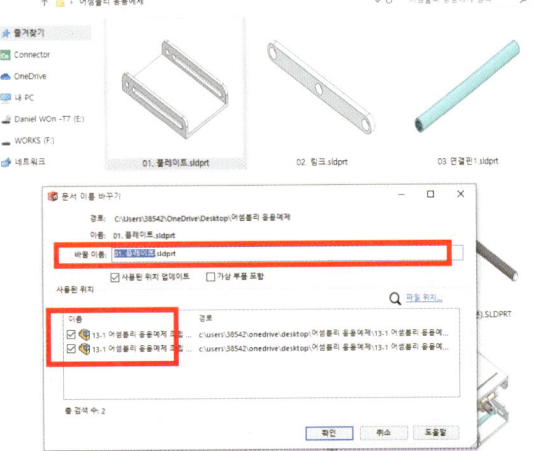

3) 파일 관리 시 주의사항

솔리드웍스의 작업물을 이메일에 첨부하거나, 거래처에 전송할 때 가장 흔히 실수하는 내용이 있습니다. 바로, 파트 파일을 제외하고 어셈블리 파일만 전송하거나, 2D도면 파일만 업로드하는 경우가 바로 그것입니다.

위에서 언급한 것처럼, 솔리드웍스는 기본적으로 파트 문서로부터 어셈블리, 2D도면 문서까지 연결되어 있기 때문에 파일 전송 시 다음 사항을 꼭 지켜주어야 합니다.

※ 솔리드웍스는 하위 버전으로 저장할 수 없으며, 하위 버전에서는 상위버전 파일을 실행할 수 없으므로 파일 버전에 주의합니다.
※ 어셈블리 문서는 반드시 관련 파트 문서들과 함께 압축해서 전송합니다.
※ 2D 도면 문서 역시 관련 파트나 어셈블리 문서들과 함께 압축해서 전송합니다.
※ 2D 도면 문서만 전송해야 한다면 DWG 나 PDF 형식으로 저장하여 전송합니다.
※ 팩앤고 Pack and Go 도구를 사용하면 손쉽게 첨부 파일을 만들 수 있습니다.

팩앤고 Pack and Go 도구는 파트/ 어셈블리 문서 모두 사용할 수 있으며, 주로 어셈블리 문서와 관련 파트 파일들을 하나로 묶는 데 사용합니다.

윈도우 탐색창에서 실행하는 방법과. 솔리드웍스에서 문서를 실행해 놓은 상태에서도 사용할 수 있습니다. (**메뉴바 - 파일 - 팩앤고**)

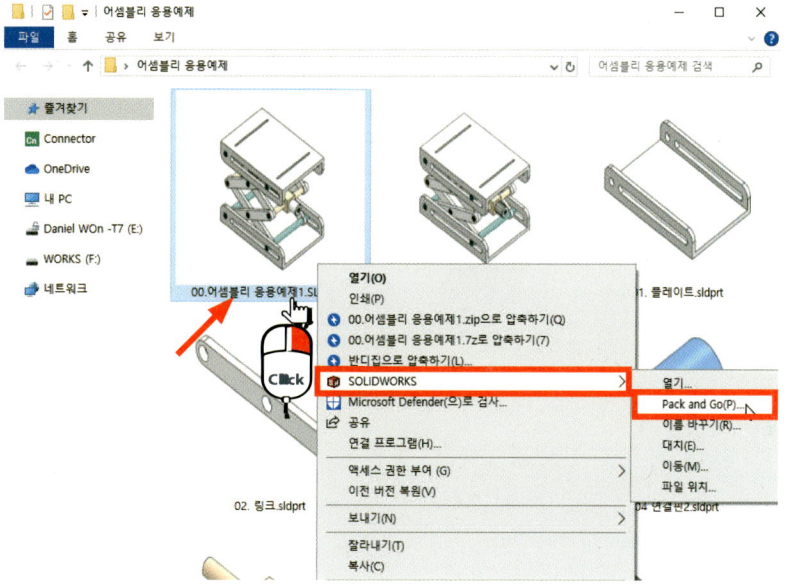

표시되는 팝업창을 살펴봅시다. 다음과 같이 관련 파일들이 정렬되어 표시됩니다.

① 관련 파일들을 한번에 압축파일 (.ZIP) 로 저장할 수 있습니다.
② 접두사/접미사를 사용하여 원본과 분리된 어셈블리를 새로 만들 수 있습니다.
③ 파트 파일 뿐 아니라 도면 문서, 시뮬레이션 결과도 함께 저장할 수 있습니다.

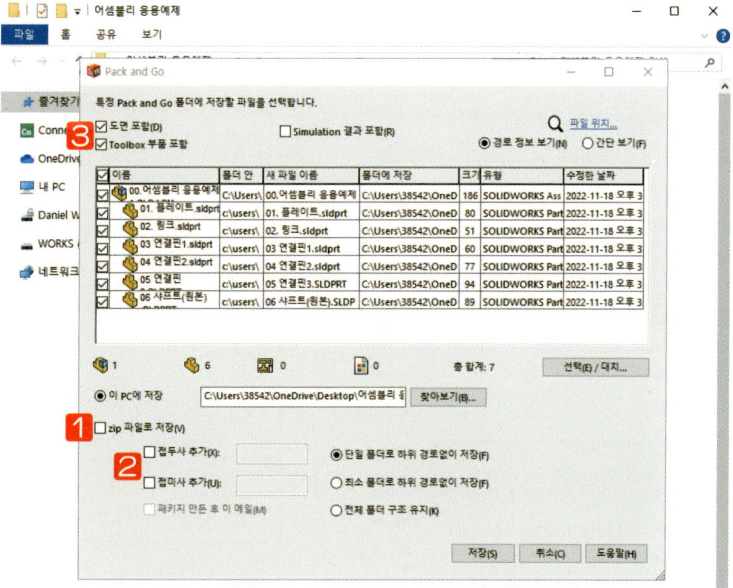

03 문서 저장하기

솔리드웍스의 문서를 저장하는 방법은 여느 프로그램들과 동일합니다.

메뉴바 - 파일 - 다른이름으로 저장 항목을 선택하여 문서를 저장합니다.

또는 **Ctrl + S 단축키**를 사용해도 좋습니다.

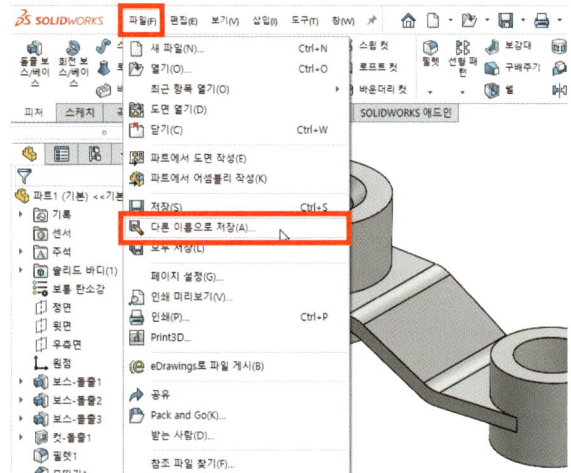

저장할 경로를 지정하고, 파일 이름을 입력합니다. 그리고 **파트 문서의 확장자(.SLDPRT)** 를 확인해 줍니다.

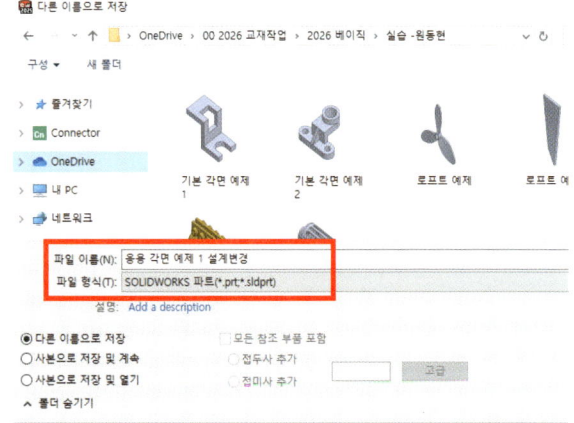

솔리드웍스 파일이 아닌, **STEP, X_T** 등의 외부 파일로 저장하려면 다음과 같이 확장자를 변경합니다. 확장자를 변경하면 다음과 같이 옵션창이 표시되는데, 다음과 같이 **STEP 파일 내보내기 옵션**을 설정하여 저장합니다.

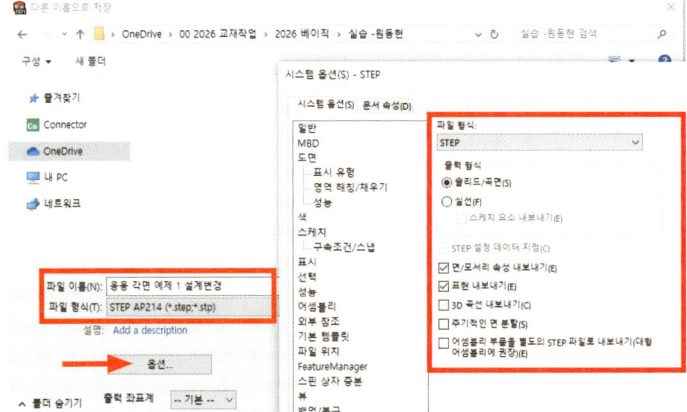

이 때 주의할 점은 **어셈블리 문서를 저장해야 할 때 반드시 어셈블리 확장자(.SLDASM)을 확인**해야 한다는 점입니다. 어셈블리 문서가 아닌 다른 확장자로 저장한 경우 메이트 요소나 부품 속성들이 모두 삭제되는 문제가 발생할 수 있으므로, **꼭 어셈블리 확장자를 확인해 주어야 합니다.**

솔리드웍스의 문서를 저장하는 두번째 방법은 **설계 라이브러리 탭으로 드래그 앤 드롭** 방식입니다.

디자인트리에서 문서 이름을 클릭한 후, 오른쪽의 설계 라이브러리 탭에 미리 연결해 놓은 저장 폴더 위로 드래그해서 끌어다놓는 방식으로 저장합니다. 다른 이름으로 저장 탭이 자동으로 표시되며, 저장 위치 역시 자동으로 지정된다는 장점이 있습니다.

주의) 도면 문서는 드래그 앤 드롭 방식으로 저장할 수 없으며, 파트와 어셈블리 문서만 저장 가능합니다.

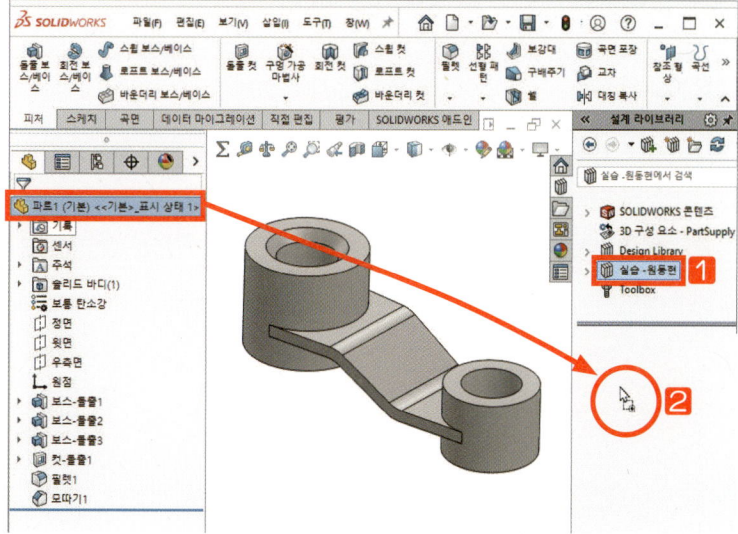

41

저장된 문서는 설계 라이브러리 폴더에 썸네일로 표시되며, 정상적으로 썸네일이 표시되지 않을 경우, **설계 라이브러리 탭을 새로고침** 해 줍니다.

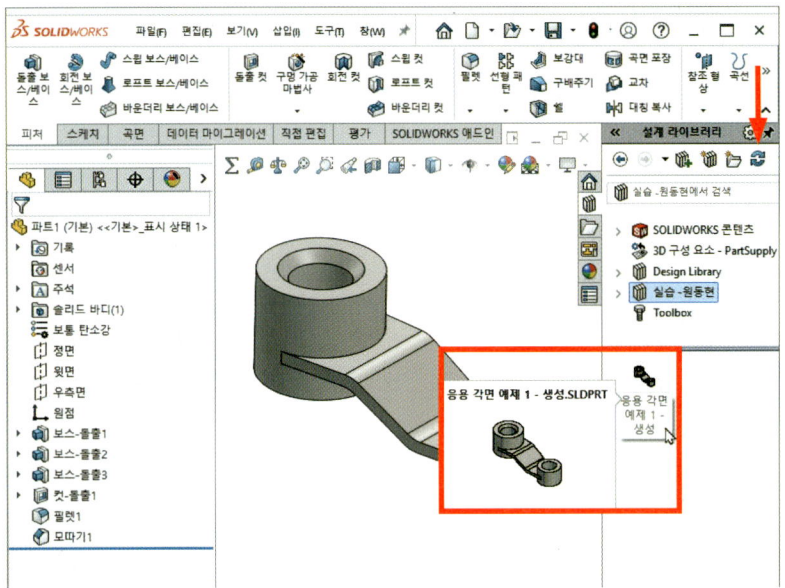

MEMO✓

chapter 03
한눈으로 보는 솔리드웍스
(동영상 가이드)

01 마우스 키보드 사용하기
02 스케치 에피타이저
03 파트 에피타이저
04 어셈블리 에피타이저
05 도면 에피타이저

01 마우스 키보드 사용하기

솔리드웍스를 시작하면서 가장 먼저 다루게 되는 것이 바로 마우스와 키보드입니다. 물론, 프로그램을 이제 배우기 시작했는데 단축키를 무작정 외운다거나 하는 방식은 추천하지 않습니다. 영상을 보면서 따라하지 마시고, " 아 저렇게 마우스를 쓰는구나. 단축키를 쓰면 이런 장점이 있구나. " 를 생각하며 편안하게 시청해 주시기 바랍니다.

솔리드웍스의 버전에 관계없이 키보드와 마우스의 사용 방법은 동일합니다.

동영상 시청 방법

① 다음 QR 코드를 촬영하여 모바일에서 시청하실 수 있습니다.
② 따라하지 않아도 좋습니다. 편안한 마음으로 구경하듯이 시청해 주세요.
③ PC 에서는 다음 주소를 입력하여 접속합니다.

https://youtube.com/ playsolidworks

02 스케치 에피타이저

솔리드웍스의 스케치가 어떻게 작성되는지 전반적인 흐름을 살펴봅시다. 영상을 보면서 따라하지 마시고, 영화를 보듯이 편안한 마음으로 시청해 주시기 바랍니다. " 아 저런 식으로 스케치가 작성되는구나 " 를 느낌으로 이해해 봅시다.

솔리드웍스의 버전에 관계없이 작성 과정이나 구조는 동일합니다.

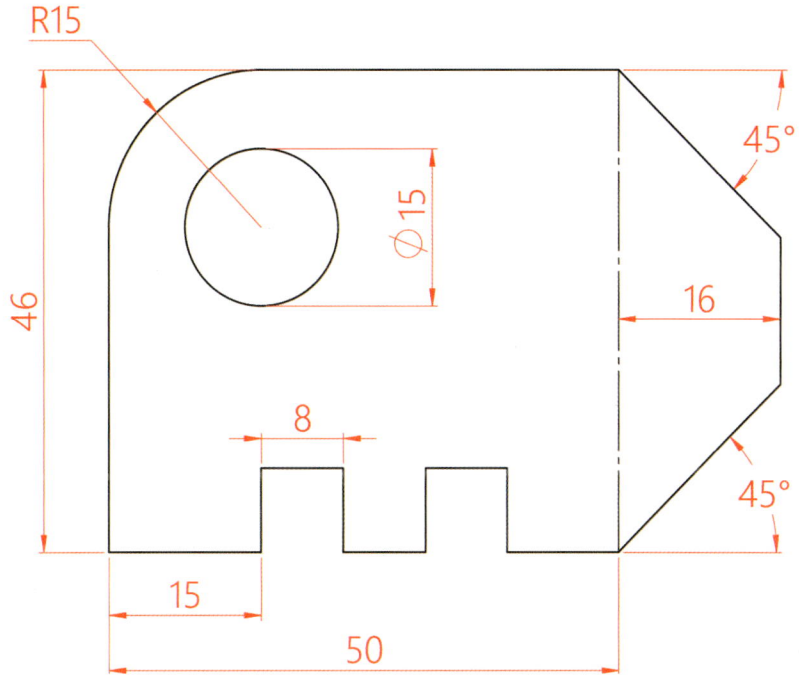

동영상 시청 방법

① 다음 QR 코드를 촬영하여 모바일에서 시청하실 수 있습니다.
② 따라하지 않아도 좋습니다. 편안한 마음으로 구경하듯이 시청해 주세요.
③ PC 에서는 다음 주소를 입력하여 접속합니다.

https://youtube.com/ playsolidworks

03 파트 에피타이저

스케치 에피타이저 영상과 같은 방법으로 QR 코드를 촬영하여 동영상 강의를 시청해 봅시다. 파트 모델링의 형상이 만들어지는 전체적인 과정을 파악하고 있으면 추후 교재를 통해 학습하는 데 큰 도움이 됩니다. 따라하지 마시고 편안하게 시청해 주세요.

솔리드웍스의 버전에 관계없이 작성 과정이나 구조는 동일합니다.

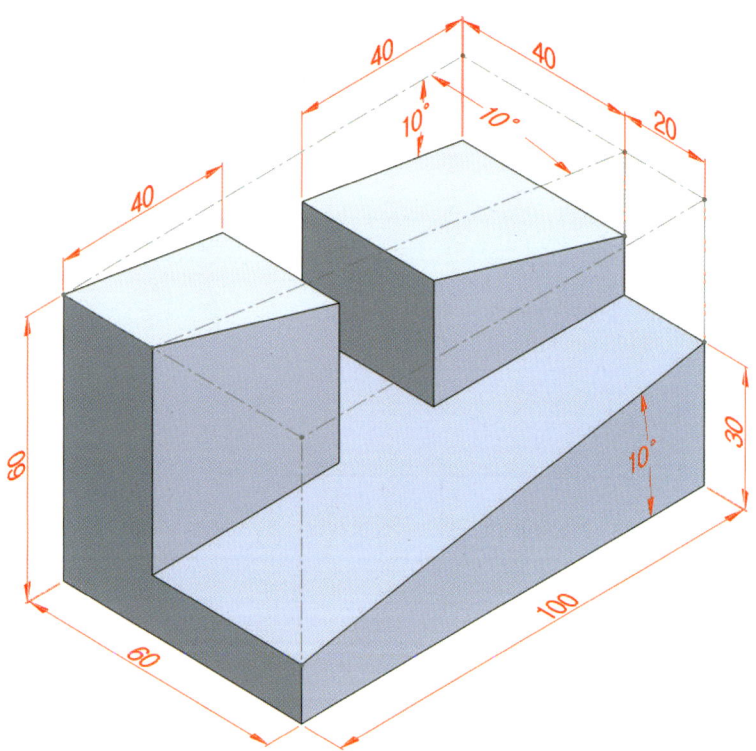

동영상 시청 방법

① 다음 QR 코드를 촬영하여 모바일에서 시청하실 수 있습니다.
② 따라하지 않아도 좋습니다. 편안한 마음으로 구경하듯이 시청해 주세요.
③ PC 에서는 다음 주소를 입력하여 접속합니다.

https://youtube.com/playsolidworks

04 어셈블리 에피타이저

다음 부품들을 사용해서 부품이 결합하는 과정을 동영상 강의로 시청해 봅시다. 따라하지 않아도 좋습니다. 메이트 도구를 사용하는 방법에 대해 편안한 마음으로 시청해 주세요.

솔리드웍스의 버전에 관계없이 작성 과정이나 구조는 동일합니다.

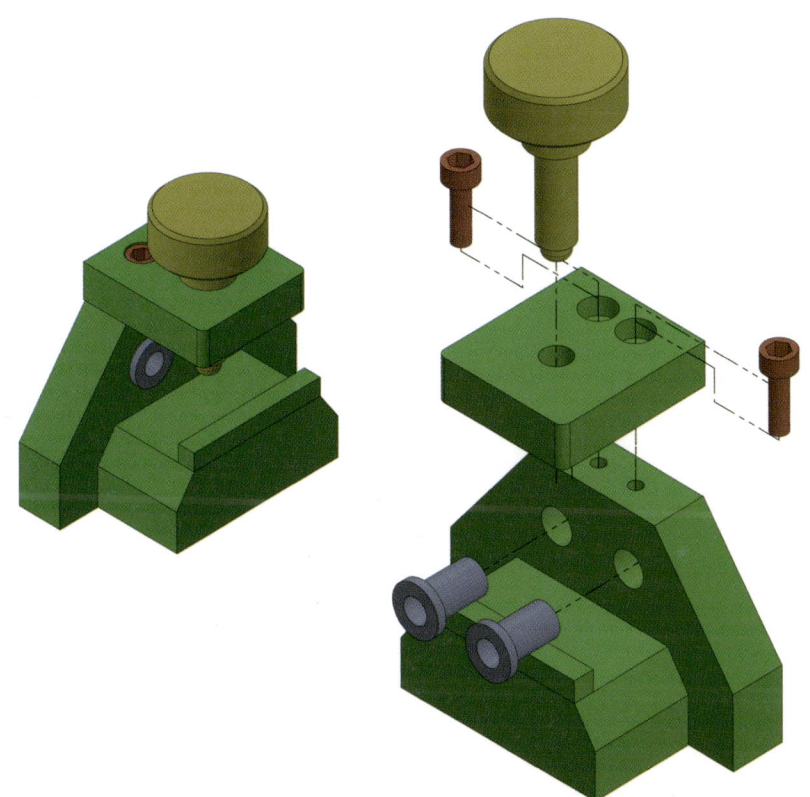

동영상 시청 방법

① 다음 QR 코드를 촬영하여 모바일에서 시청하실 수 있습니다.
② 따라하지 않아도 좋습니다. 편안한 마음으로 구경하듯이 시청해 주세요.
③ PC 에서는 다음 주소를 입력하여 접속합니다.

https://youtube.com/ playsolidworks

05 도면 에피타이저

오토캐드로 작성하는 도면 작업과 솔리드웍스로 작성하는 도면 작업은 분명한 차이가 있습니다. 도면뷰를 일일이 그리는 대신, 간단한 드래그 앤 드롭 방식으로 도면뷰를 작성합니다. 동영상 강의를 통해 솔리드웍스의 도면 작업을 살펴 봅시다.

솔리드웍스의 버전에 관계없이 작성 과정이나 구조는 동일합니다.

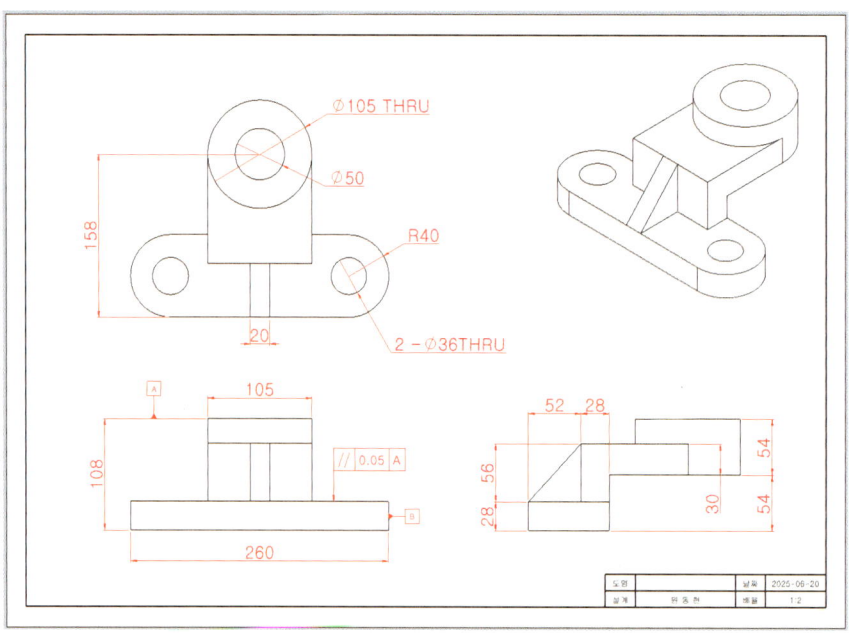

동영상 시청 방법

① 다음 QR 코드를 촬영하여 모바일에서 시청하실 수 있습니다.
② 따라하지 않아도 좋습니다. 편안한 마음으로 구경하듯이 시청해 주세요.
③ PC 에서는 다음 주소를 입력하여 접속합니다.

https://youtube.com/playsolidworks

chapter 04
3D 모델링의 3요소와 구조

01 솔리드웍스의 3가지 재료와 레시피
02 모델링의 구조와 디자인트리의 이해
03 모델링 접근방법 -
   플러스 방식과 마이너스 방식
04 입체형상을 보는 방법 - 3각법 정투상도
05 모델링 작업을 위한 작업계획 훈련

01 솔리드웍스의 3가지 재료와 레시피

솔리드웍스를 배우기 전에, 먼저 알려드리고 싶은 것은

" 솔리드웍스는 세 가지 재료를 사용해서 입체형상을 만든다 "

라는 점입니다. 물론, 세 가지 재료를 모두 사용해야 형태가 만들어지는 경우도 있고, 한 두 개의 재료 만으로도 쉽게 피처를 만드는 경우도 있지만, 지금부터 설명해 드리는 3요소에 대한 개념은 **솔리드웍스의 중심을 관통하는 필수 요소**이자, **만드는 방식**이자, **순서**이자, **편집포인트**가 되는 중요한 개념입니다.

본 교재는 "솔리드웍스의 개념서" 를 목표로 만들어졌습니다. 그만큼 기본 개념에 대한 이야기를 곳곳에서 외치고 있습니다. 우리의 목표는 "다양한 기술이나 도구를 사용할 줄 아는" 사람을 초월해서 "내 머릿속에 있는 형태를 솔리드웍스로 표현할 줄 아는" 디자이너로, 설계자로 만들어 드리는 것이 목표이기 때문입니다.

솔리드웍스에서 형태를 구성하는 3가지 요소는 다음과 같습니다.

이 3요소의 개념은 단순한 재료의 나열이 아닌, 레시피 처럼 생성 순서가 되기도 합니다.

이러한 개념은 비단 솔리드웍스 뿐만 아니라 대부분의 3D CAD 프로그램들 역시 위의 3요소 개념을 그대로 사용하기 때문에, 포괄적인 의미에서 " **3D 모델링의 3요소** " 라고 부르기도 합니다.

3요소의 개념을 사용한 모델링의 순서는 다음과 같이 정리할 수 있습니다.

① **정면/윗면/우측면 또는 이미 만들어진 평면들 중 하나의 면을 선택합니다.**
② **선택한 면에 스케치를 작성합니다.**
③ **피처 도구를 사용하여 부피를 갖는 덩어리를 만듭니다.**

아직은 3요소나 피처 모델링의 순서가 어색하고 어렵다고 생각되시나요?
그렇다면, 솔리드웍스에 적용한 3요소를 다음 그림의 순서로 이해해 봅시다.

앞에서 설명한 3요소의 개념을 솔리드웍스에 적용하면 다음의 순서대로 형상이 만들어집니다. 앞으로 배워나갈 솔리드웍스의 다양한 도구와 여러분의 실무 설계 작업에 있어서 본 개념은 가장 중요한 뼈대가 됩니다.

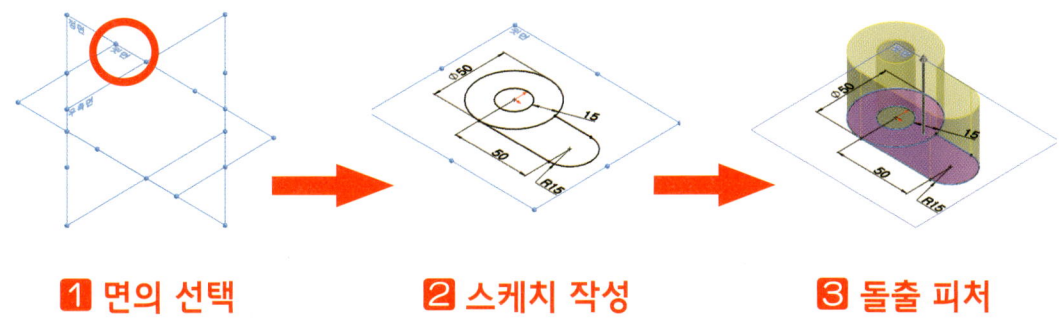

02 모델링의 구조와 디자인트리의 이해

그렇다면 다음 그림을 살펴 볼까요? **솔리드웍스의 형상이 만들어지는 구조**를 피라미드 형식으로 재구성한 그림입니다. 오른쪽의 솔리드웍스 디자인트리와 비교해 봅시다.

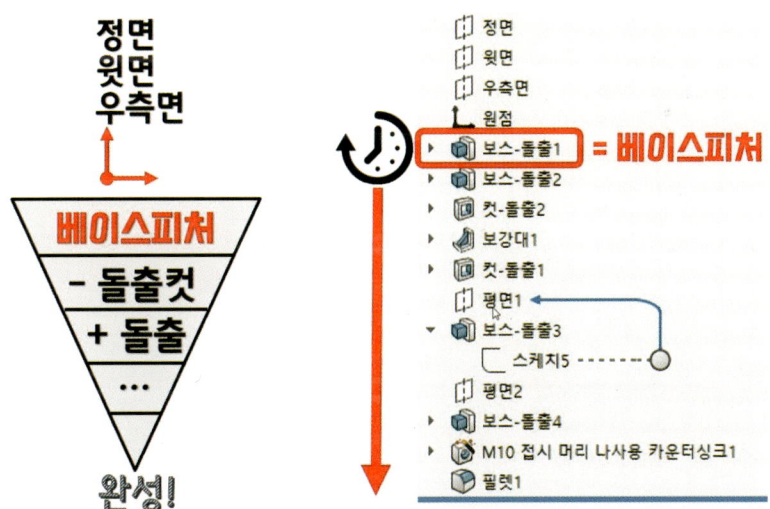

솔리드웍스에서 만들어지는 파트는 한번에 완성되는 단순 부품이 아닌 이상, 위와 같이 수많은 과정이 누적되어 완성됩니다. **가장 먼저 <재료> 의 개념이 되는 베이스 피처를 만든 후, 3요소를 사용하여 잘라내고 덧붙이고 다듬는 과정을 쌓아올려 <완성> 의 목적지에 이르는 것이죠.** 각각의 작업 과정은 작업 순서를 따라 서로 종속관계를 맺거나, 전혀 관계없는 독립적인 피처로 생성되기도 합니다.

또한, 모델링의 작업 과정과 순서를 파악하는 것은 추후 설계가 변경되었을 때 빠르고 정확하게 수정해야 할 포인트를 찾아내는 중요한 단서가 됩니다.

[TIP] 피처의 연관 관계를 한눈에 살펴보려면?

보다 효과적인 작업을 위해서 저자는 독자 여러분들에게 솔리드웍스의 디자인트리에서 문서 이름을 우클릭한 후 **참조 시각화 모드** 를 활성화하여 사용할 것을 추천해 드립니다.

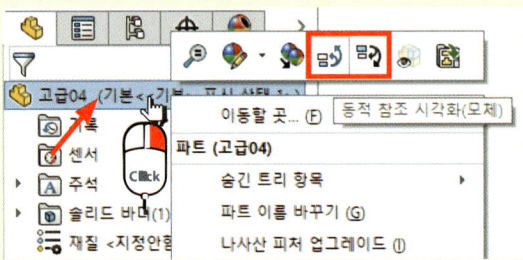

참조 시각화 모드를 사용하면 다음과 같이 **디자인트리에서 마우스 커서를 특정 피처에 접촉** 하면 해당 피처가 다른 작업과정에 대해 어떠한 종속 관계를 맺고 있는지 한눈에 파악할 수 있습니다.

디자인트리의 작업 단계를 변경하거나 추가 피처를 편입하는 등의 다양한 설계 변경 작업에서 발생할 수 있는 오류를 미리 예측하거나 피할 수 있는 유용한 팁입니다.

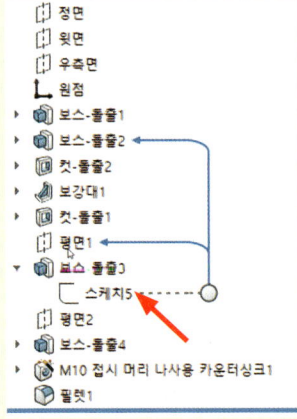 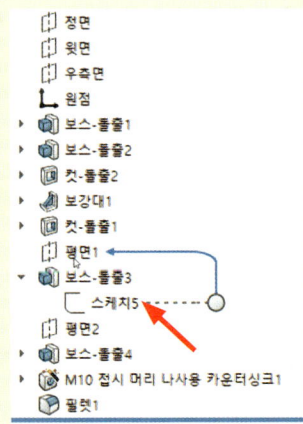

03 모델링 접근방법 - 플러스 방식과 마이너스 방식

1) 플러스 방식

형태를 만드는 데에도 여러가지 방식이 있지만, 크게 두 가지로 생각해 볼 수 있습니다. 먼저, 플러스 방식을 생각해 봅시다. 플러스 방식의 경우, **찰흙으로 형태를 덧붙이듯이** 일부분의 베이스 피처를 시작으로 피처를 덧붙여 나가며 형태를 완성하는 방식입니다.

플러스 방식은 한번에 완제품을 만드는 방식이 아닌, 용접 작업 처럼 여러 개의 조각을 덧붙여 만드는 작업 방식이자, 솔리드웍스 작업의 편의성에 가까운 작업 방식으로 볼 수 있습니다.

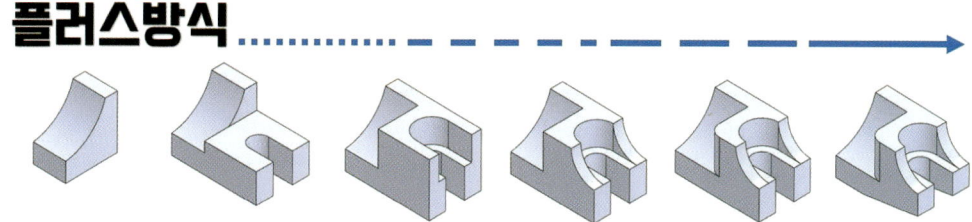

2) 마이너스 방식

마이너스 방식은 전체를 덮는 큰 형태의 베이스 피처를 시작으로, 마치 **조각을 하듯이 깎아내며** 형태를 완성하는 방식입니다. 플러스 방식에 비해 상대적으로 돌출 컷, 회전 컷 등의 컷 도구를 많이 사용합니다.

마이너스 방식은 실제 가공 방식에 근거한 작업 방식이라고 할 수 있습니다.

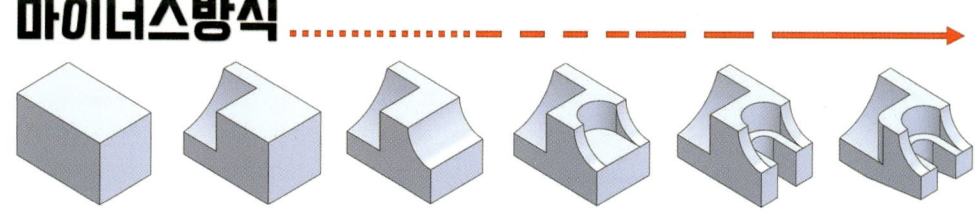

완성해야 할 형태를 미리 생각해 본다면, 플러스 방식으로 작업할 것인지 마이너스 방식으로 작업할 것인지 미리 고민해 보고 작업 계획을 세우는 습관은 중요한 습관이 될 수 있습니다.

04 입체형상을 보는 방법 - 3각법 정투상도

솔리드웍스 프로그램으로 처음 3D 작업을 시작하는 작업자를 위해서 물체를 바라보는 시각에 대한 간단한 이미지를 준비했습니다.

3차원의 개념은 "X축, Y축에 또 하나의 축, Z 축이 더해져 3차원이 생성된다"의 원리로 간단하게 정리할 수 있습니다. 아시아권과 북미권을 기준으로 도면을 작성하는 기본적인 투상법은 **3각법**을 사용하는데, **원근을 무시하고 평면에 수직으로 바라보는 형상을 도면으로 표현하는 정투상법**을 설계도면에 사용합니다.

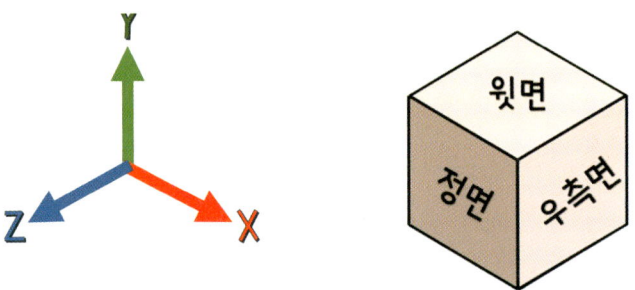

다음은 예제로 준비한 입체형상의 등각투상도에 각각의 **정면도(정면방향)**, **평면도(윗면방향)**, **측면도(우측방향)**의 위치를 표시하고**1**, 각각의 평면 방향에서 바라보는 입체형상의 실루엣을 표현한 모습**2** 입니다.

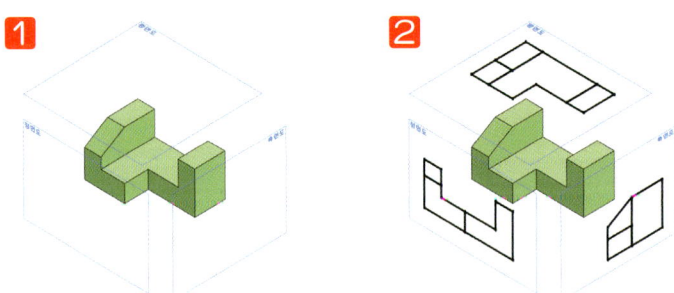

입체형상이 평면에 투상되는 과정을 더욱 자세하게 표현한 다음 그림을 살펴봅시다. 모델링 작업에 앞서, **각법에 따라 도면뷰를 찾아내는 능력을 만드는 과정**은 무엇보다 중요합니다.

05 모델링 작업을 위한 작업계획 훈련

3차원의 형상을 이해하고 인식하는 능력은 개인마다 차이가 있습니다. 특히 2D, 3D 프로그램을 처음 시작하는 사용자들이라면 더더욱 어렵게 느껴질 수 있습니다. 3각법에 대한 이해가 정확하고 빠를수록, 형상을 만들기 위해 가장 먼저 해야 할 작업의 우선순위가 결정되거든요.

오랜 시간동안 실무자들과 학생들에게 솔리드웍스를 가르쳐드리면서 어떻게하면 3차원을 보다 쉽게 익혀나갈 수 있을지 고민과 연구 끝에, 다음과 같이 **단계별 학습법**을 구축하게 되었습니다. **3차원의 형상을 보는 눈을 만들고, 솔리드웍스로 3D 형상을 만들기 위한 설계 계획을 세우는 단계까지 차근차근 실습해 봅시다.**

1) 1단계 훈련 - 3각법 훈련

첫번째 훈련으로, 입체 형상을 관찰해 보고, **정면/ 윗면/ 우측면 각각의 방향에서 바라본 모습들을** 생각해 봅시다. 3D 형상 작업을 처음 시작하는 분들을 위해서 힌트를 드립니다. 다음의 힌트를 참고해서 각각의 방향에서 바라본 모습을 그려볼까요?

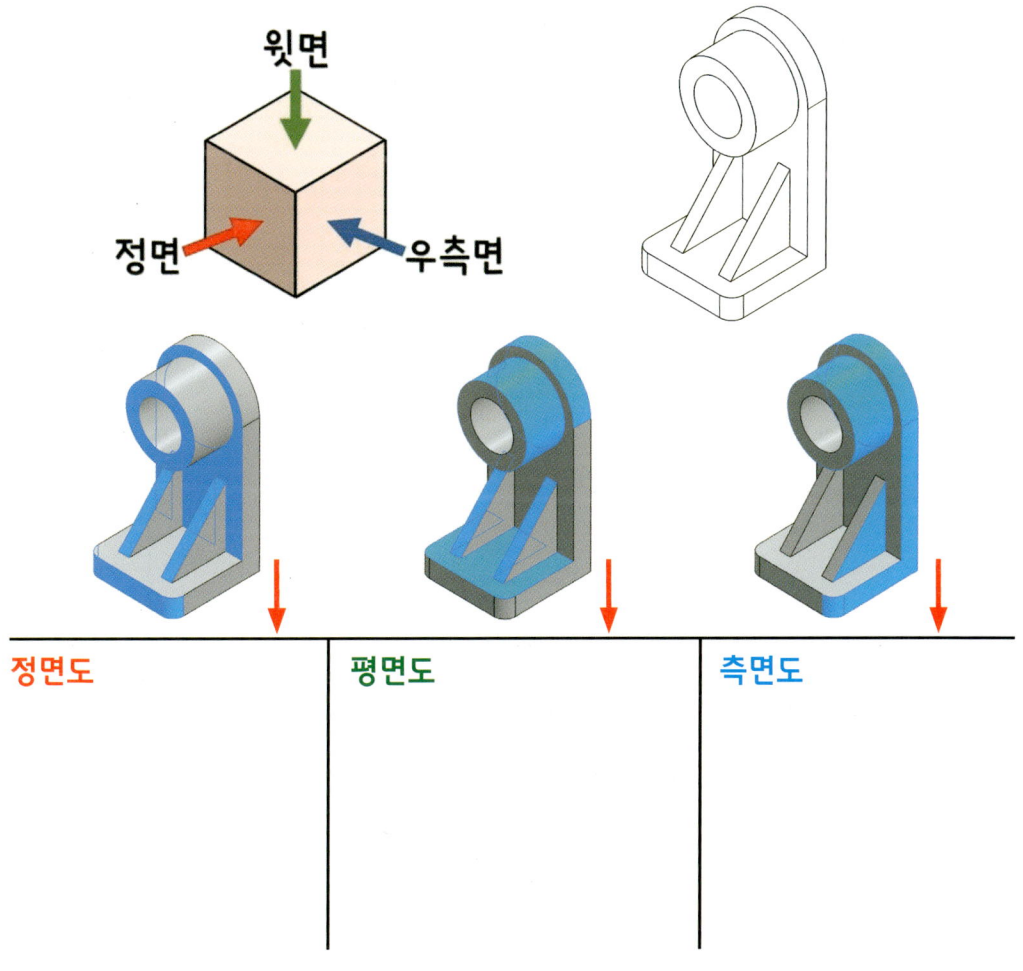

여러분이 작성한 그림과 정답을 비교해 보세요. 정답과 똑같이 그리셨나요?

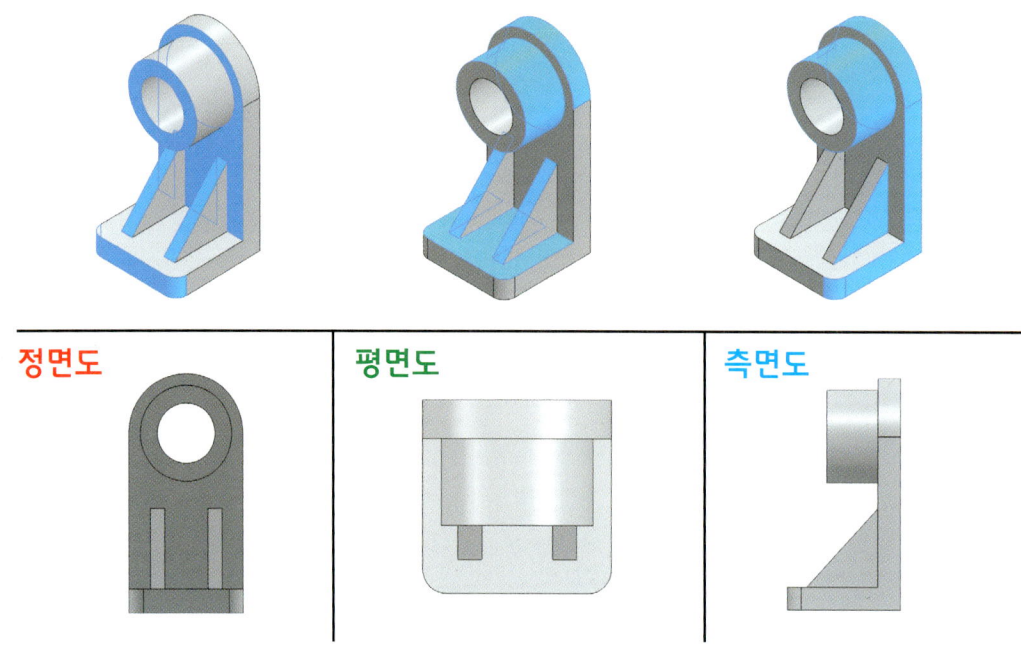

두번째 도면으로 한번 더 연습해 볼까요? 아래의 힌트를 참고해서 각각의 방향에서 바라본 모습을 그려봅시다. (정답은 212P 교재 뒷편 부록에서 확인할 수 있습니다.)

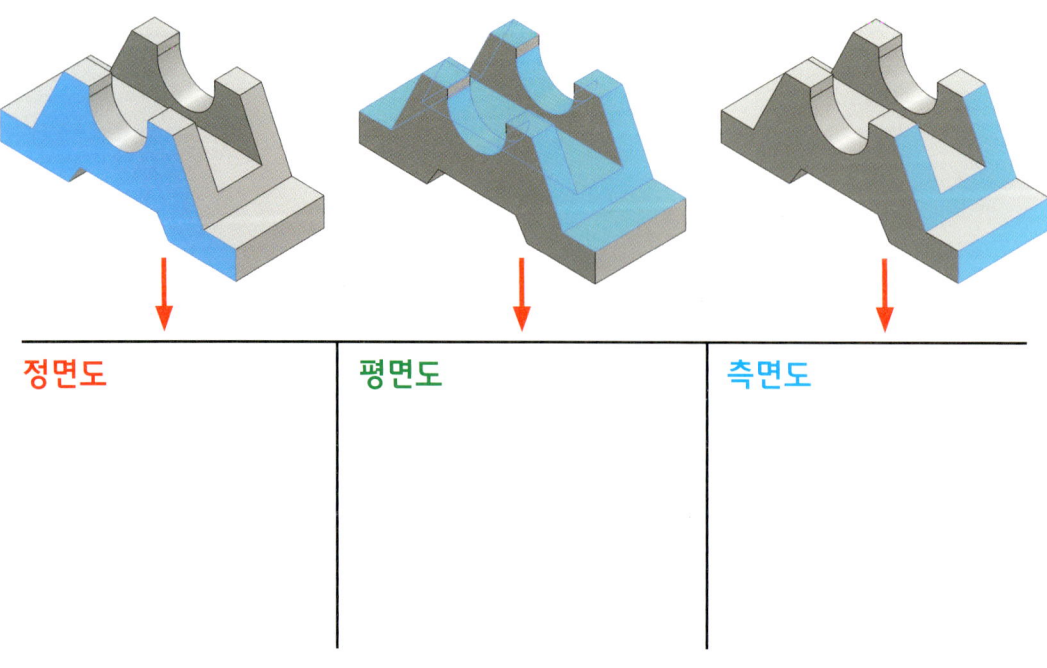

2) 2단계 훈련 - 3각법에 따라 그려보기

이번에는 **힌트 없이, 여러분이 생각하는 모습을 따라** 각각의 방향에서 바라본 모습을 그려보세요. 틀려도 좋습니다. 눈에 보이지 않으면, 그리지 않아도 좋습니다. 자유롭게 각 방향에서 바라보는 모습을 그려보고, 정답을 맞추어 봅시다. (정답은 교재 뒷편 부록에서 확인할 수 있습니다.)

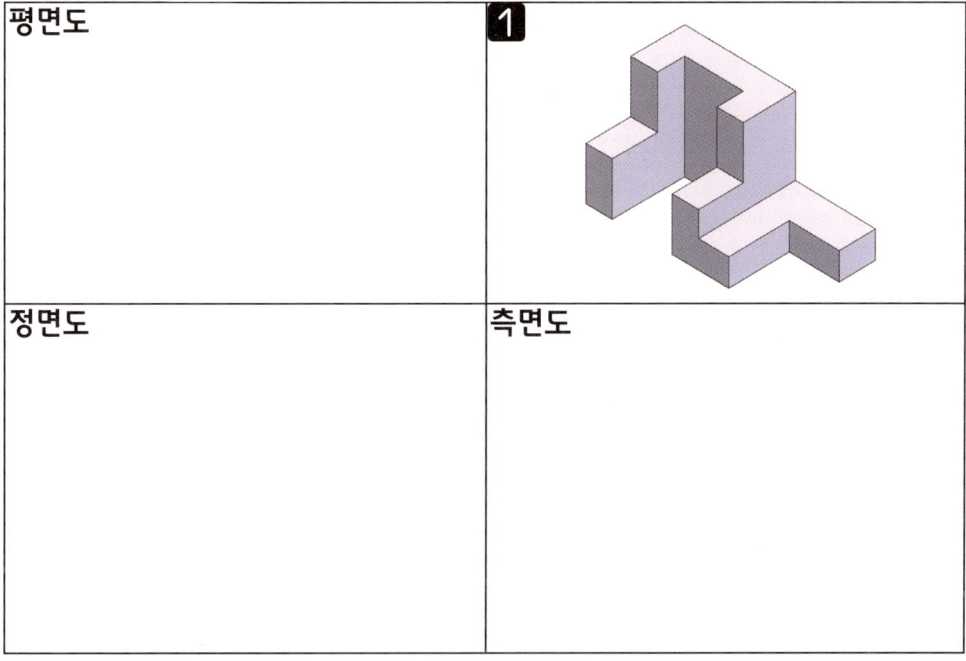

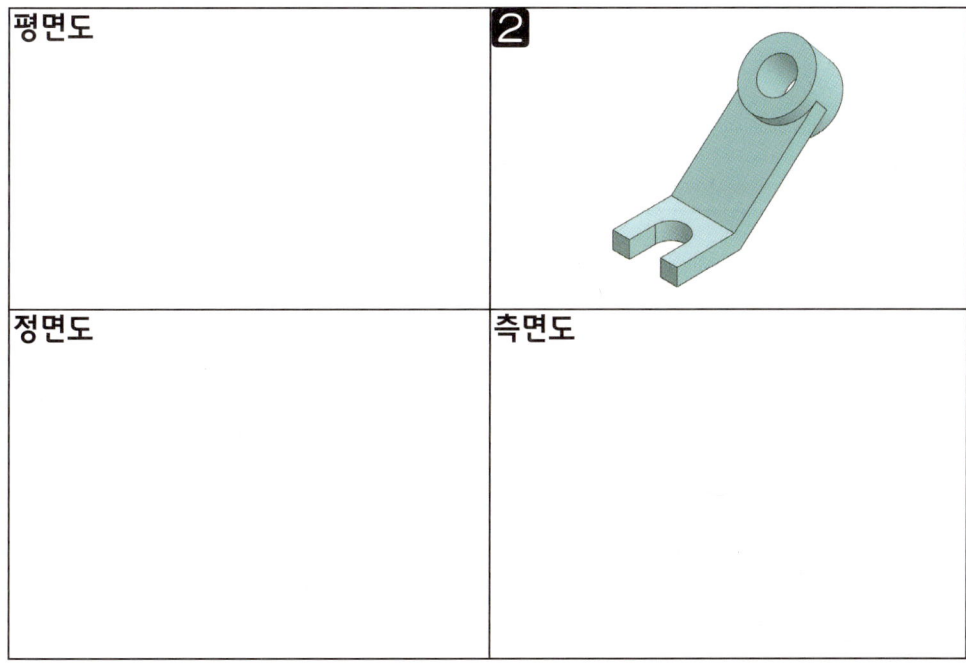

평면도	❸ 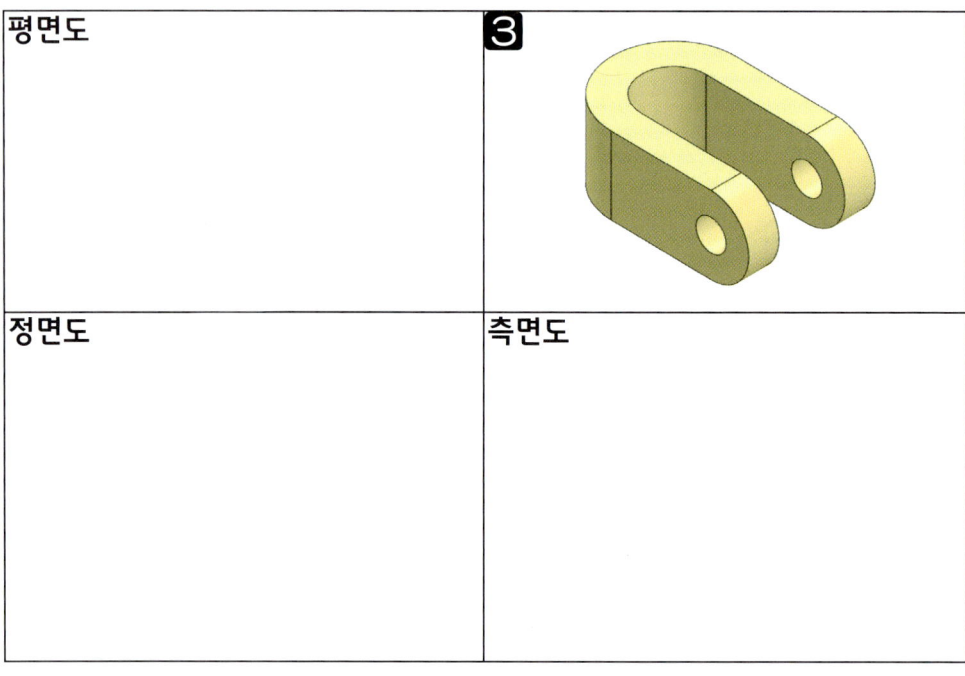
정면도	측면도

평면도	❹ 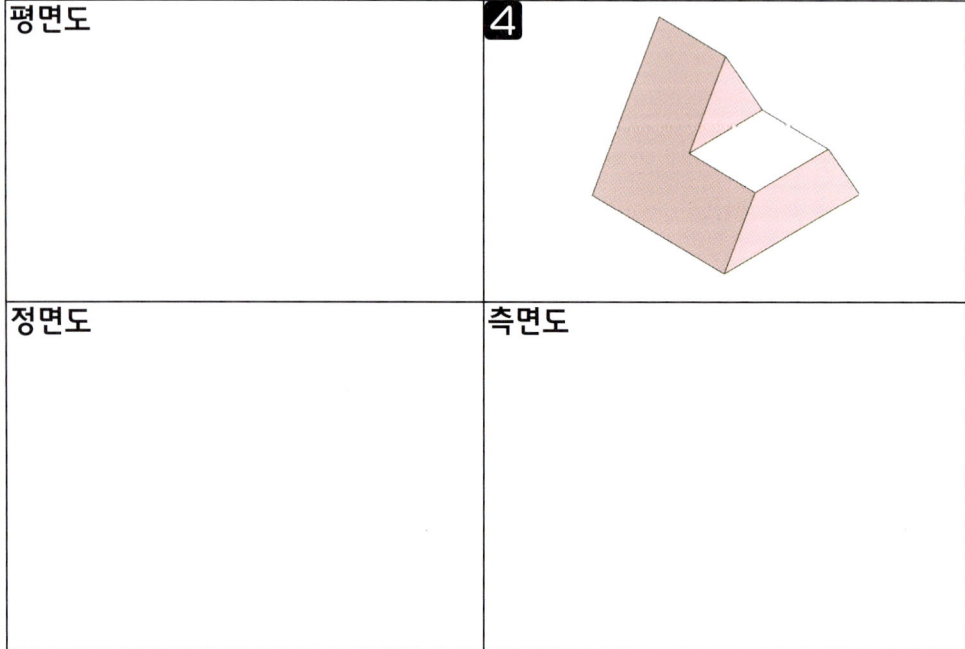
정면도	측면도

3) 3단계 훈련 - 설계 계획 세워보기

마지막 훈련은 <mark>입체형상을 어떻게 만들것인가에 대한 설계 계획</mark>을 세우는 훈련입니다. 복잡한 형상일수록 한번에 만들 수 없기 때문에, 어떠한 방식대로 형상을 만들 것인지, 가장 먼저 만드는 형상을 어떻게 만들 것인지에 대한 결정이 매우 중요합니다. 아래 훈련 순서를 따라 설계 계획을 세워봅시다.

[훈련 순서]

① 완성된 입체도형을 관찰합니다.
② 정면/윗면/우측면 에서 바라보는 정투상도를 찾아 봅시다.
③ 모델링 접근방법 - 플러스 방식과 마이너스 방식 중 어떤 방식으로 형상을 만들어 나가면 좋을 지 고민해 봅시다.
④ 모범 답안과 본인이 세운 설계 계획을 비교해 봅시다.

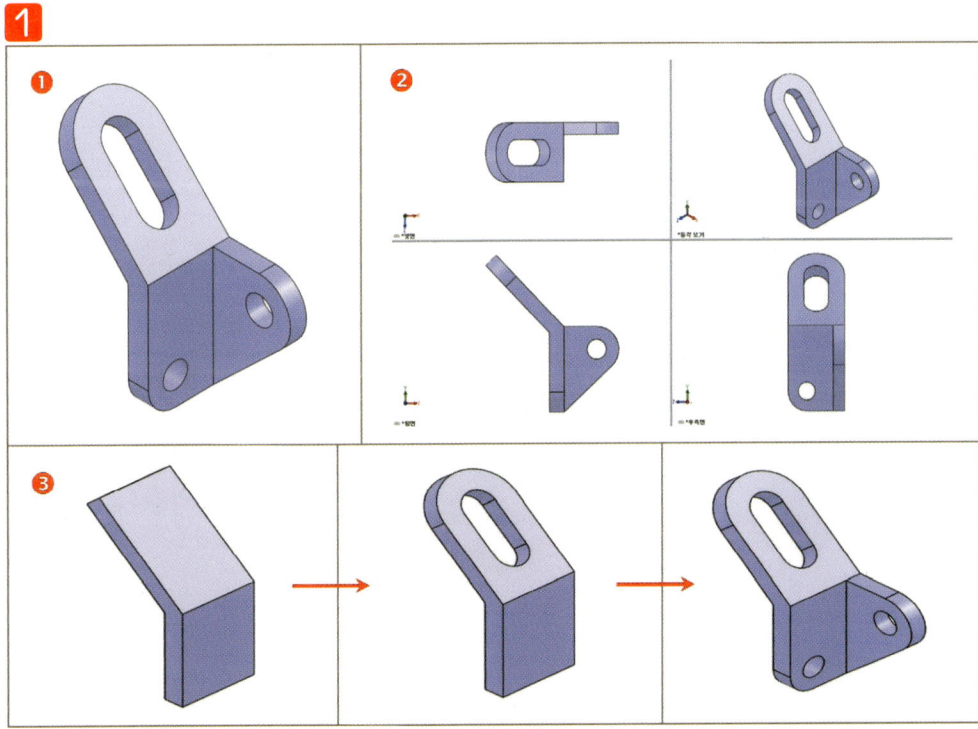

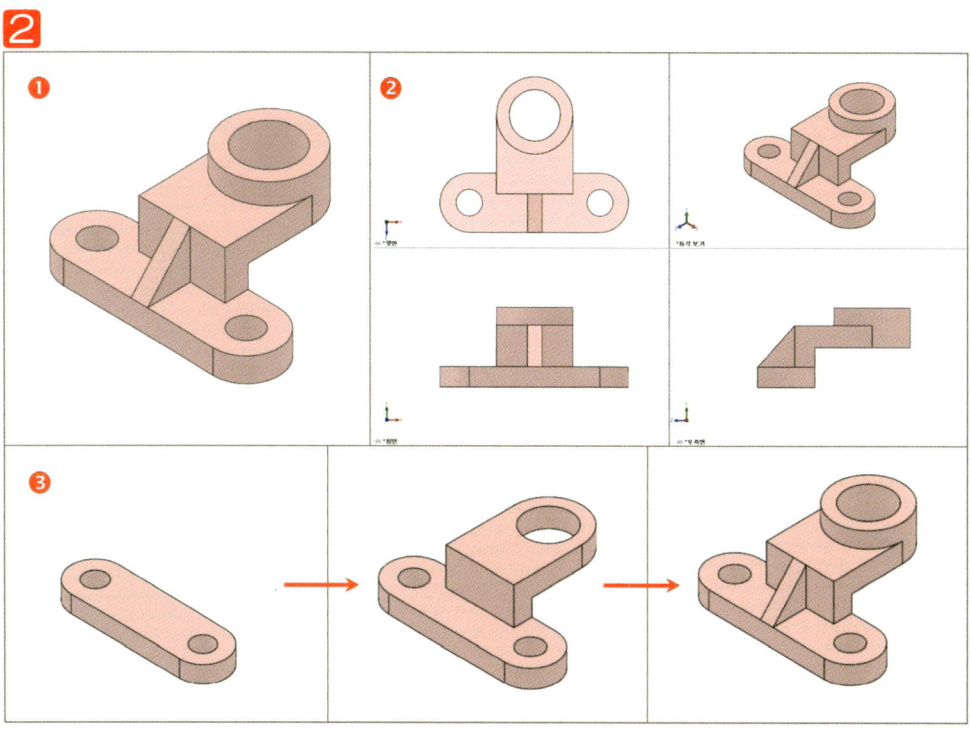
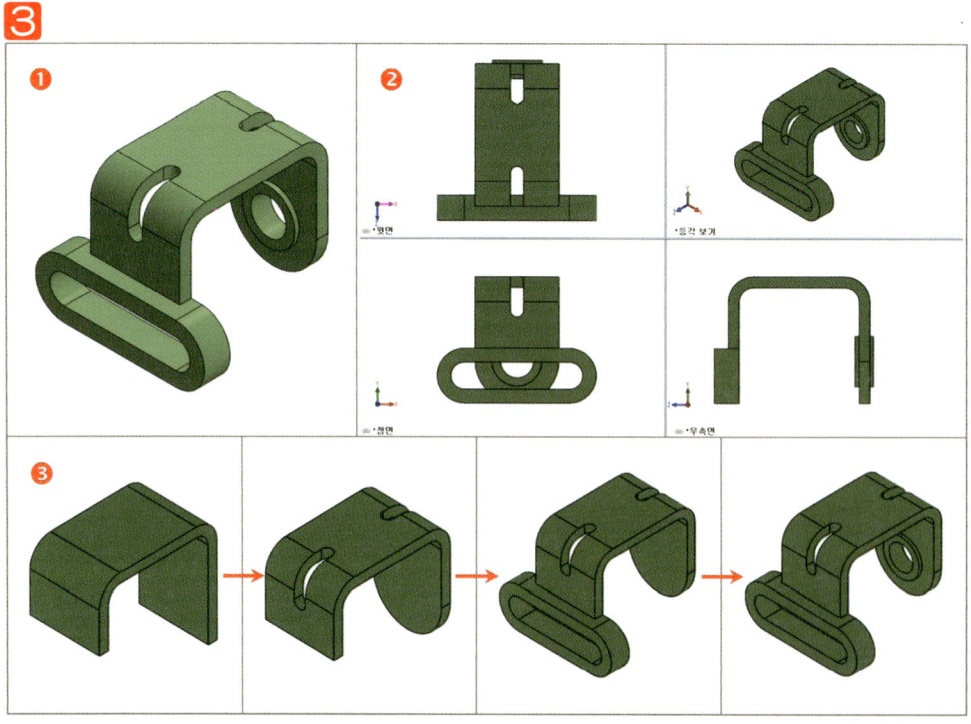

chapter 05

제1요소
면

01 솔리드웍스에서 기본으로 제공하는
   3장의 도화지
02 스케치를 시작해 볼까요?
03 새로운 평면 추가하기
   오프셋 평면 / 중간 평면 /
   각도로 기울어진 평면

01 솔리드웍스에서 기본으로 제공하는 3장의 도화지

솔리드웍스의 3요소 중 첫번째 요소는 면 입니다. 솔리드웍스의 3차원 작업 - 파트, 어셈블리 문서에는 X, Y, Z 3축을 따라 정면(XY), 윗면(ZX), 우측면(ZY) 세 장의 종이를 제공합니다.

기본 제공되는 평면은 왼쪽 디자인트리에서 확인할 수 있으며, 숨김 처리된 상태에서 마우스로 클릭하면 다음과 같이 하늘색으로 하이라이트되어 표시됩니다.

같은 스케치를 작성하더라도 어느 평면에 작성되었는가에 따라 모델링의 방향이 달라지기 때문에, **특히 베이스 피처를 생성하기 위한 스케치를 작성하는 평면의 선택은 매우 중요합니다.**

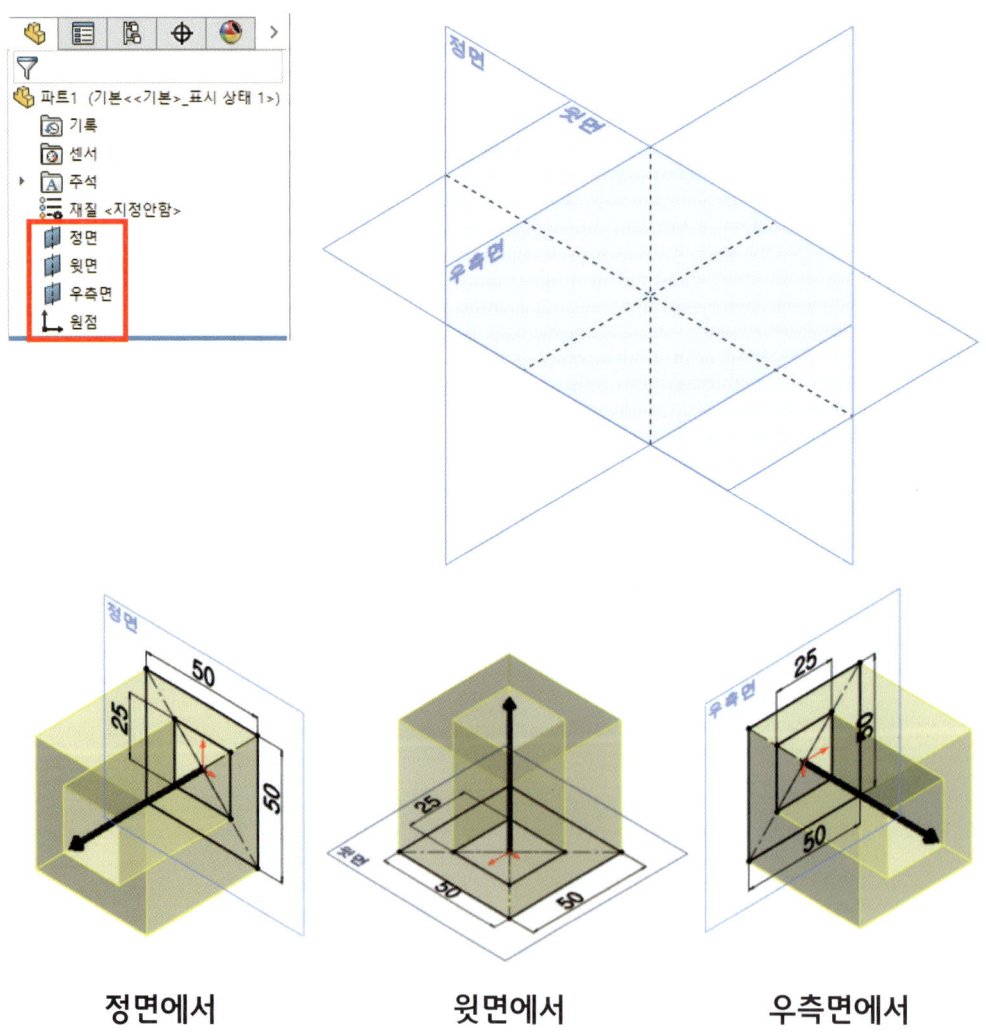

정면에서   윗면에서   우측면에서

02 스케치를 시작해 볼까요?

본격적인 스케치 작업을 시작해 볼까요? 스케치를 작성하려면 **가장 먼저 면을 선택하여 스케치 모드를 실행해야 합니다.** **스케치 모드로 진입하는 방법**은 다음의 두 가지 방법을 가장 많이 사용합니다.

① 평면을 왼쪽마우스로 클릭 후 스케치 아이콘 클릭

② 평면을 오른쪽마우스로 클릭 후 팝업 메뉴에서 스케치 아이콘 클릭

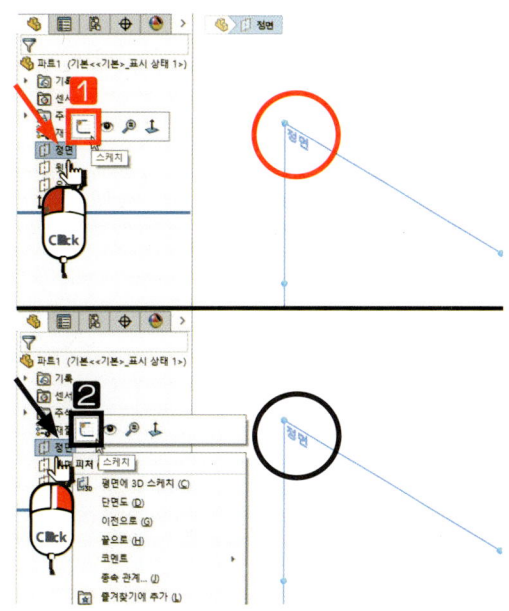

스케치 모드가 실행되면 메인 작업창의 오른쪽 상단에 다음의 **확인/종료 버튼**이 표시됩니다. 이 표시의 유무에 따라 현재 상태가 스케치 작성 모드인지, 스케치 종료 모드인지 확인할 수 있습니다.

스케치 모드를 종료하려면 다음의 확인 버튼을 클릭합니다. 하지만 작업자의 의도에 상관없이, 임의로 스케치 모드가 종료되는 경우가 발생하기도 합니다.

스케치 모드가 종료되면 현재 스케치는 다음과 같이 회색으로 변경됩니다. 종료된 스케치를 편집하거나, 작성중이던 스케치를 스케치 모드로 변환하려면 디자인트리에서 스케치 아이콘을 우클릭하여 **스케치 편집** 아이콘을 선택합니다.

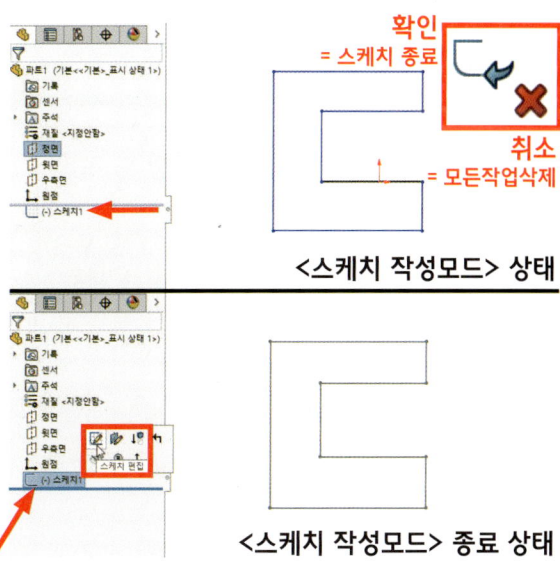

이미 생성된 피처의 평면을 도화지로 삼아서 새로운 스케치를 작성할 수도 있습니다. 다음과 같이 마우스로 모델링의 평면을 클릭하면 팝업창이 표시되는데, 이 때 **두 번째 아이콘을 선택해야 새로운 스케치를 추가할 수 있습니다.**

두 가지 스케치모드의 차이점은 다음과 같습니다

① **스케치 편집 모드** : 기존 모델링을 작성한 스케치를 수정할 때

② **스케치 모드** : 선택한 평면에 새로운 스케치를 추가 작성할 때

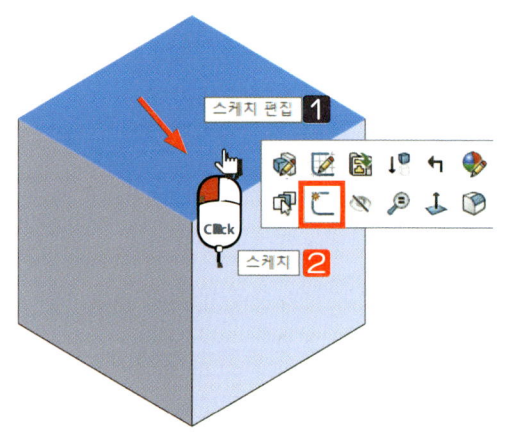

03 새로운 평면 추가하기

원하는 방향의 평면이 없을경우, 새로운 평면을 추가할 수 있습니다.

피처 도구모음에서 **참조형상 - 기준면** 도구를 사용합니다.

주의) 단, 스케치가 작성중인 상태에서는 새로운 평면을 추가할 수 없으므로, 반드시 작성중인 스케치를 종료한 후에 실행해야 합니다.

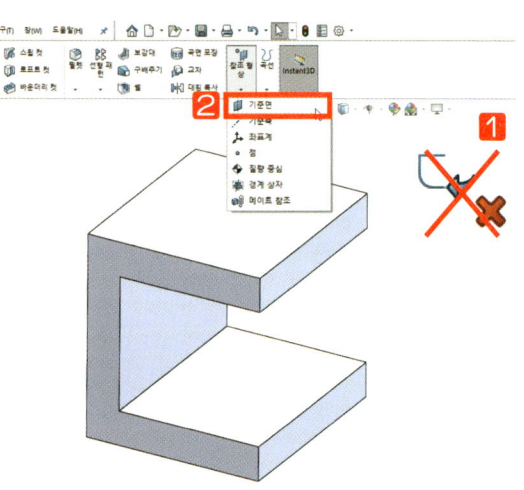

1) 오프셋 평면

참조형상 도구를 실행하면 다음과 같이 왼쪽 옵션창에 1/2/3 참조를 입력할 수 있는 옵션창이 표시됩니다. **점이나 면, 선과 같은 다양한 요소들을 참조로 지정하여 다양한 평면을 만들 수 있는데,** 오프셋 평면은 가장 쉽게 평면을 생성하는 방법입니다.

표시되는 참조 요소 중에 기존의 평면을 선택한 후 거리값을 입력하면 입력한 치수만큼 떨어진 거리의 **오프셋 평면**을 생성할 수 있습니다.

이 때, **오프셋 뒤집기/ 수직 뒤집기** 옵션을 사용해서 평면의 방형을 변경할 수 있습니다. 그리고 **수량**을 입력하여 여러 개의 평면을 동시에 생성할 수도 있습니다.

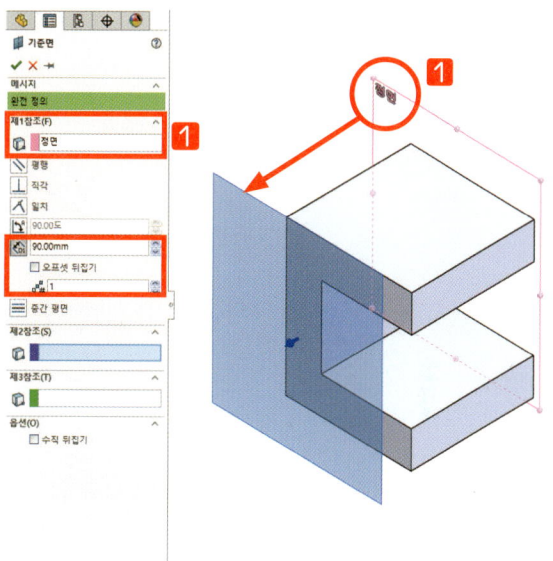

2) 중간 평면

선택한 평면 사이 정중앙을 관통하는 중간 평면을 생성합니다. 서로 수직 상태의 평면을 선택하면 45도 각도로 기울어진 대각선의 평면을 생성할 수도 있습니다.

이렇게 생성하는 중간 평면은 대칭의 중심으로, 또는 보강대 피처를 생성하기 위한 기준 평면으로 다양한 곳에 활용됩니다.

1참조 : 피처의 한쪽 평면
     (곡면은 사용할 수 없습니다)

2참조 : 피처의 반대쪽 평면
     (곡면은 사용할 수 없습니다)

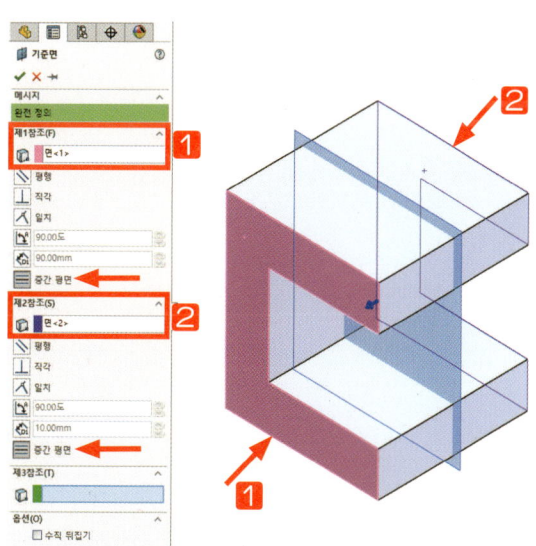

3) 각도로 기울어진 평면

가로 세로의 반듯한 평면 외에 입력한 각도만큼 기울어진 평면을 생성합니다. **지렛대나 시소의 원리**를 생각하면 이해하기 쉬운데, 받침대를 깔고(**직선**) 널빤지를 얹은 후 (**평면**) 기울이는 것처럼 평면을 생성합니다. 선택 참조의 순서는 바뀌어도 무관합니다.

특히 면을 선택한 요소에 각도를 입력할 때 **각도 아이콘을 클릭**해야 치수가 활성화됩니다.

1참조 : 평면
    (곡면은 사용할 수 없습니다)

2참조 : 모서리선 또는 스케치선
    (곡선은 사용할 수 없습니다)

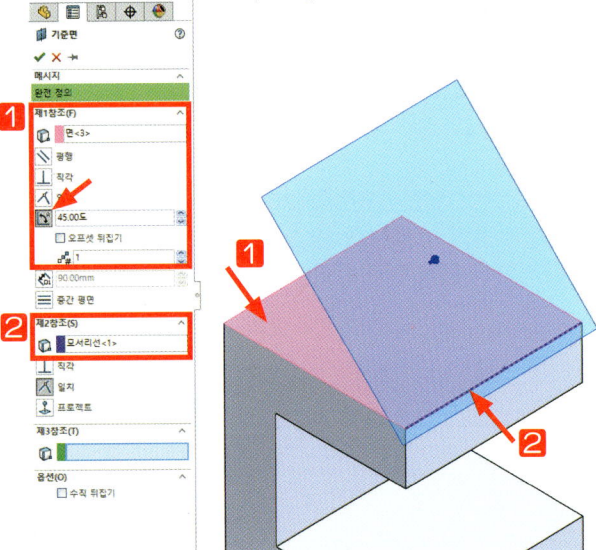

MEMO ✓

chapter 06

제2요소
스케치

01 스케치를 작성해 볼까요?
02 스케치 작성도구
03 스케치 편집도구
04 스케치 응용도구
05 구속조건 - 스케치의 성격

06 스케치 완전정의
07 스케치를 따라해 볼까요?
08 스케치 연습문제 1단계
09 스케치 연습문제 2단계
10 스케치 연습문제 3단계

01 스케치를 작성해 볼까요?

1) 자동 치수 모드로 스케치 작성하기

본격적인 스케치를 작성해 봅시다. 솔리드웍스의 스케치는 두 가지 모드로 사용할 수 있습니다. 첫 번째 작성 방법은 **자동 치수 모드**를 사용하는 방법입니다. 스케치를 작성하면서 치수를 함께 입력할 수 있다는 장점이 있지만 일부 단축키를 사용할 수 없으므로 사용자의 주의가 필요합니다.

① 가장 먼저, 시스템 옵션에서 **스케치 옵션 두 가지를 체크**해 줍니다.
② 스케치를 작성할 때 실시간으로 치수가 함께 표시됩니다.

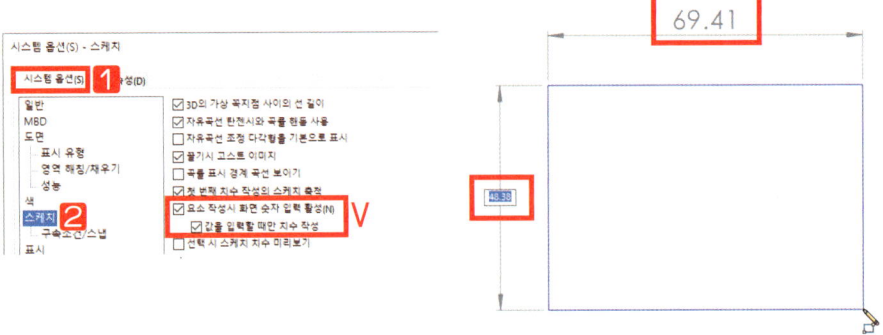

2) 수동 치수 모드로 스케치 작성하기

솔리드웍스에서 가장 일반적으로 사용하는 스케치 작성 방법으로, 임의의 형상대로 스케치를 작성한 후, 별도로 치수를 입력하는 **수동 치수 모드**를 사용하는 방법입니다. 대강의 형상을 먼저 작성해 놓은 후 지능형 치수 도구로 세부 치수를 입력하며 자유롭게 단축키를 활용할 수 있다는 장점이 있습니다.

① 시스템 옵션에서 **스케치 옵션 두 가지를 모두 체크해제** 합니다.
② 임의의 스케치를 작성한 후, 별도의 치수 도구를 사용하여 수동으로 입력합니다.

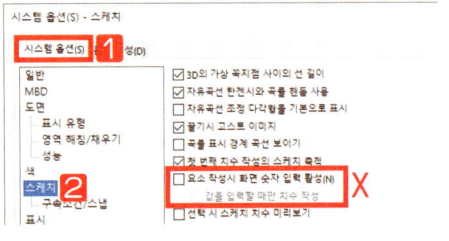 

두 가지 모드 중에 작업자가 선택하여 스케치를 작성할 수 있으며, **본 교재에서는 수동 치수 모드를 기준으로 설명합니다.**

02 스케치 작성도구

솔리드웍스에서 형태를 만드는 데 필요한 두 번째 요소는 **스케치**입니다. 솔리드웍스의 스케치는 용도에 따라 다음의 세 가지 종류로 구분할 수 있습니다. 세 가지 유형만으로도 스케치 도구의 전반적인 쓰임새를 추측할 수 있습니다.

스케치 아이콘은 다음과 같은 모양으로 별도의 도구모음 탭에 구성되어 있으며, 표시되지 않은 도구는 작업자가 추가하여 꺼내놓고 사용할 수 있습니다.

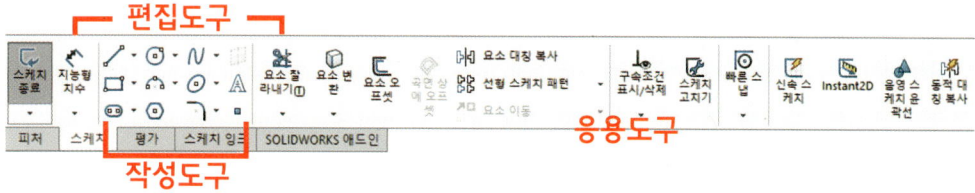

1) 선

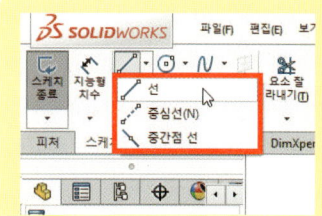

선 스케치는 기본 1순위의 스케치 도구로, 선/중심선/중간점 세 가지 도구 중에 선택하여 사용합니다.

- 시작**점**과 끝**점**을 순서대로 클릭하면 선이 작성됩니다.

- 끝점에 이어 연속하는 선 스케치가 자동으로 생성되며, 마우스를 더블클릭하면 연속하는 선 스케치를 끊을 수 있습니다.

- 마우스의 끝부분에 표시되는 현재 길이와 예비 구속조건을 참고하여 스케치를 작성합니다.
  (스냅 기능이 자동으로 설정되어 있습니다.)

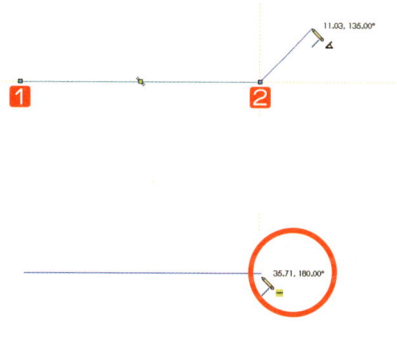

- 보조선 옵션을 사용하여 **실선-> 보조선**으로, **보조선-> 실선**으로 변경할 수 있습니다.

- 작성방법은 선 스케치와 같습니다.

- 보조선 스케치는 수평, 수직 등의 구속조건이나 대칭의 기준 등 **참고의 용도**로 사용하는 스케치입니다.

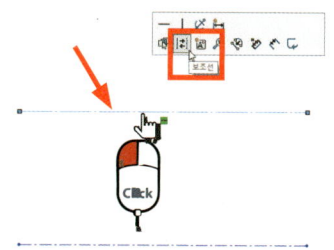

- 중간점 선 도구는 중심으로부터 시작하는 선분을 작성할 때 사용합니다.

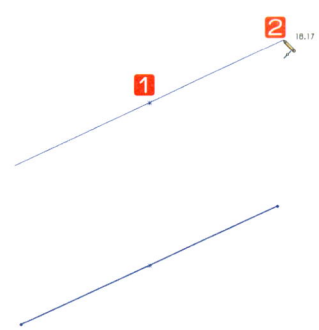

2) 사각형

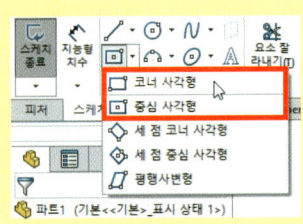

사각형 스케치는 총 다섯가지 작성 방식이 있습니다.
그 중에서도 가장 많이 사용하는 대표적인 두 가지 사각형인
코너 사각형과 **중심 사각형**을 소개해 드립니다.

- **코너사각형** 도구는 마주보는 꼭지점을 순서대로 클릭하여 작성합니다.

- 처음 클릭하는 꼭지점은 네 군데 중 어느 쪽을 먼저 클릭해도 무관합니다.

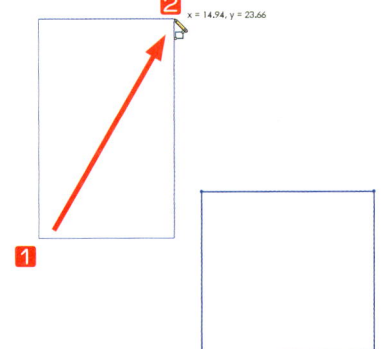

- **중심사각형** 도구는 사각형의 중심점과 임의의 나머지 한쪽 꼭지점을 순서대로 클릭하면 보조선이 함께 작성되는 사각형 스케치가 작성됩니다.

- 중심 사각형의 보조선은 **+형(중간점에서)** 과 **X형(코너에서)** 중에서 선택하여 작성할 수 있으며, X형 (코너에서) 옵션을 기본값으로 사용합니다.

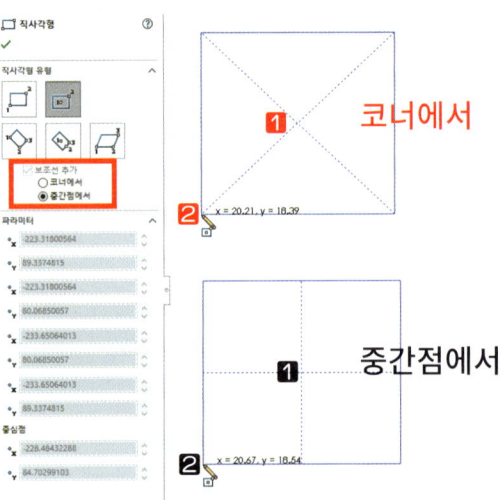

3) 원

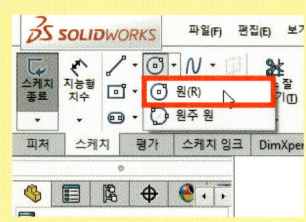

원 스케치는 두 가지의 작성방법 중 **원(중심원)** 작성방법을 일반적으로 사용합니다.

- 원의 중심점과 원주의 한 점을 순서대로 클릭하여 작성합니다.

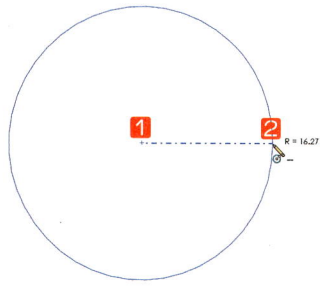

4) 원호

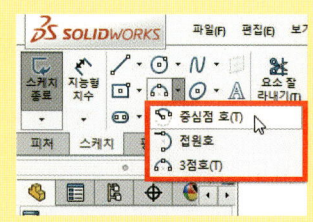

원호 스케치는 원의 조각, 즉 원의 일부분을 만드는 도구입니다. 가장 많이 사용하는 **중심점 호**와 **3점호**를 작성하는 방법을 소개합니다.

- 중심점을 먼저 클릭한 후 반지름 포인트를 클릭하여 마우스를 움직이면 방향에 따라 원호가 생성됩니다.

- **중심점 호**는 제도도구 중 컴퍼스 도구의 사용방식과 같은 원리로 작성합니다

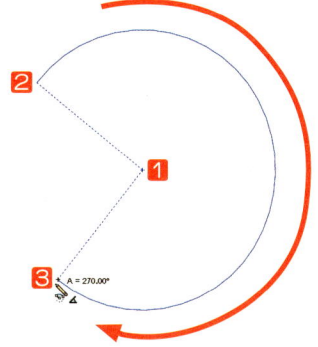

- **3점호** 스케치는 원호의 양 끝점을 차례대로 클릭한 후 둥글게 만들 부분의 방향을 결정하여 빈 공간을 클릭하는 순서로 작성합니다.

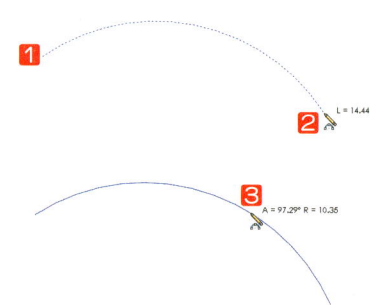

5) 홈

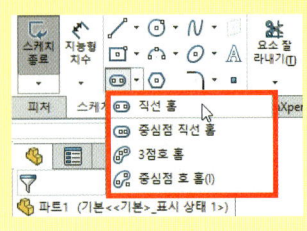

홈 스케치는 판금 작업에서 흔히 사용하는 **SLOT**, **장공**의 형태를 말하며, 다양한 형태의 홈 스케치를 작성할 수 있습니다.

- 중심선을 작성한 직후에 마우스를 움직이면 홈 스케치가 작성되며, 홈 스케치를 구성하는 선, 원호 등의 요소들은 하나의 그룹으로 묶여 있다는 특징이 있습니다.

- **잘라내기 도구로 편집을 시도할 경우 홈 스케치가 틀어지게 되므로 주의합니다.**

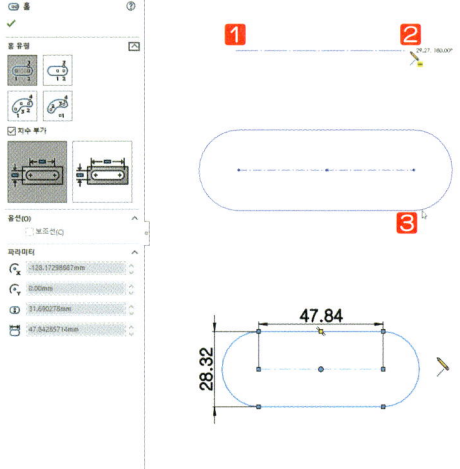

- 곡면 슬롯 형상의 원호 홈 스케치도 간단하게 작성할 수 있습니다.

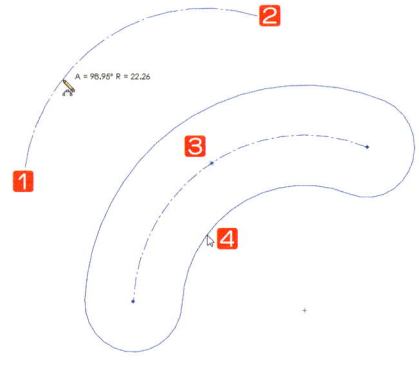

72

6) 다각형

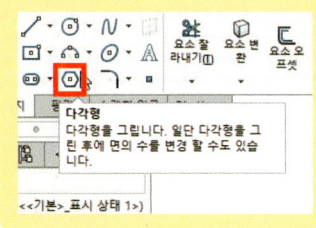

다각형 스케치는 삼각형 이상의 정다각형 도구를 작성하는 데 사용합니다.

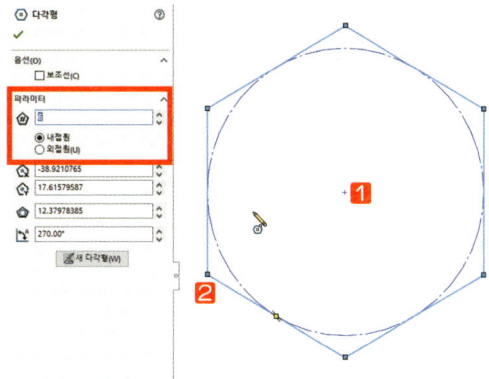

- **다각형** 스케치는 중심 사각형 스케치와 같은 방식으로 작성하며, 작성한 이후 옵션창에서 각수를 조정합니다.

- 내접원/ 외접원 옵션을 선택할 수 있습니다.

7) 점

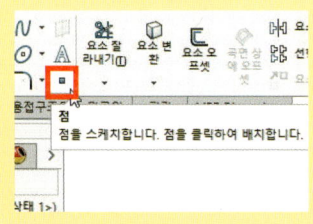

점 스케치는 그 자체로 폐곡 도형과 같은 영역을 만들 수 없으며, 보조선과 같이 참조 등의 기준으로 활용하는 도구입니다.

- 점 스케치는 보조선과 활용 용도가 같습니다.

- 직선의 중간점이나 모서리선의 중간점 등 **스냅이나 참조의 용도**로 사용합니다.

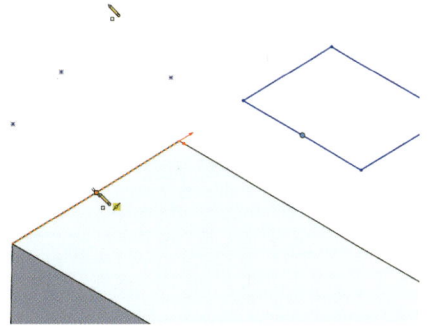

03 스케치 편집도구

1) 요소 잘라내기

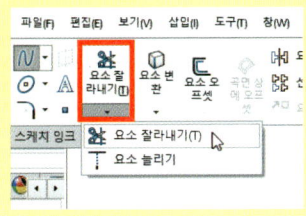

요소 잘라내기 도구는 오토캐드의 트림 Trim 과 같은 도구로, 스케치가 겹치는 부분을 잘라낼 때 사용합니다.
요소 잘라내기의 다섯 가지 옵션 중 **지능형 옵션**과 **근접 잘라내기** 옵션을 가장 많이 사용합니다.

- **지능형 옵션**은 왼쪽 마우스를 클릭한 채 드래그하여 잘라낼 스케치요소 위로 통과시키면 스케치가 삭제됩니다.

- 선 위에서 드래그할 경우 원치 않는 방향대로 잘라지게 되므로 주의합니다.

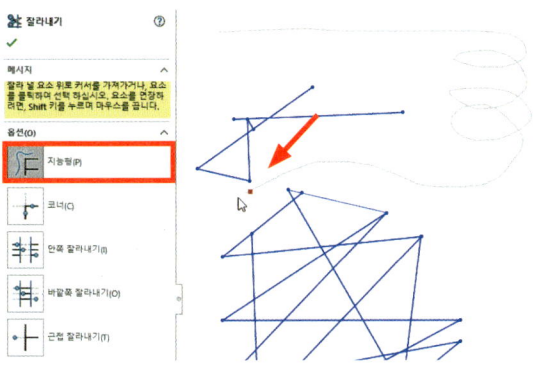

- **근접 잘라내기** 옵션을 실행하면 마우스에 가위 모양의 아이콘이 표시되는데, 잘라낼 스케치를 왼쪽 마우스로 클릭하면 스케치가 삭제됩니다.

- 삭제될 부분이 주황색으로 변경되어 미리보기의 효과가 있습니다.

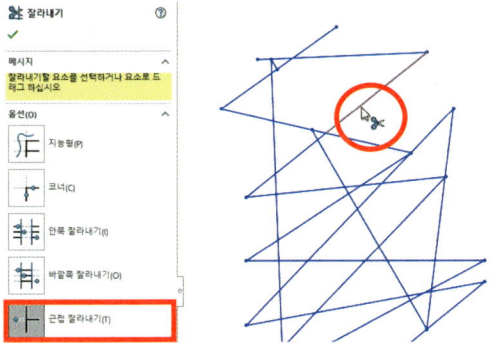

- 하단부 옵션에서 **잘라낼 부분을 보조선으로 자동 변경**해 주는 옵션을 사용하면 형태를 보존하면서 불필요한 부분을 비활성화 할 수 있습니다. [1]

- **보조선은 삭제되지 않고 보존**하는 옵션을 사용하면 보조선을 유지하면서 실선만 삭제할 수 있습니다. [2]

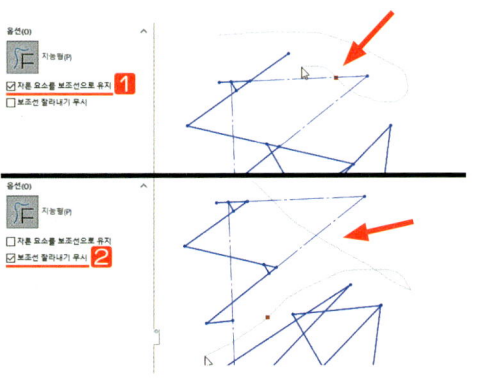

2) 지능형 치수

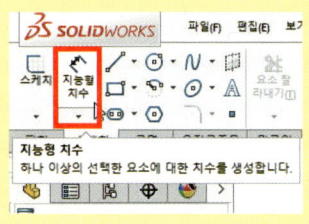

지능형 치수는 요소의 형태에 관계없이 치수를 입력하는 멀티형 도구입니다.

선 치수

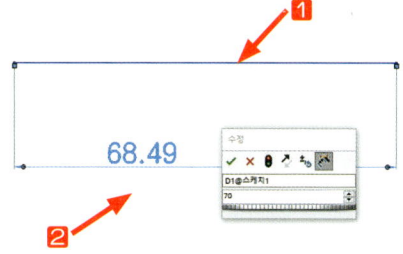

- 왼쪽 마우스로 **스케치 요소 자체를 클릭**[1]하여 현재의 길이가 표시되면, **빈 화면을 한번 더 클릭**[2]하여 치수 입력창이 표시된 후에 원하는 치수를 입력하는 순서로 작성합니다.

- 치수를 수정하려면 더블클릭을, 삭제하려면 Delete 키를 사용합니다.

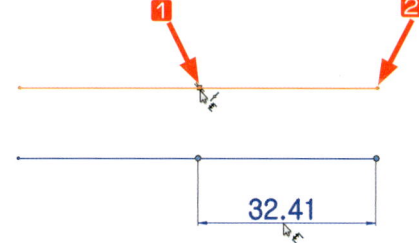

- 스케치의 **중간점 스냅**을 사용하면 중심으로부터 끝점 까지의 절반 치수를 작성할 수 있습니다.

- 작업자의 의도와 다르게 중간점 스냅이 잡히는 경우 오류가 발생할 수 있으므로 주의합니다.

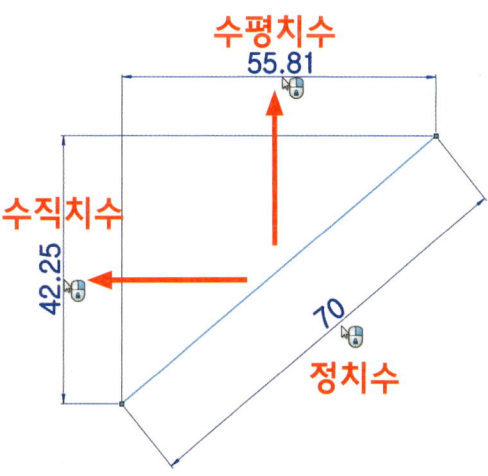

- 작업자의 의도에 따라 **기울어진 선의 치수**는 다음과 같이 세 가지 형식으로 작성할 수 있습니다.

- 마우스의 위치에 따라 치수의 종류가 자동으로 변경되기 때문에 작업 시 주의가 필요합니다.

- 기울어진 선을 클릭한 후 마우스를 수평/ 수직으로 이동하면 **수평치수/ 수직치수** 모드로 자동 변경됩니다.

원/ 원호 치수

- 완전한 원은 무조건 지름(∅) 치수로, 원의 부분인 호는 무조건 반지름(R) 치수로 작성됩니다.

- 원/ 원호 치수의 표시 형식을 변경하려면 작성한 치수를 클릭합니다. 왼쪽 옵션창의 지시선 탭을 선택하여 원하는 표시 형식으로 변경할 수 있습니다.

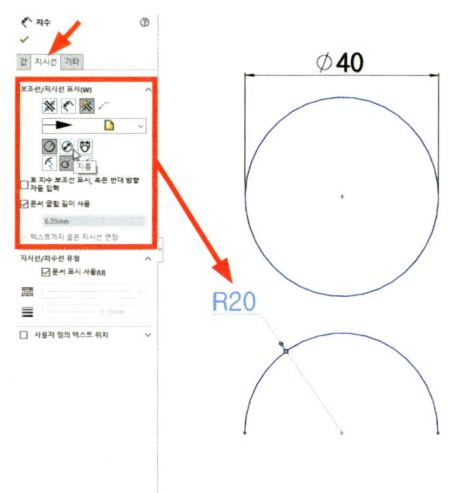

- 원의 표면과 원의 표면을 선택하면 중심과 중심 간 거리 치수가 표시됩니다. (중심점을 클릭하지 마십시오.)

- **Shift** 키를 누른 상태에서 원의 표면과 원의 표면을 클릭하면 **클릭한 위치의 거리 - 사이 치수**를 입력할 수 있습니다.

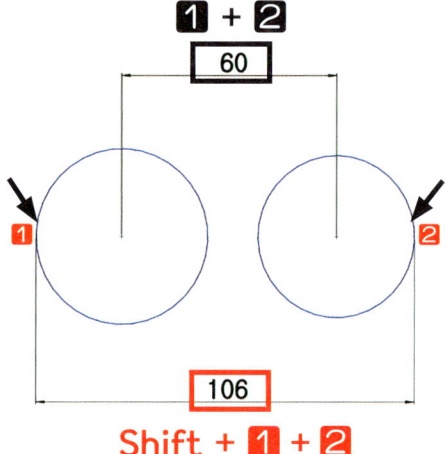

각도 치수

- 각도 치수의 경우 직선과 직선을 선택하여 각도를 입력합니다.

- 마우스의 위치에 따라 내각과 외각을 선택하여 입력할 수 있습니다.

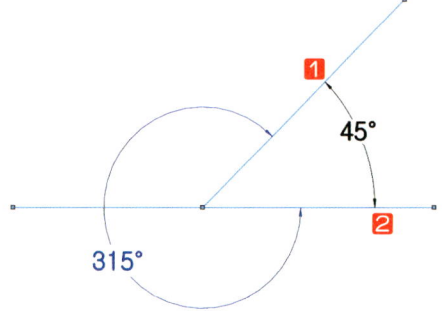

- 구속조건이나 치수가 이미 입력된 상태에서 중복되는 치수나 구속조건을 입력할 경우, 다음과 같이 **구속 치수에 대한 오류 메세지**가 표시됩니다.1

- 구속된 치수로 작성하면 **비활성된 상태의 회색 치수**가 생성되는데, 치수를 더블클릭해도 변경할 수 없다는 경고창이 표시됩니다. 스케치에는 아무런 영향을 미치지 못하므로, 참고용이 아닌 이상 삭제하는 것이 좋습니다. 2

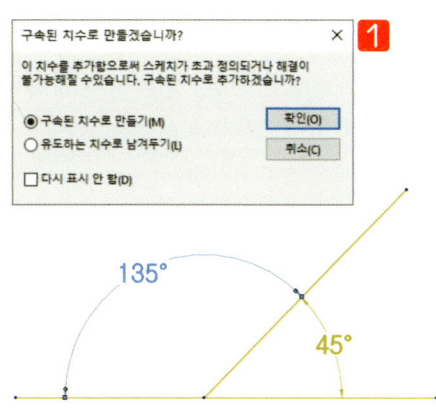
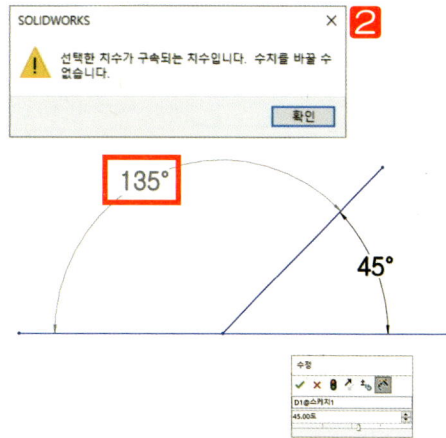

[TIP] 경로길이 치수?

솔리드웍스의 대부분의 스케치는 지능형 치수로 측정하지만, **경로길이 치수** 도구를 사용하면 곡선/직선을 그룹처럼 묶어서 전체길이를 제어할 수 있습니다. 특히 케이블체인 작업을 위한 경로 스케치를 작성하는 데 주로 활용됩니다.

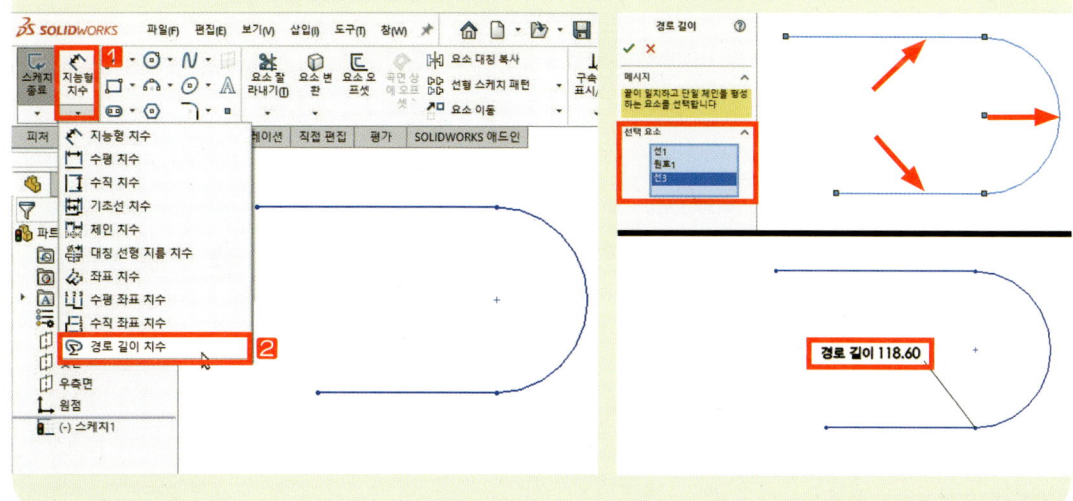

3) 스케치 필렛 (모깎기, Fillet)

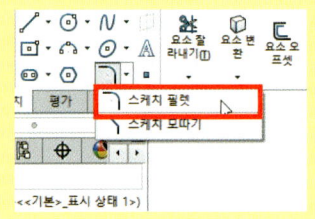

스케치 필렛은 스케치의 꼭지점 코너를 지정한 반경값으로 둥글게 다듬어주는 도구입니다. 필렛 도구는 **2D필렛**(스케치에서 사용) 과 **3D 필렛**(피처 작업에서 사용) 으로 각각 나누어져 있습니다.

- 스케치 필렛은 두 가지의 미리보기를 지원합니다. 마우스 커서를 꼭지점에 접촉했을 때 **첫번째 미리보기**가 표시되고 (노란색) 왼쪽 마우스로 클릭하면 **두번째 미리보기**가 표시됩니다. (주황색)

- 옵션 하단부에서 필렛의 크기를 변경하면 미리보기도 함께 변경됩니다.

- 하단부 옵션에서 **구속 코너 유지** 옵션을 체크해야 스케치 형상이 깨지는 오류를 방지할 수 있습니다. **스케치 필렛의 기본옵션값으로 사용합니다.**

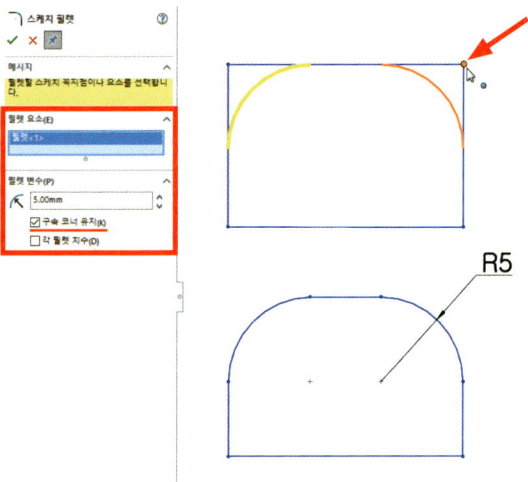

- 각 필렛 치수[1] 옵션을 사용하면 드래그해서 여러 곳에 필렛을 동시에 작성할 때 각각의 치수가 작성되어 개별 치수를 변경할 수 있습니다.

- 서로 떨어져 있는 선과 선을 선택[2]하면 선분의 끝단이 정리되며 필렛 스케치가 작성됩니다.

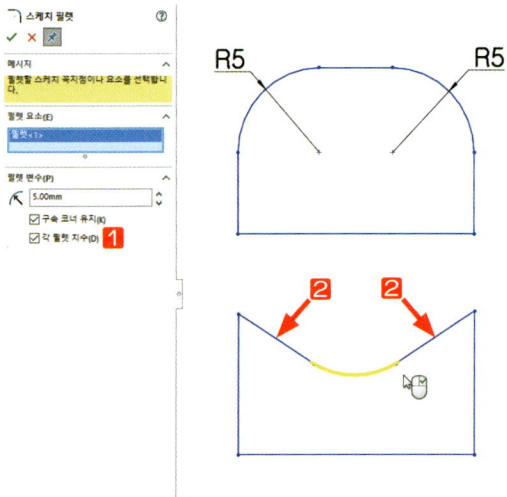

4) 스케치 모따기 (챔퍼 , Champer)

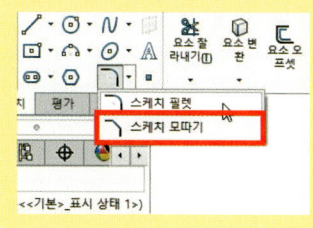

스케치 모따기 역시 **2D 모따기**(스케치에서 사용) 와 **3D 모따기**(피처 작업에서 사용) 로 나누어져 있으며, 꼭지점을 각진 형상으로 다듬어주는 도구입니다.

- 스케치 모따기 도구는 **안타깝게도, 미리보기가 표시되지 않습니다.** 직접 클릭해서 모따기 적용 상태를 살펴본 후에 치수를 수정하거나, 실행취소 버튼을 클릭하여 모따기를 수정할 수 있습니다.

- **각도-거리** 모드와 **거리-거리** 모드[1] 중에서 선택하여 모따기를 작성할 수 있습니다.

- 거리-거리 모드에서 **동등 거리 옵션을 체크 해제**[2] 하면 서로 길이가 다른 비대칭 형상의 모따기를 작성할 수 있습니다.

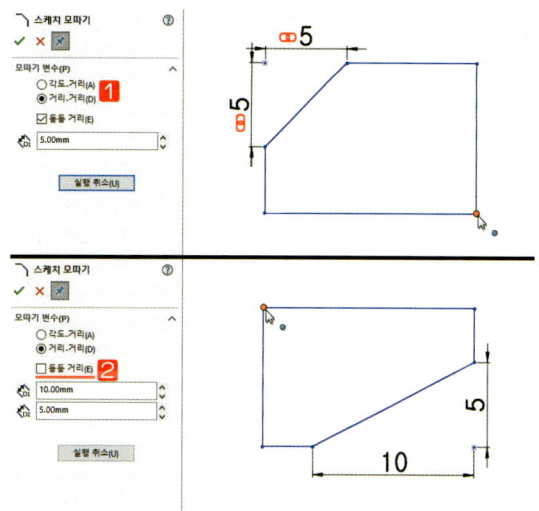

- 스케치 모따기 역시 **서로 떨어져 있는 선과 선을 선택**하여 모따기를 작성할 수 있습니다.

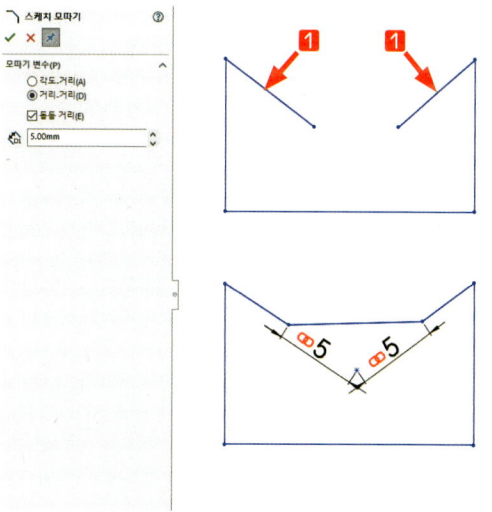

04 스케치 응용도구

1) 요소 변환

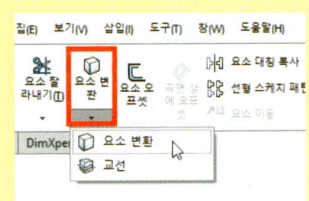

요소 변환 도구는 스케치가 아닌 모서리 또는 다른 평면에 작성한 스케치를 그대로 현재의 스케치로 변환해 주는 도구입니다.

- 요소 변환 도구를 사용하려면, 먼저 **스케치를 작성할 평면을 선택하여 스케치 모드를 실행**합니다.

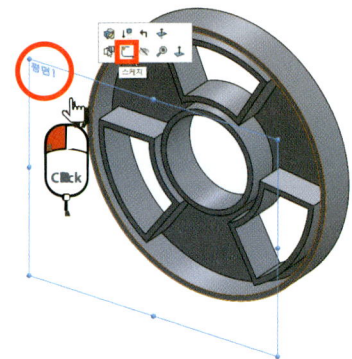

- 스케치로 만들고 싶은 모서리선이나 면을 선택합니다.

- **개별 내부 루프** 옵션을 사용하면 내부에 홈이나 또 다른 모서리선과 같은 안쪽의 라인도 함께 인식하여 스케치로 변환할 수 있습니다.

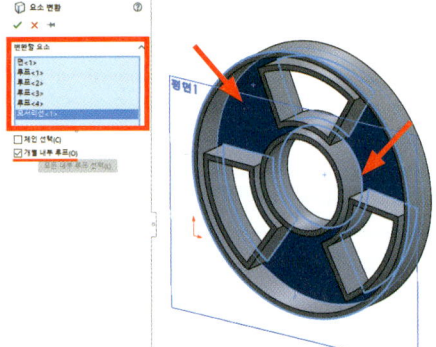

- 요소 변환 도구로 작성된 스케치는 **<모서리에> 구속조건**을 통해 모체와 연결되어 있으므로, 모체를 변경하면 변환된 스케치도 함께 수정됩니다.

- 구속조건을 삭제하면 모체와의 관계를 끊을 수 있습니다.

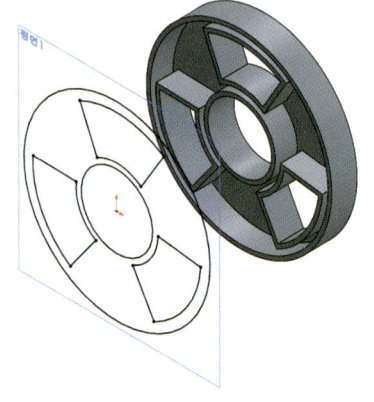

2) 요소 오프셋

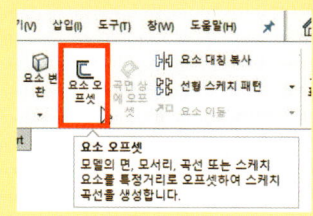

요소 오프셋은 일정 거리값을 입력해서 스케치를 복사하는 도구입니다. 작업자의 편의를 돕는 특별한 옵션을 소개합니다.

1️⃣ 오프셋 스케치는 한쪽으로, 또는 양쪽으로 생성할 수 있으며, **체인 옵션**을 사용하면 연결된 모든 선을 오프셋 복사할 수 있습니다.

2️⃣ 솔리드웍스의 오프셋 도구에만 있는 옵션으로, 오프셋 스케치의 **끝단을 마무리하여 폐곡선 - 닫힌 도형**으로 생성할 수 있습니다

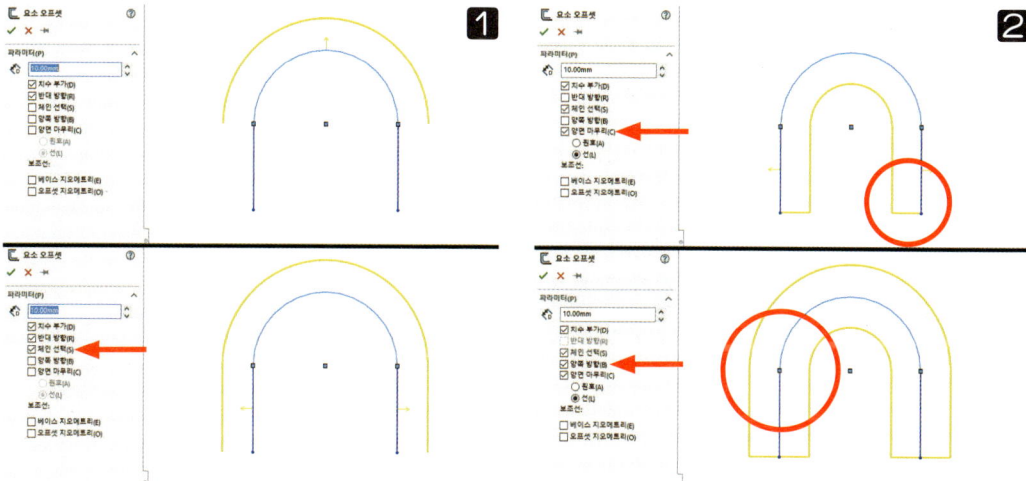

3️⃣ 양쪽 오프셋의 끝단을 원형/직선으로 선택하여 마무리할 수 있습니다.

4️⃣ 스케치의 원본과 오프셋 복사본을 선택하여 보조선으로 비활성화 할 수 있습니다.

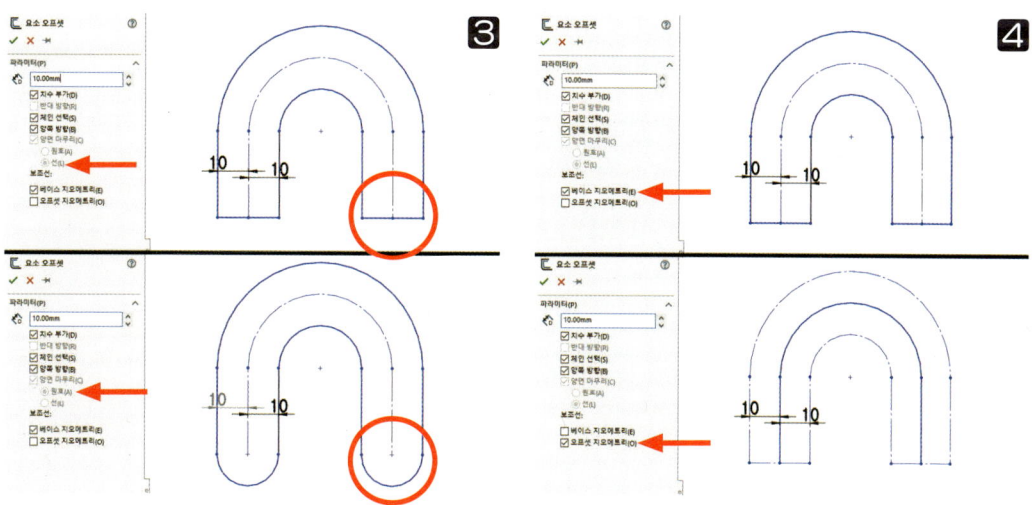

3) 스케치 패턴 (선형 / 원형)

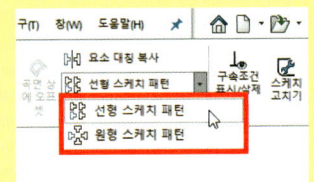

패턴 도구는 **2D 패턴** (스케치에서 사용) 과 **3D 패턴**(피처 작업에서 사용) 의 독립적 도구로 구분되어 있으며, 패턴 방향에 따라 **선형 패턴**/ **원형 패턴**으로 나누어져 있습니다.

- 주의) 솔리드웍스2017 이하 하위 버전의 경우 스케치 패턴 도구를 사용하면 불완전정의 상태로 스케치가 작성됩니다.
- 스케치 패턴 도구보다 피처 도구의 3D 패턴 도구를 일반적으로 더 많이 사용합니다.

- 패턴의 기준으로 이미 지정되어 있는 X축과 Y축을 따라 패턴의 간격과 개수를 입력한 후 패턴할 스케치 요소를 선택하면 다음과 같이 복사될 스케치가 미리보기로 표시됩니다.

- 옵션창에 표시되는 모든 체크 항목을 체크합니다.

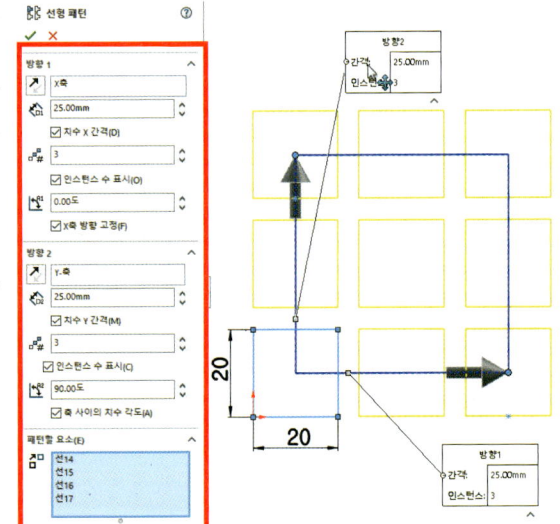

- 완성된 패턴 스케치에는 간격 치수와 수량 치수, 보조선이 자동으로 작성됩니다.

- 작성된 치수를 더블클릭하여 수정하거나, 스케치 요소를 오른쪽 마우스로 클릭하여 **선형 패턴 편집 모드**를 통해 수정할 수도 있습니다.

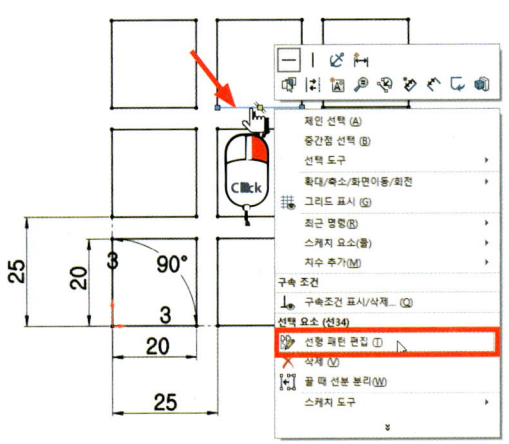

- 불필요한 패턴 요소는 옵션 하단부의 **인스턴스 건너뛰기** 옵션에서 체크하여 부분 제거할 수 있습니다.
- **스케치 원형 패턴** 역시 작성 방법은 동일하며, 패턴의 중심으로 **점**을 사용합니다

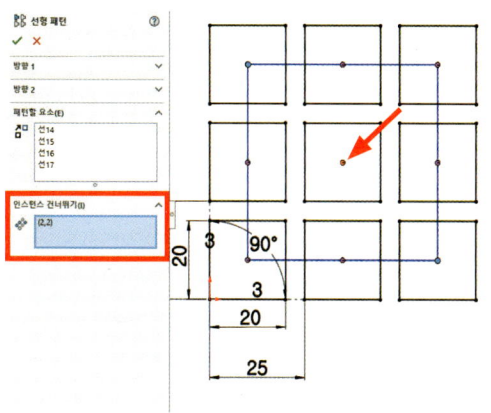
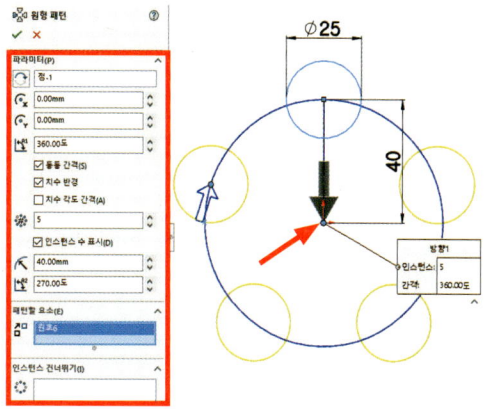

4) 요소 대칭복사

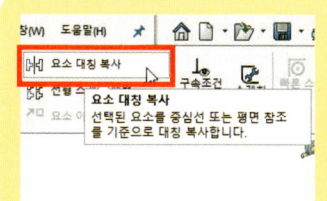

요소 대칭복사는 오토캐드의 미러 Mirror 도구와 같은 방식으로 사용하며, 이미 완성된 스케치를 대칭하여 복사하는 도구입니다.

- 대칭할 스케치와 기준으로 사용할 중심선 스케치를 모두 완성한 후 요소대칭 도구를 사용합니다.
- **대칭할 요소에 중심선이 선택되면 오류가 발생할 수 있으므로**, 요소 선택에 유의합니다.

- 대칭복사 후 중심선을 삭제하면 대칭 구속조건이 함께 삭제되므로, 중심선은 삭제되지 않도록 주의합니다.

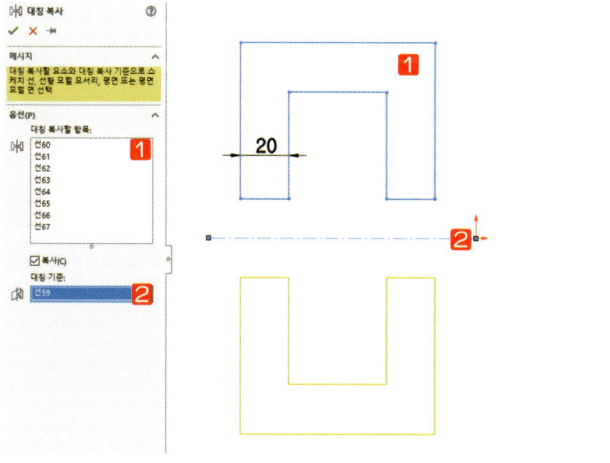
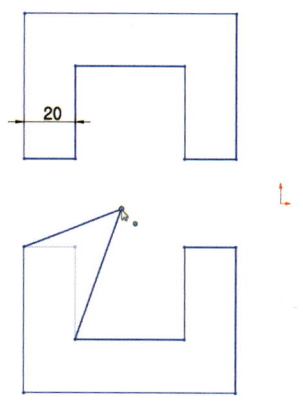

5) 동적 대칭복사

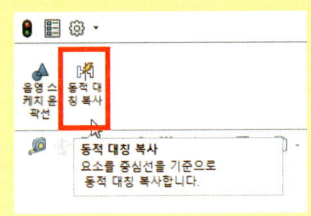

동적 대칭복사는 솔리드웍스에만 있는 특화된 도구로, 미리 대칭의 기준선을 지정한 후, 스케치를 작성함과 동시에 대칭복사 스케치를 실시간으로 작성하는 도구입니다.

- 미리 기준으로 사용할 중심선 스케치를 작성해 놓은 후, 동적대칭복사 도구를 실행하여 중심선을 선택해 봅시다. 중심선의 양끝에 등호 기호가 표시됩니다. [1]

- 중심선을 기준으로 한편에 스케치를 작성하면 대칭 스케치가 실시간으로 작성됩니다. [2]

- **대칭복사 후 중심선을 삭제하면 대칭 구속조건이 함께 삭제되므로, 중심선은 삭제되지 않도록 주의합니다.**

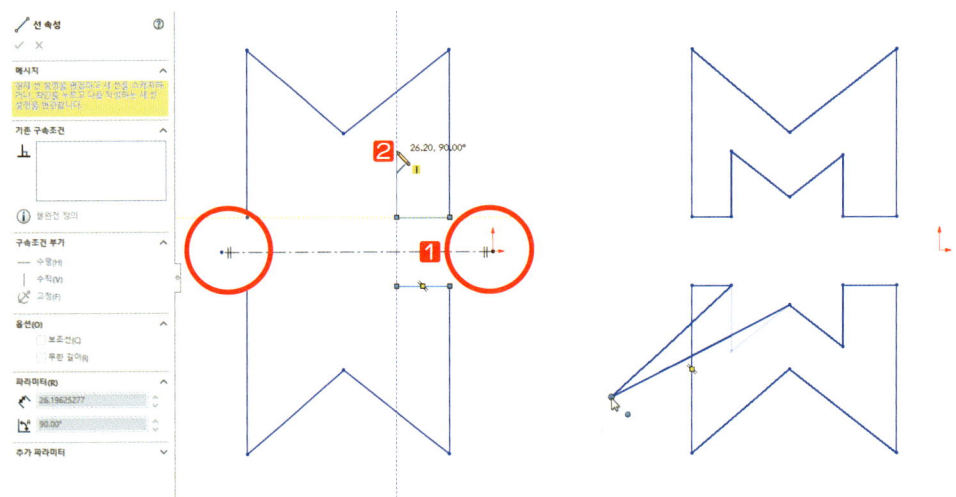

6) 인스턴트2D

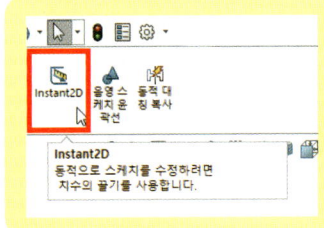

인스턴트2D 도구는 솔리드웍스 2016 이상의 버전에서부터 추가된 도구로, 스케치의 치수를 보다 간편하게 수정하는 도구입니다. **단점도 뚜렷한 도구이므로, 사용자의 주의가 필요합니다.**

① 스케치 작업에서 치수의 화살표 끝점을 클릭- 드래그하면 크기를 변경할 수 있습니다. 그러나 **의도치 않게 드래그하여 치수가 임의로 변경되는 오류가 발생할 수 있습니다.**

② 마우스로 치수를 선택하면 다음과 같이 숫자입력창이 표시됩니다. **치수를 삭제하기 위해 선택할 때, 치수의 위치를 변경하기 위해 선택할 때 의도치 않은 오류가 발생할 수 있습니다.**

가급적 인스턴트 2D 도구는 비활성화 상태를 유지하고, 필요할 때만 활성화 하여 사용하는 방법을 권장합니다.

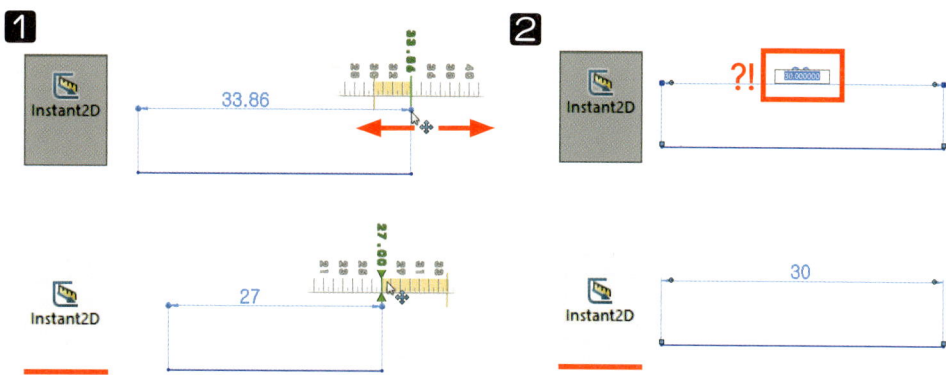

7) 음영 스케치 윤곽선

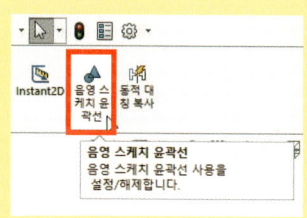

음영 스케치 윤곽선은 닫힌 도형과 열린 도형을 시각적으로 구분할 수 있도록 표현해 주는 도구입니다.

- 음영 스케치 윤곽선 모드를 실행하면 **닫힌 도형과 열린 도형의 상태를 쉽게 구분**할 수 있어 작업자의 편의성을 높일 수 있습니다.

- **스케치 요소를 이동**할 때, 음영 표시된 영역을 클릭해서 드래그하면 쉽게 위치를 이동할 수 있습니다.

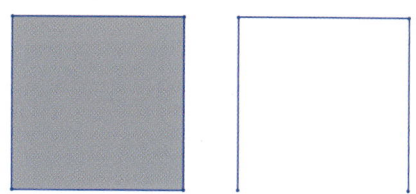

- 작업자에 따라 음영 표시가 오히려 불편함을 유발할 수도 있으므로, 필요에 따라 활성/ 비활성화 하여 사용합니다.

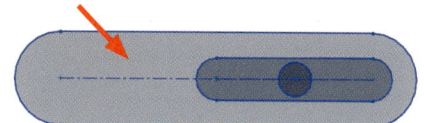

05 구속조건 - 스케치의 성격

스케치를 작성하다 보면 다음 그림처럼 스케치에 초록색 마크가 표시되는 것을 찾아볼 수 있습니다. 스케치가 수직 또는 수평 등의 반듯한 형태가 되도록 도와주는데, 이것을 **스케치가 가진 성격, 구속조건** 이라고 합니다.

- 스케치를 작성할 때 **가이드라인과 스냅**을 이용하면 자동으로 구속조건이 포함된 반듯한 스케치를 작성할 수 있습니다.

- 작업자의 의도에 따라 모든 구속조건이 제거된 스케치를 작성할 수도 있습니다.

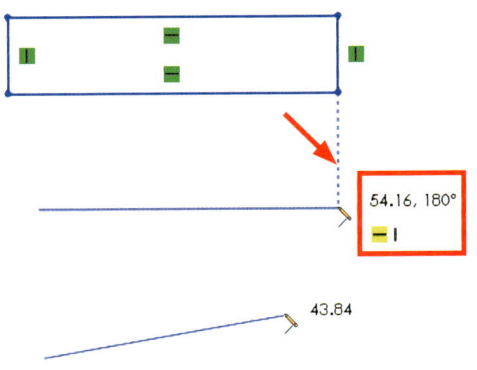

- 스케치를 클릭한 후 표시되는 별도의 팝업창에서 새로운 구속조건을 추가합니다.

- 이미 적용되어 있는 구속조건을 삭제하려면 표시되는 구속조건 마크 자체를 클릭한 후에 **Delete** 키로 삭제합니다.

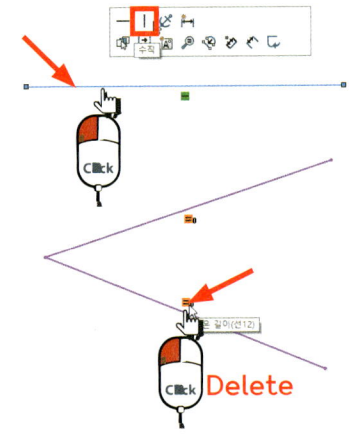

- 또는 스케치 요소를 선택한 후에 왼쪽 옵션창에 표시되는 기존 구속조건을 선택하여 삭제해도 좋습니다.

- 고정 구속조건은 임시로 사용하는 도구이므로 스케치를 완성하는데 가급적 사용하지 않는 것을 권장합니다.

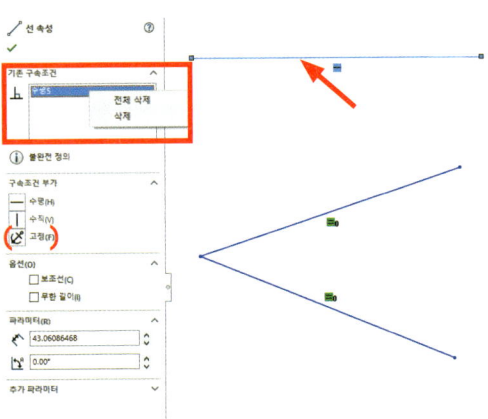

- 구속조건이 보이지 않도록 숨김 처리하려면 다음의 빠른 보기 도구모음에서 **보이기/숨기기 탭을 확장**하고 **구속조건 항목을 체크해제** 합니다. (비활성화)

- 사용자의 편의에 따라 구속조건의 표시 상태를 보이기/ 숨기기 처리하여 사용합니다.

주의) 평소에는 보이기/숨기기 탭을 비활성화 상태를 기본값으로 설정합니다. (전체 숨기기가 아닌, 선택항목만 보이기/숨기기 상태)

- 단독의 스케치 요소에 구속조건을 입력하기도 하지만, 다음 그림처럼 여러 개의 스케치 요소에 동일한 구속조건을 입력할 수도 있습니다.

- **CTRL 키를 누른 상태에서 두 개 이상의 스케치 요소를 선택**하면 현재 상황에서 입력 가능한 구속조건들이 지능형으로 표시됩니다.

- 하지만 스케치를 작성하는 중에 기존에 입력된 구속조건과 충돌을 일으키거나 중복되는 구속조건을 입력하게 되면 스케치가 빨간색 노란색으로 변경되며 작업창의 하단부에는 다소 당황스러운 오류 메시지가 표시됩니다.

- 오류를 해결하려면 잘못 입력한 구속조건을 우 클릭하여 삭제하거나, 구속조건 마크 자체를 클릭하여 Delete 키로 삭제해 줍니다.

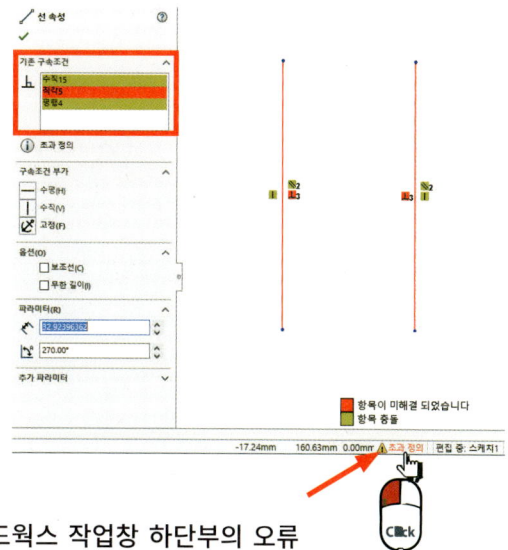

수동으로 구속조건을 제거하는 방법 외에도, **솔리드웍스 작업창 하단부의 오류 메시지 자체를 클릭**하여 **진단 도구**를 사용하는 방법도 추천합니다.

- 오류 메세지를 클릭하면 다음과 같이 **Sketch Xpert** 도구가 표시됩니다. **진단**[1] 항목을 선택하면 다양한 해결방안이 표시됩니다.

- 검색된 해결방안 중에서 최적의 시나리오를 골라서[2] **동의함**[3] 항목을 선택하면 오류를 자동 해결할 수 있습니다.

스케치의 구속조건은 선택한 요소에 따라 각각 다르게 표시됩니다. 구속조건은 일부러 외우지 말고, 다양한 도면 연습을 통해서 자연스럽게 사용하면서 익숙해지는 것을 권장합니다.

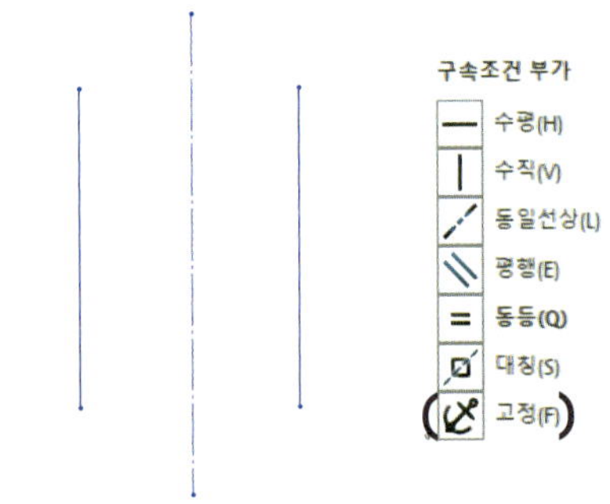

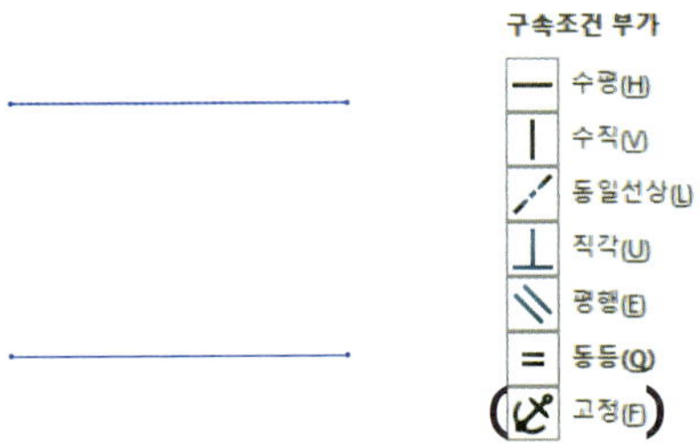

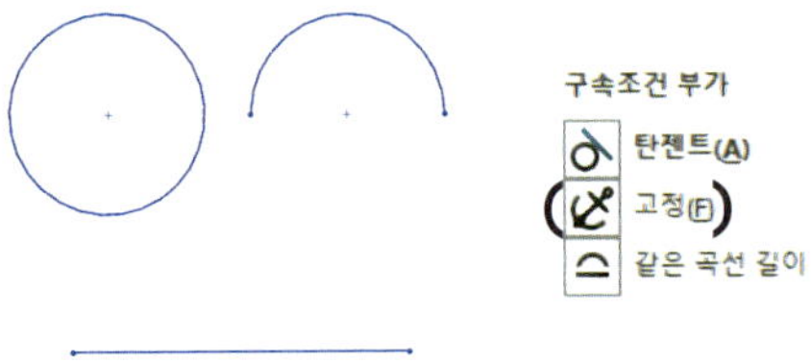

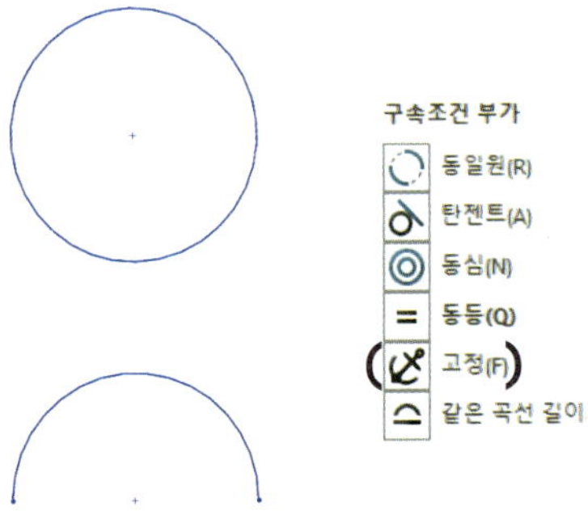

06 스케치 완전정의

솔리드웍스에서 스케치를 완성한다는 것은 곧 **스케치를 검은색의 상태**로 만들어 준다는 것과 같습니다. 스케치가 검은색으로 변하며 완성된 상태를 **완전정의** 라고 하는데, 단순히 스케치를 고정시켜버리는 것이 아니라, 두 가지의 필요 조건을 만족해야 완전정의 상태가 됩니다. 그 두 가지 조건은 **크기정보**와 **위치정보**입니다.

1) 크기 정보

크기 정보는 **치수**와 **구속조건**을 나타냅니다. 스케치가 수평이거나 수직이거나 평행이거나, 또는 길이와 지름 등의 치수가 입력되어 있는 상태를 말합니다.

마우스로 스케치를 드래그해서 움직여 보았을 때 전체적인 형태가 틀어짐 없이 통째로 움직이게 되면 크기 정보가 모두 입력되었다는 뜻입니다.

하지만 크기 정보만으로는 완전정의 상태를 만들 수 없습니다. 디자인트리의 스케치 항목을 살펴보면 더욱 확실히 구분할 수 있는데, 스케치 항목 앞에 **(-)** 표시가 있다면 완전정의 상태가 아니라는 뜻이기도 합니다.

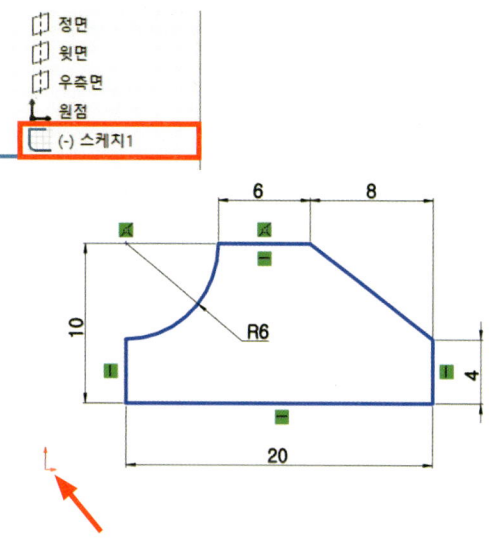

2) 위치 정보

위치 정보는 스케치의 좌표에 대한 정보입니다. **원점**을 위치정보의 기준으로 사용하며, 스케치의 어느 꼭지점, 또는 원의 중심이 원점과 일치하거나, 또는 치수나 구속조건 등으로 원점에 연결된 상태를 말합니다.

원점에서부터 시작하는 스케치를 작성하면서 치수와 구속조건을 입력하다 보면 자연스럽게 완전정의 상태가 만들어집니다.

스케치가 검은색으로 변하거나, 디자인트리의 스케치 항목 앞에 (-) 표시가 없다면 완전정의 상태가 되었다는 뜻입니다.

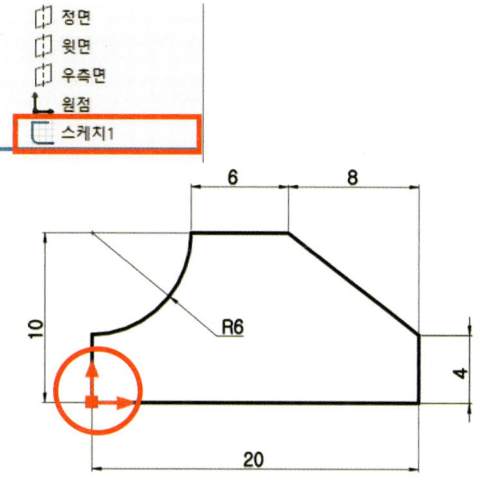

즉, **스케치의 완전정의는 치수나 구속조건 등으로 원점에 연결되어 스케치가 완성된 상태**를 뜻하는 말로 , 작업자의 단순 드래그 또는 외부의 요인으로 인해 스케치의 형태가 틀어지거나 위치가 바뀌는 오류를 방지할 수 있습니다.

솔리드웍스로 이루어지는 모든 설계 작업에 있어서 스케치는 완전정의 상태로 만드는 습관을 갖는 것이 무엇보다 중요합니다.

07 스케치를 따라해 볼까요?

본격적인 스케치 연습에 앞서, 간단한 스케치 도면을 따라 완성해 봅시다. 솔리드웍스로 스케치를 작성하는 전반적인 과정을 따라하면서 익혀 봅시다.

1. 솔리드웍스를 실행하고, 새 문서를 실행합니다. 파트/ 어셈블리/ 2D 도면 작업문서 중에서 **파트 문서**를 선택합니다.

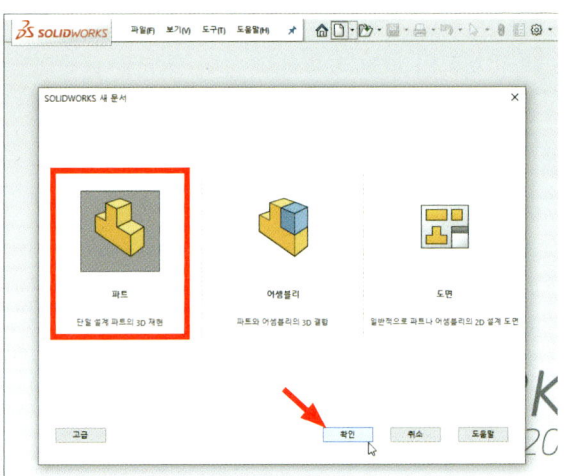

2. 가장 먼저 해야 할 일은 스케치가 작성될 평면을 선택하는 것입니다.

   왼쪽 디자인트리에서 **정면**을 선택하여 스케치를 실행합니다.

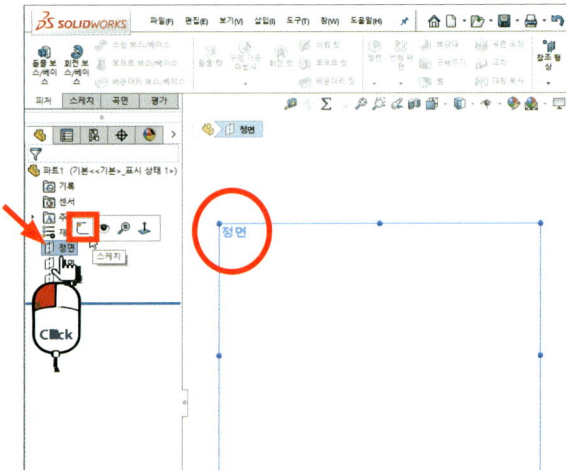

3️⃣ 스케치를 실행한 후에는 반드시 오른쪽 상단에 표시되는 **스케치 작성모드** 마크가 표시되어 있는지 확인해 봅시다. 이 마크가 표시되어 있어야 현재 스케치 작업이 진행중이라는 뜻이기도 합니다.

스케치 도구모음에서 **선 스케치** 도구를 실행해 봅시다.

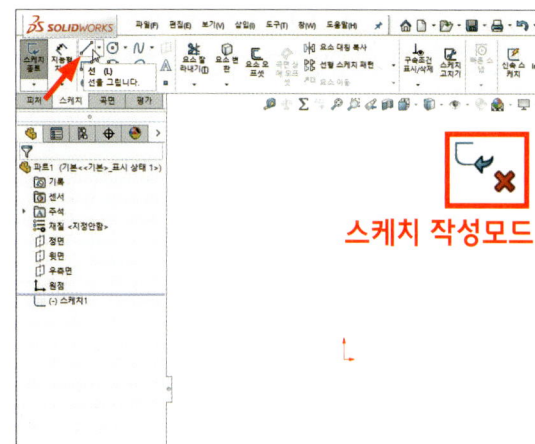

4️⃣ 선 스케치 도구로 전체적인 형상을 먼저 작성해 봅시다. 다음 그림처럼 **원점에서부터 번호대로 클릭하여 점을 찍듯이** 연결되는 선 스케치를 작성해 봅시다.

원점에서부터 스케치를 시작하면 기본적인 위치 정보를 자동으로 입력하면서 스케치를 작성하게 됩니다. 또한, 가이드라인을 참고하여 스케치를 작성하면 기본적인 수평/ 수직 구속조건을 포함한 스케치로 작성할 수 있습니다.

전반적인 형상이 완성되면 자세한 치수를 추가로 입력해 봅시다. **지능형 치수** 도구를 실행합니다.

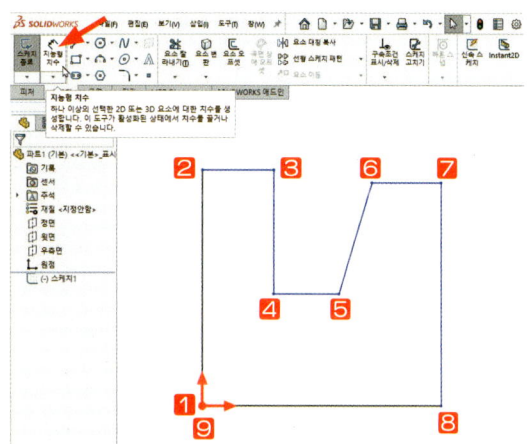

5️⃣ 가장 먼저, 선¹과 선² 을 클릭한 다음, 빈 칸을 한번 더 클릭해서³ 사이 치수를 입력해 줍니다.

사이 치수를 먼저 입력해 줌으로서 추후 다른 치수들로 인해 형상이 틀어지는 오류를 사전에 방지하는 효과도 있습니다.

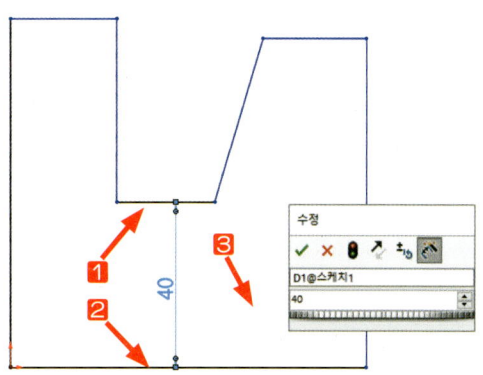

6 나머지 요소에도 치수를 작성해 줍니다.

원점에서부터 작성된 스케치는 크기정보 - 치수를 입력하면서 점차 **검은색 - 완전정의 상태**로 물들어가며 완성됩니다.

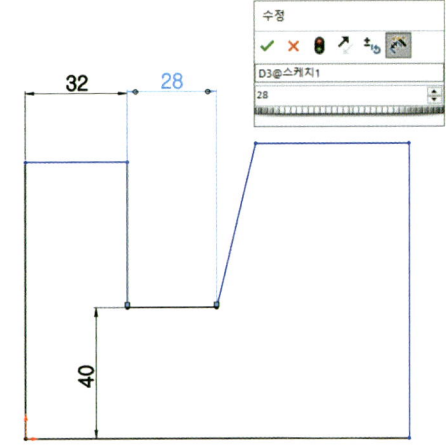

7 다음 그림의 치수를 참고하여 나머지 부분에도 치수를 추가해 봅시다. 형상이 틀어지거나 깨지지 않고 비교적 완만하게 스케치 예제가 완성됩니다.

스케치가 완성되면 **확인** 버튼을 클릭해서 **스케치 작성모드를 종료**합니다.

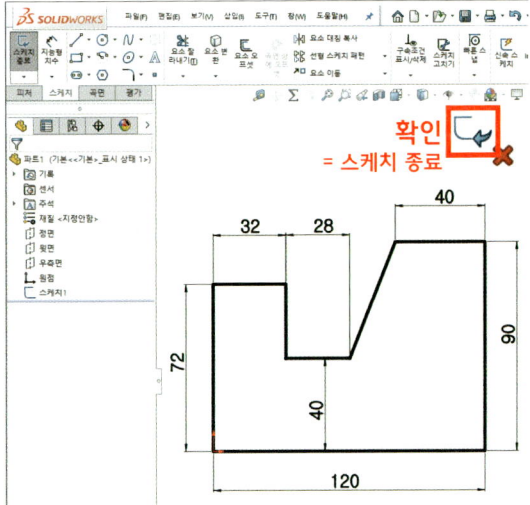

8 완성된 스케치의 정답을 맞추어 볼까요? 평가 도구모음에서 **측정** 도구를 실행하고 작성한 모든 스케치 요소를 선택하면 **모든 선의 길이의 합**을 구할 수 있습니다.

제가 작성한 스케치 예제의 전체길이는 **467.85mm** 입니다. 여러분의 스케치도 같은 길이가 나오셨나요?

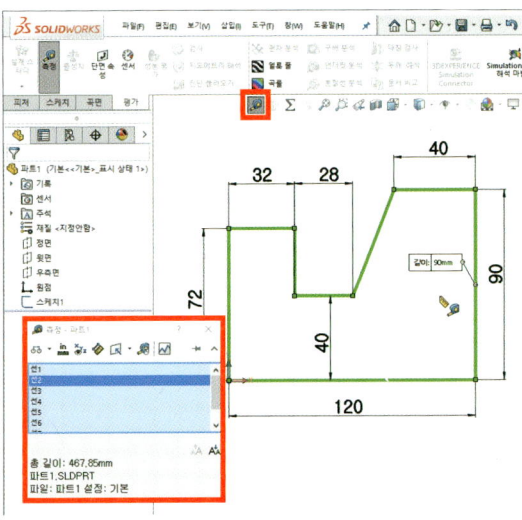

현재 실습한 파트 문서는 저장하지 않고 종료합니다. 그리고 다시 한번 새 파트 문서를 실행하여 정면에 스케치를 실행합니다.

**이번에는 교재의 풀이과정에 상관없이 여러분의 스타일을 따라 자유롭게 작성해 보세요.
그리고 모든 선의 총 길이가 467.85mm 가 나오는지 정답을 맞추어 봅시다.
단, 검은색 스케치 - 완전정의 상태로 만들어야 한다는 점, 잊지마세요!**

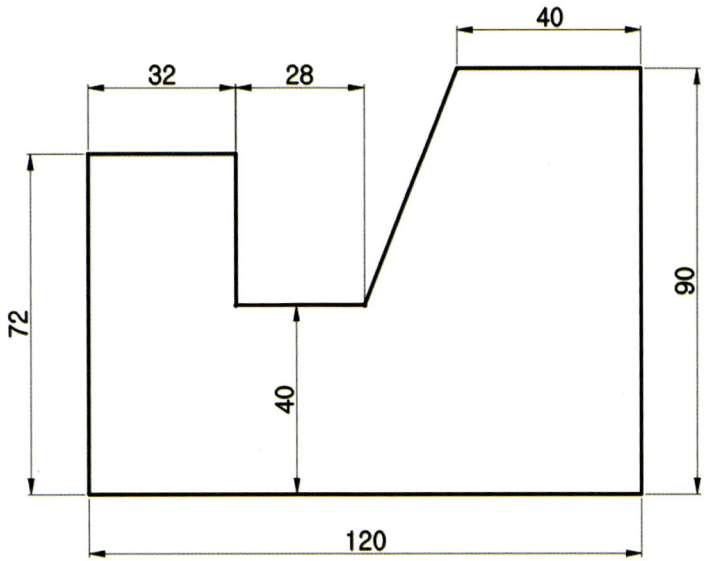

[TIP] 갑자기 스케치가 먹통이 되었어요! - 선택 필터

스케치를 열심히 작성하던 중에 **갑자기 스케치가 먹통이 되는 경우가 있습니다.** 치수도 넣을 수 없고, 스케치 요소를 선택할 수도 없는 증상이 발생했다면, 마우스 커서를 확인해 보시기 바랍니다. 다음과 같이 **분홍색 깔대기 아이콘**이 강제로 표시되어 있을텐데요,

이 도구는 **선택 필터**가 활성화 되어 있다는 뜻이기도 합니다. 점이나 선 등의 특수 요소만 선택하는 필터 도구인데, 여러분의 의지와 상관없이 강제로 실행되었다면 **F6 또는 V 키**를 눌러 봅시다. 그리고 마우스를 살짝 흔들어 보면 선택 필터가 해제되어 있을 겁니다.

아무 일도 없었다는 듯, 당황하지 말고 자연스럽게 스케치를 이어 그려봅시다.

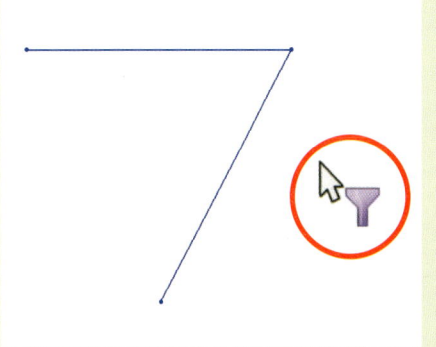

08 스케치 연습문제 1단계

다음 도면을 살펴봅시다. 표시된 치수들을 사용해서 스케치 도면을 완성하고, 표시되어 있는 알파벳 치수를 측정하여 스케치 도면의 정답을 맞추어 봅시다.
(정답은 214P 교재 뒷편 부록에서 확인할 수 있으며, 원점은 임의로 지정합니다.)

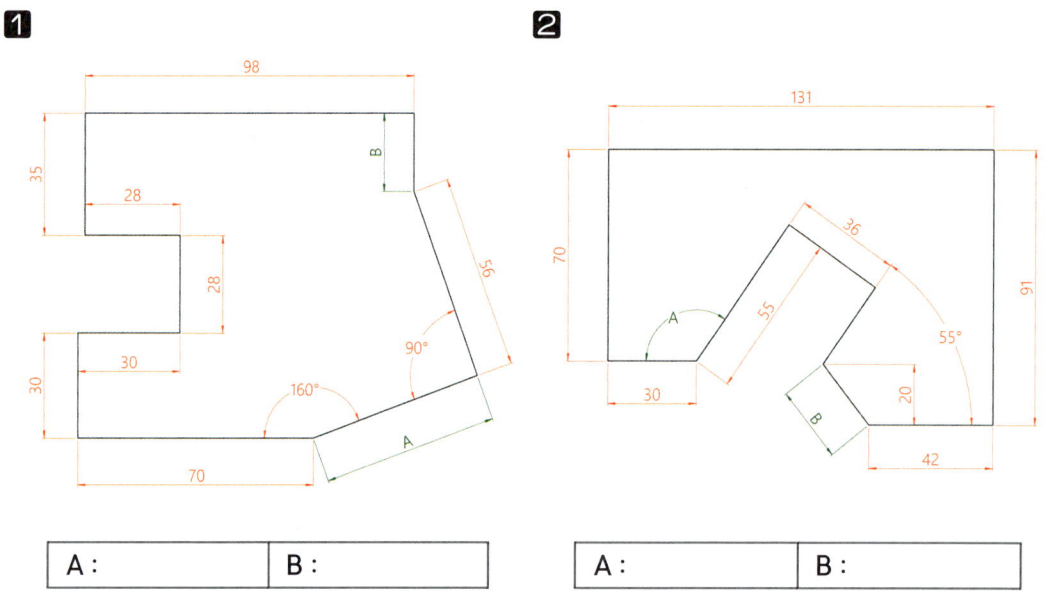

| A : | B : |

| A : | B : |

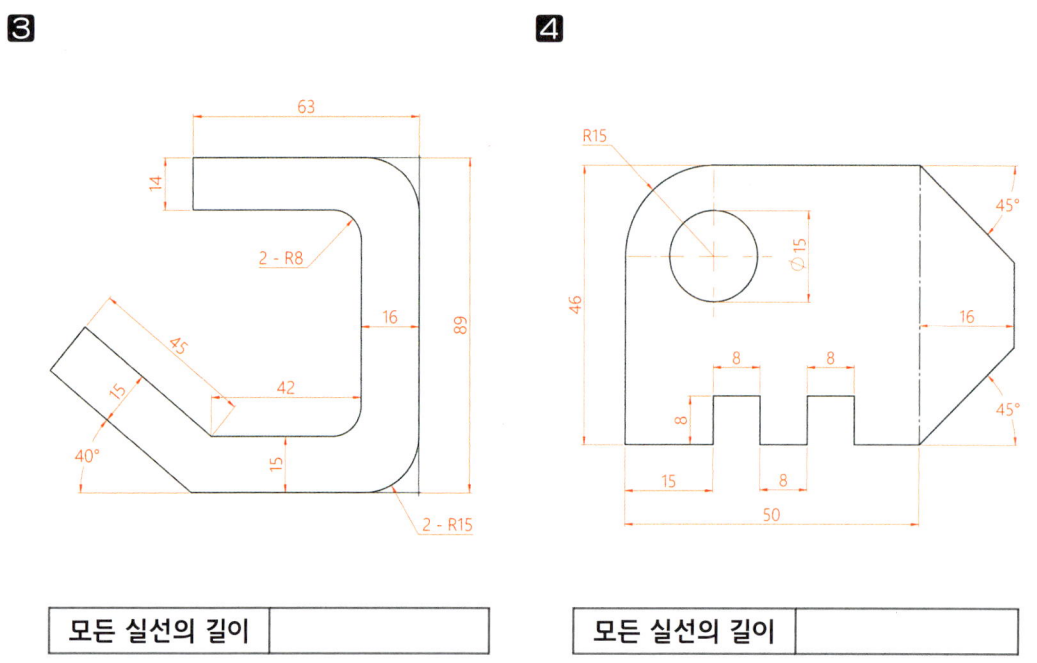

| 모든 실선의 길이 | |

| 모든 실선의 길이 | |

5 | 모든 실선의 길이 |
| --- |

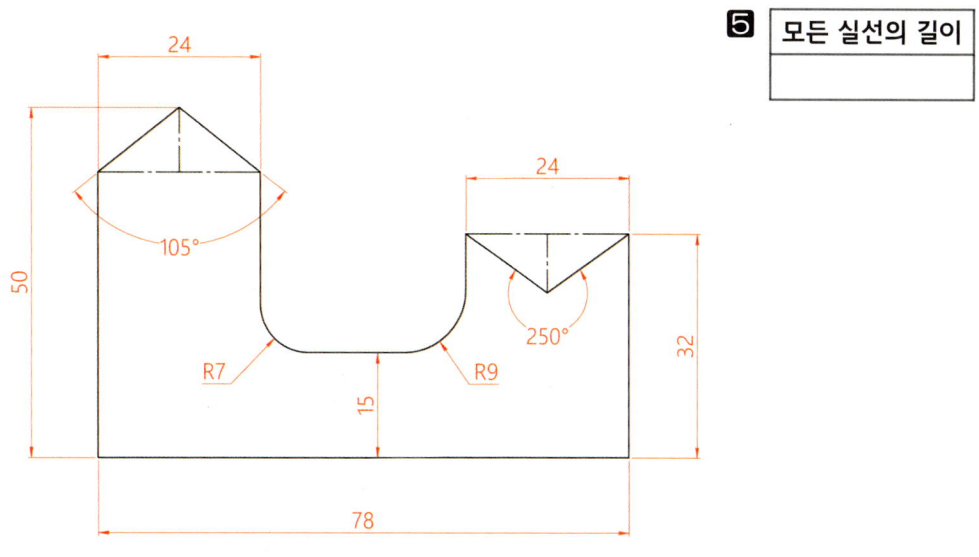

6 | A : |
| --- |
| 모든 실선의 길이 |

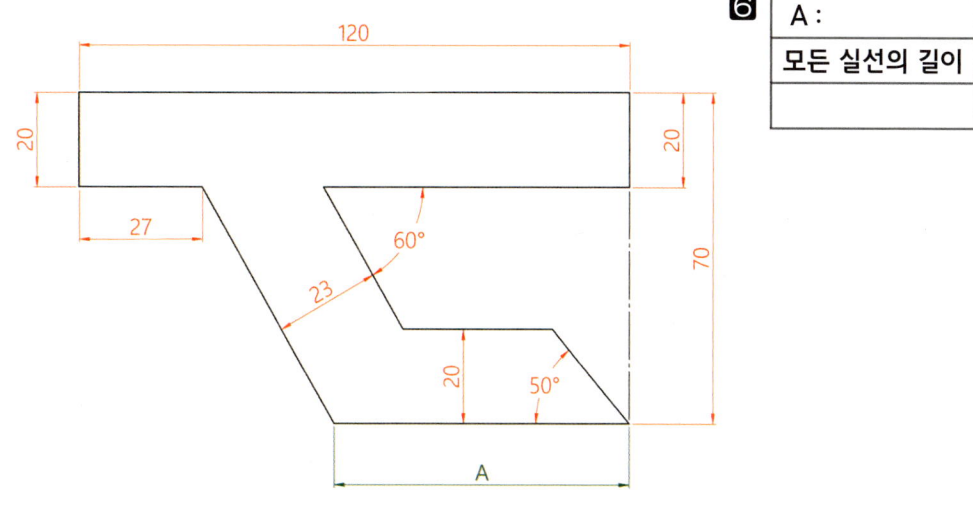

7 | A : |
| --- |
| B : |

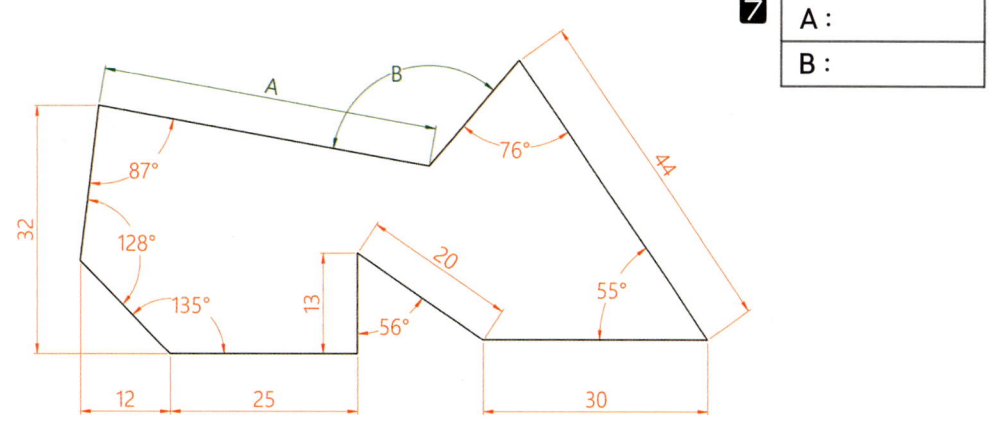

09 스케치 연습문제 2단계

2단계 스케치는 곡선 도면과 대칭 도면을 준비했습니다. **탄젠트 구속조건**을 사용해서 곡선 스케치 연습문제를 완성해 보세요. 원점은 자유로운 곳을 임의로 지정합니다.
(1 ~ 4 번 도면)

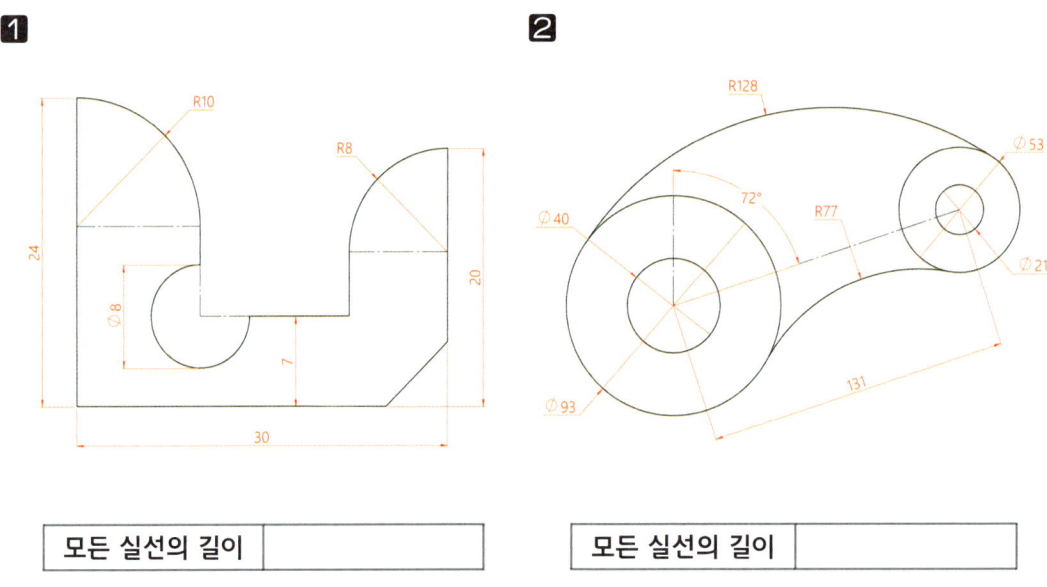

1

| 모든 실선의 길이 | |

2

| 모든 실선의 길이 | |

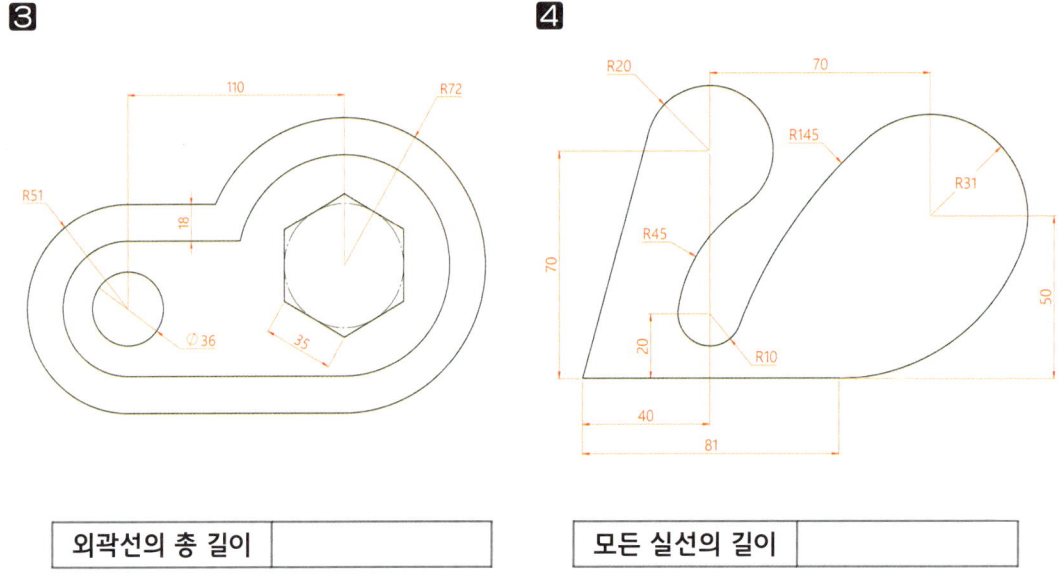

3

| 외곽선의 총 길이 | |

4

| 모든 실선의 길이 | |

대칭복사 도구를 위한 연습문제는 다음과 같습니다. **요소 대칭복사**와 **동적 대칭복사** 도구를 사용해서 대칭 스케치 연습문제를 완성해 보세요. 원점은 자유로운 곳을 임의로 지정합니다.
(5 ~ 7 번 도면)

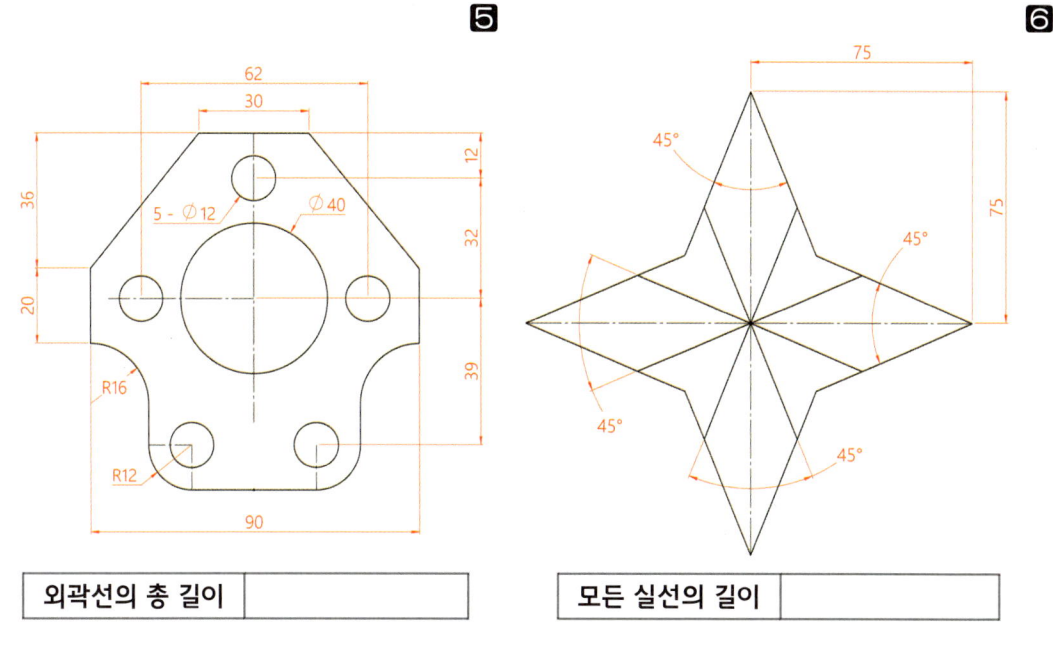

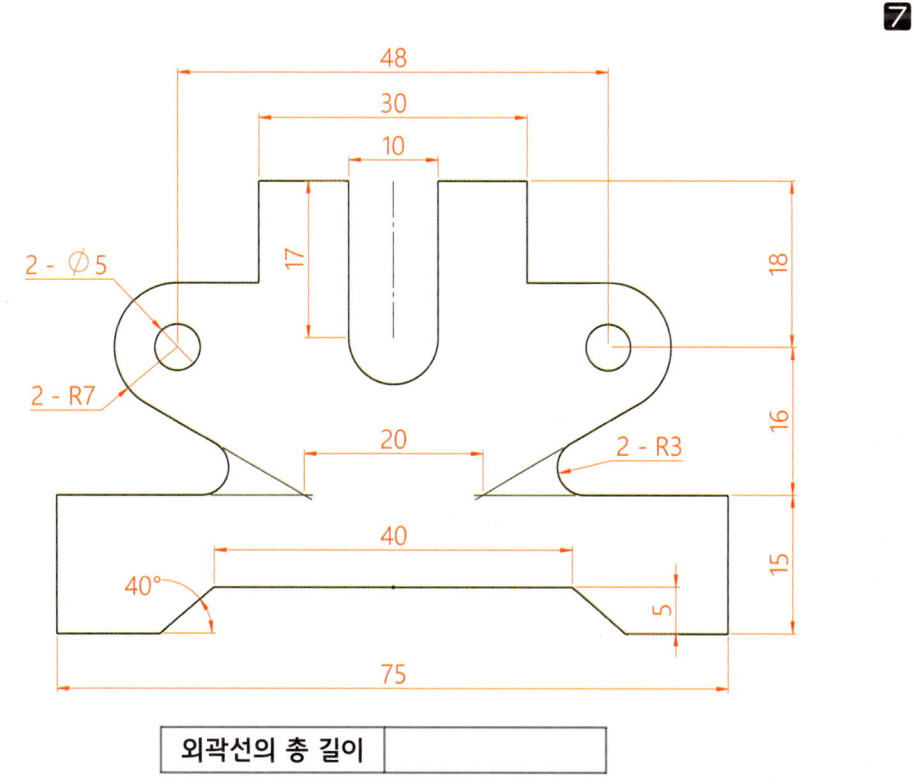

10 스케치 연습문제 3단계

이제, 고난이도의 스케치를 작성해 봅시다. 원점은 여러분이 임의로 결정하고, 원점을 기준으로 차근차근 그려나가면서 스케치를 완성해 봅시다.

1

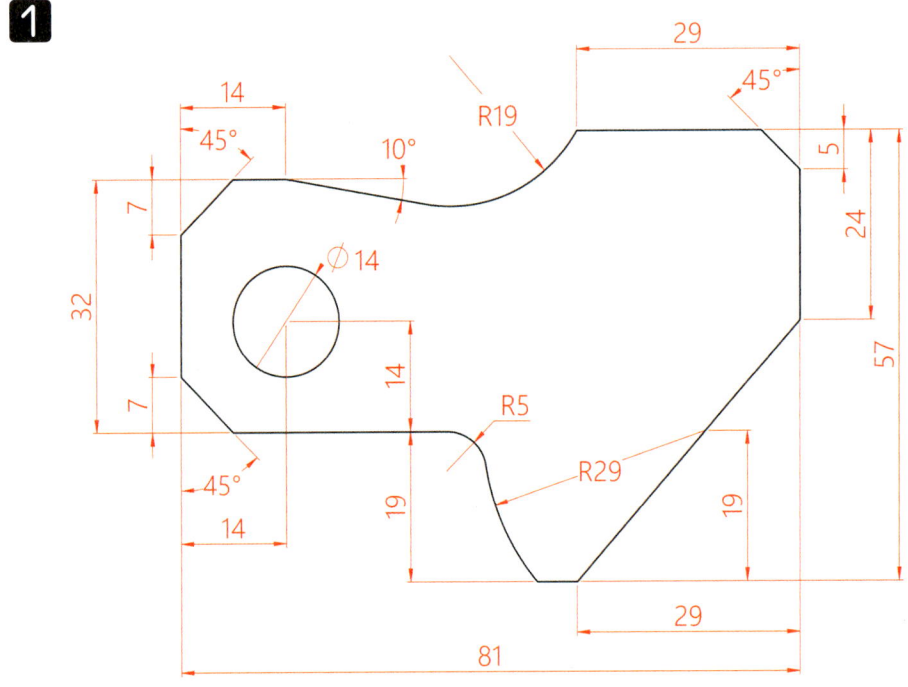

2

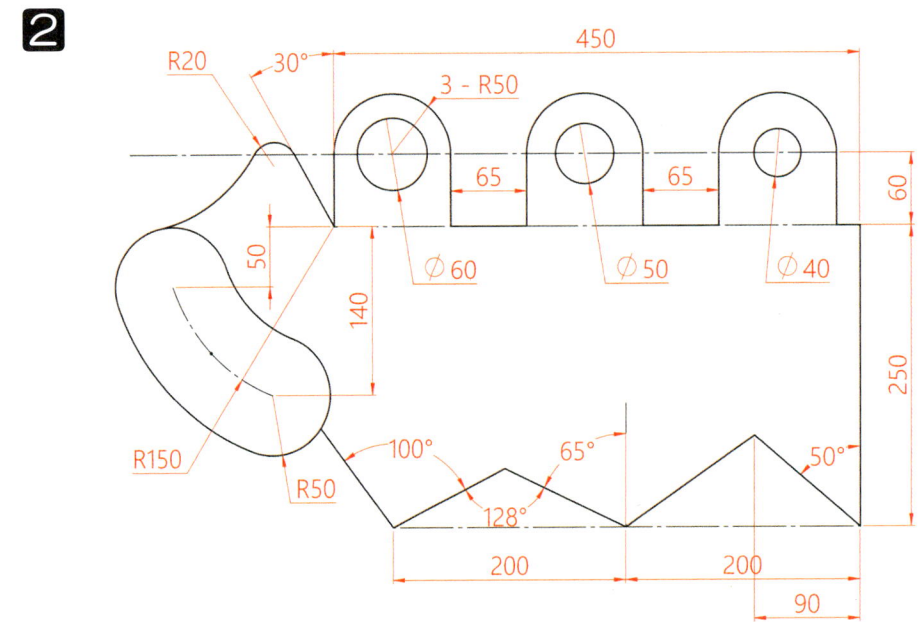

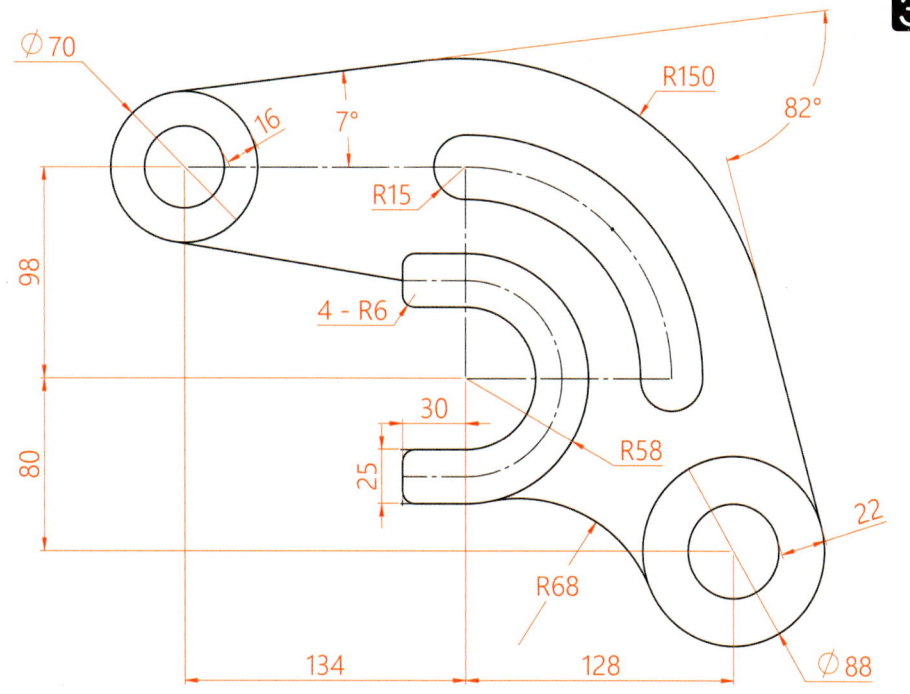

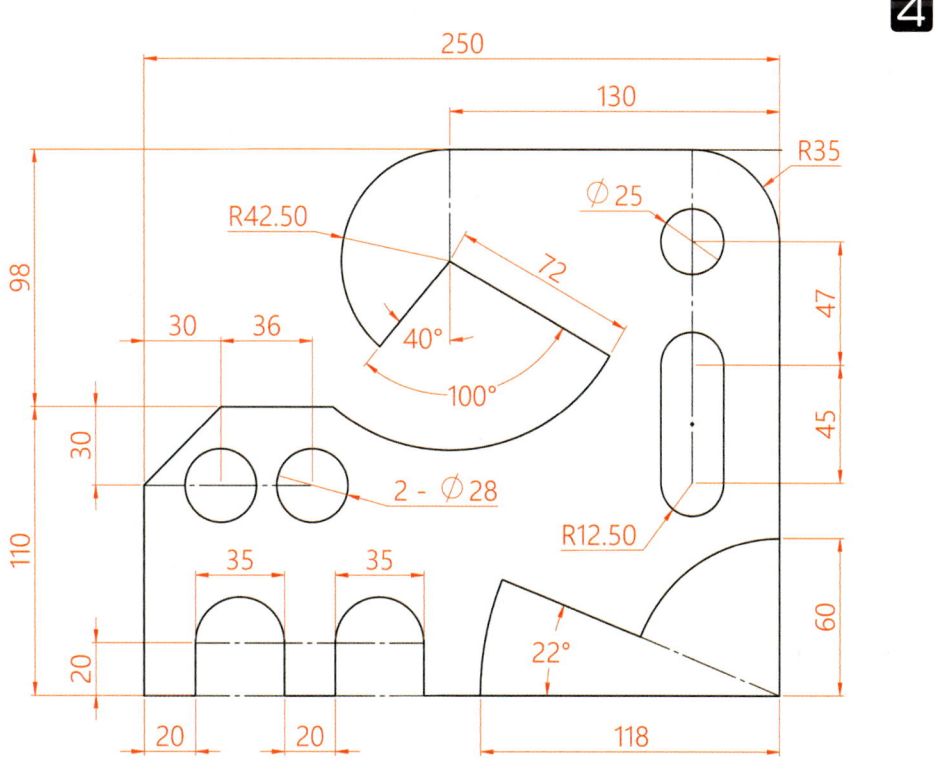

MEMO ✓

chapter 07

제3요소 피처

01 피처 도구의 분류
02 돌출/ 돌출 컷 피처 옵션
03 피처 필렛과 피처 모따기
04 3D 선형 패턴과 원형 패턴
05 3D 대칭복사

06 보강대
07 쉘
08 구배

01 피처 도구의 분류

솔리드웍스가 다른 3D CAD 프로그램과 약간 다른 점이 있다면,

" 형상을 생성하는 [+ 요소] 와 형상을 깎아내는 [- 요소] 가 분리되어 있다는 점입니다. "

도구모음을 살펴봅시다. 돌출(+) / 돌출컷(-) , 회전(+) / 회전컷(-) 요소가 별도로 구성되어 있고, 도구를 실행한 이후에는 모드를 변경할 수 없기 때문에, 처음부터 덧붙일 것인지 (+ 더하기) 깎아낼 것인지 (- 빼기) 도구의 선택이 매우 중요합니다.

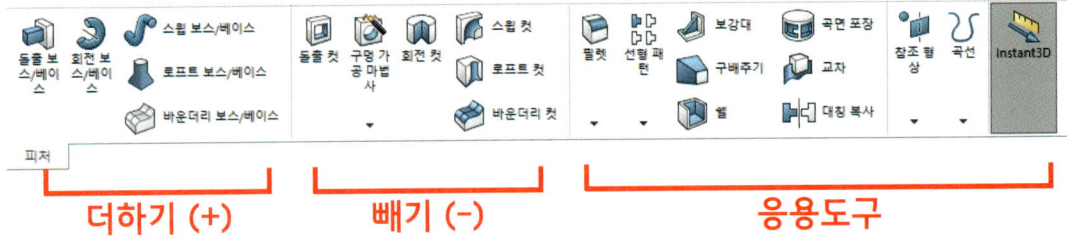

02 돌출/ 돌출컷 피처 옵션

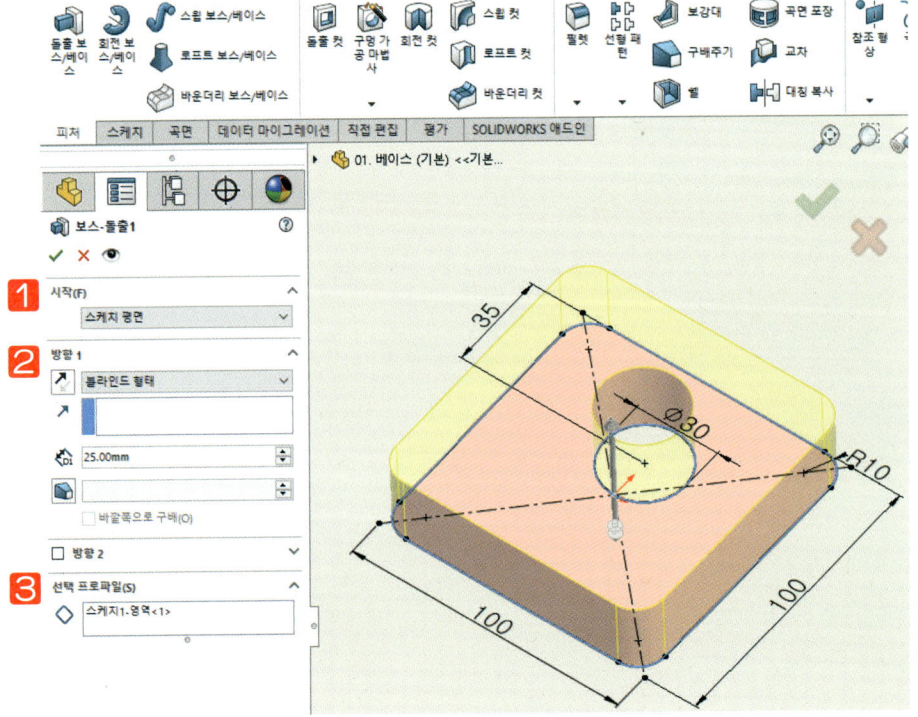

작성한 스케치의 모양대로 입체형상을 만드는 피처 도구에 대해 알아봅시다. 그 중에서도 가장 기본형상이 되는 돌출 피처와 돌출 컷 피처의 옵션은 다음과 같습니다.

	메뉴	이렇게 사용합니다.
①	**시작** 어디에서부터?	**어디에서부터 피처가 시작하는가?** **스케치 평면** : 작성한 스케치에서부터 생성 **면, 평면 선택** : 지정한 평면/ 곡면에서부터 시작 **꼭지점** : 지정한 꼭지점의 위치에서부터 시작 **오프셋** : 일정 간격을 띄운 곳에서부터 시작
②	**방향1** 어디까지?	**어디까지, 어느 방향으로 피처를 만드는가?** **블라인드 형태** : 입력한 치수값 만큼 생성 **꼭지점까지** : 지정한 꼭지점 까지만 생성 **곡면까지** : 지정한 곡면까지 생성 **곡면으로부터 오프셋** : 지정한 곡면에서부터 일정 거리를 띄우고 생성 **바디까지** : 이미 만들어진 솔리드바디까지 생성 **중간평면** : 스케치를 중심으로 양쪽으로 생성
	(방향2)	방향1과 반대방향으로 생성 (옵션은 방향1과 같습니다.)
	(얇은피처)	스케치의 윤곽선을 얇은 벽으로 생성합니다.
③	**선택 프로파일** 어디를?	**어디를 피처로 만들 것인가?** 피처를 생성할 영역을 선택 (영역 / 윤곽선)

돌출(+) 피처와 돌출 컷(-) 피처는 만들어지는 형태가 + 인지 - 인지의 차이일 뿐, 옵션은 동일합니다.

03 피처 필렛과 피처 모따기

1) 피처 필렛 (모깎기, Fillet)

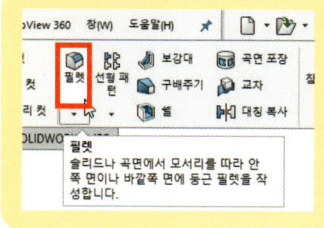

피처 필렛 도구는 각진 코너 부분이나 모서리선을 입력한 반경 값으로 둥글게 다듬는 기능입니다.

- 형상의 튀어나온 부분을 둥글게 깎거나, 오목한 부분을 둥글게 채우는 두 가지 기능으로 사용합니다.

- 면을 선택하면 면의 모든 가장자리에 필렛이 적용됩니다.

- **전체 미리보기 옵션을 기본값으로 사용합니다.**

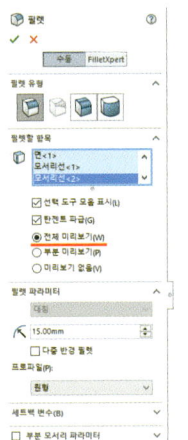
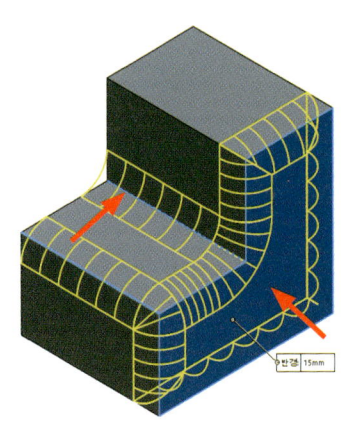

- 하단부 옵션에서 **대칭/ 비대칭** 형태로 필렛의 모양을 변경할 수 있으며,

- 다음과 같이 **다중 반경 필렛** 옵션을 체크하면 선택한 요소마다 서로 다른 값을 일괄 작성할 수 있습니다.

- **그러나 가급적 다중 필렛 보다는 단일 필렛으로 여러번에 나누어 생성하는 방법을 권장합니다.**

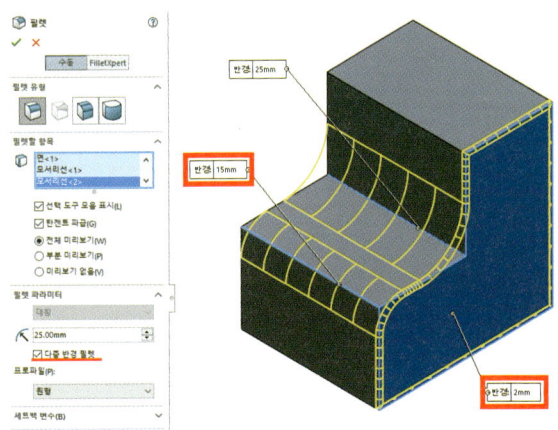

- **둥근 필렛** 모드를 사용하면 서로 인접하는 세 면을 순서대로 선택해서 **탄젠트 필렛**을 작성할 수 있습니다.

- 치수를 별도로 입력하지 않아도, 본체 피처의 크기에 따라 필렛 피처의 크기도 자동으로 변경됩니다.

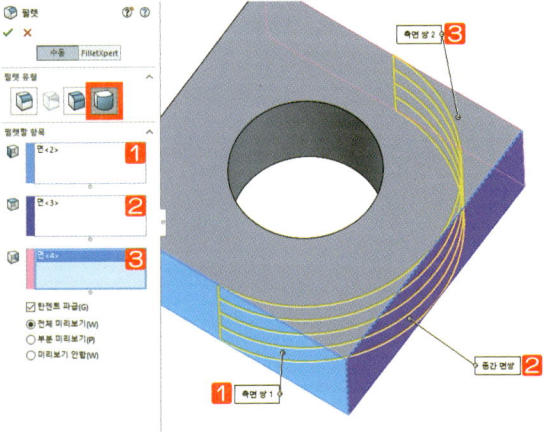

2) 피처 모따기 (챔퍼 Champer)

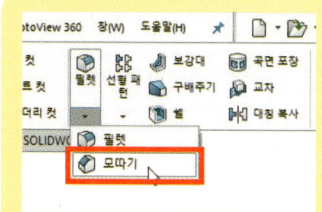

피처 모따기 도구는 각진 코너 또는 피처의 모서리선을 직선으로 다듬는 기능입니다.

- 필렛과 마찬가지로, 형상의 튀어나온 부분을 직선형으로 깎거나, 오목한 부분을 직선형으로 채우는 두 가지 기능으로 사용합니다.

- 기본 옵션은 **거리- 각도** 옵션을 사용합니다.

- **전체 미리보기 옵션을 기본값으로 사용합니다.**

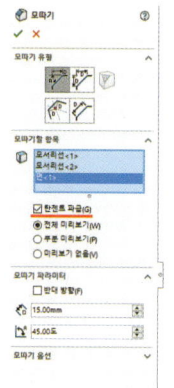 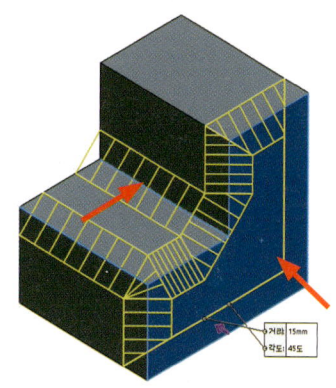

- **거리 – 거리** 옵션으로 변경한 후, 서로 다른 길이값을 입력하면 **비대칭 모따기**를 작성할 수 있습니다.

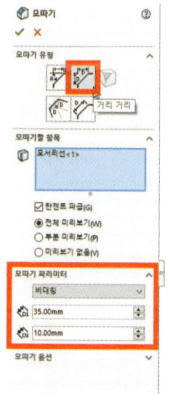 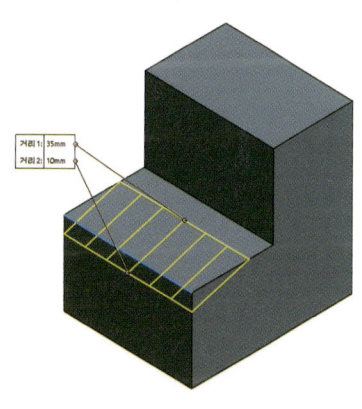

- **꼭지점 모따기** 옵션에서는 입력한 기준점으로부터 세 가지 거리값을 입력하여 다음과 같은 **코너 모따기** 피처를 작성할 수 있습니다.

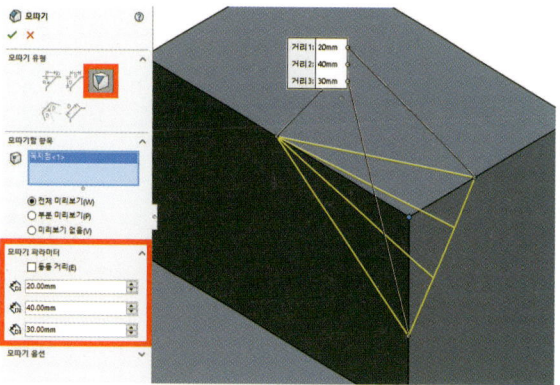

105

04 3D 선형 패턴과 원형 패턴

1) 3D 선형 패턴

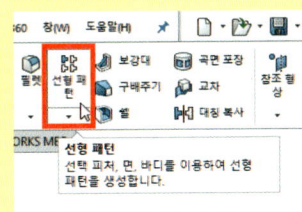

3D 선형 패턴은 생성한 피처 또는 전체적인 형태를 X / Y / Z 축의 방향으로 여러 개를 복사하는 도구입니다.
피처 선형 패턴과 바디 선형 패턴으로 나누어 사용합니다.

1 피처 선형 패턴

패턴의 기준 : 패턴의 방향으로 사용할
  모서리**선** 또는 스케치**선**
  (곡선은 사용불가)

패턴할 대상 : **낱개**의 피처 단계

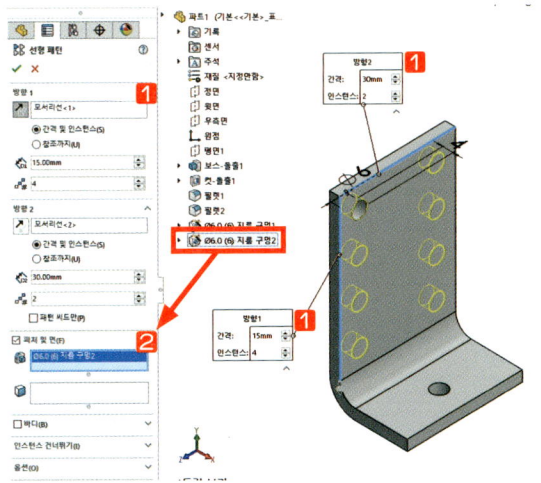

2 바디 선형 패턴

패턴의 기준 : 패턴의 방향으로 사용할
  모서리**선** 또는 스케치**선**
  (곡선은 사용불가)

패턴할 대상 : 완성된 **전체**의 형태
  또는 솔리드**바디**

주의) 바디 패턴으로 인해 원치 않는 형상이 만들어질 수 있으므로 패턴할 대상의 선택에 주의합니다.

2) 3D 원형 패턴

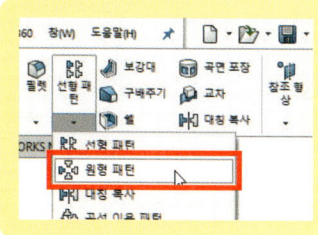

3D 원형 패턴은 중심축을 기준으로 원통에 테두리를 두르듯이 방사형으로 복사하는 도구입니다.
원형 패턴 역시 피처 원형 패턴과 바디 원형 패턴으로 나누어 사용합니다.

① 피처 원형 패턴

패턴의 기준 : 중심**축**, 임시**축**, 모서리**선**
또는 원형 모서리선, 스케치**선**
(곡선은 사용불가)

패턴할 대상 : **낱개**의 피처 단계

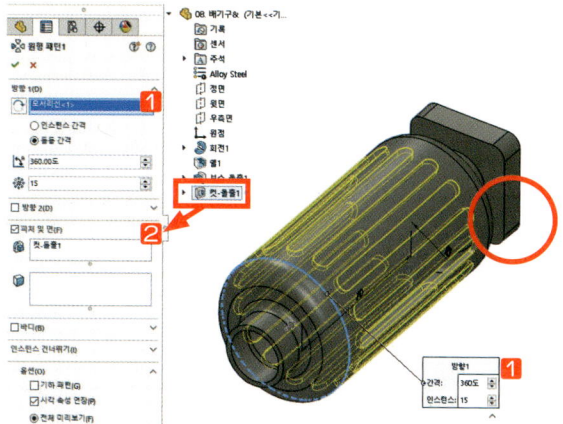

② 바디 원형 패턴

패턴의 기준 : 중심**축**, 임시**축**, 모서리**선**
또는 원형 모서리선, 스케치**선**
(곡선은 사용불가)

패턴할 대상 : 완성된 **전체**의 형태
또는 솔리드**바디**

주의) 바디 패턴으로 인해 원치 않는 형상이 만들어질 수 있으므로 패턴할 대상의 선택에 주의합니다.

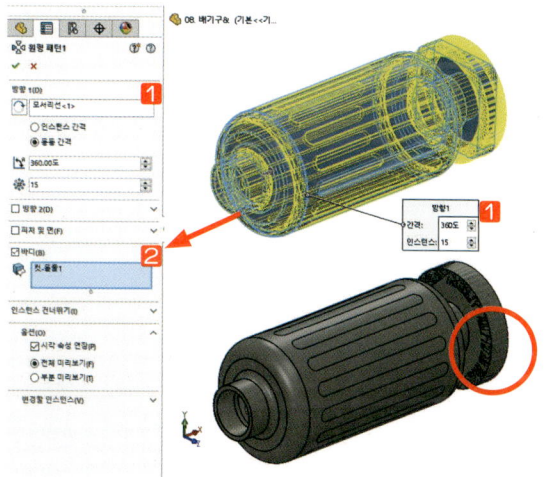

- **인스턴스 건너뛰기** 옵션을 사용하면 불필요한 부분의 패턴 요소를 제거하여 불규칙 패턴의 형상을 만들 수 있습니다.

- 선형 패턴, 원형 패턴 도구에 모두 포함되어 있는 옵션입니다.

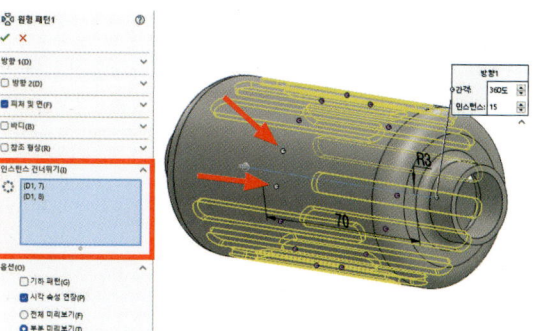

05 3D 대칭 복사

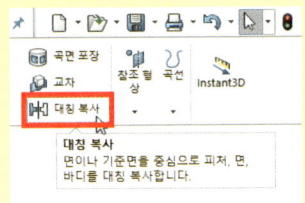

3D 대칭 복사 도구는 마주 보는 방향으로 낱개의 피처 작업 또는 전체의 형태를 복사하는 도구입니다.
흔히 미러 Mirror 라고도 부르는 이 도구는 패턴과 마찬가지로 **피처 대칭과 바디 대칭으로 나누어 사용합니다.**

① 피처 대칭 복사

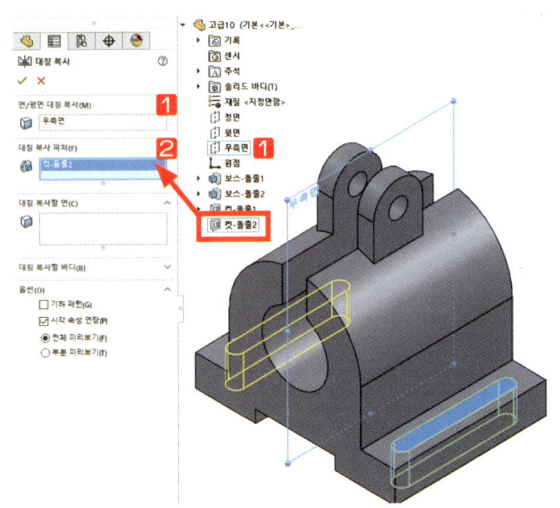

대칭의 기준 : **중간 평면**
　　　　　　(곡선은 사용불가)

대칭할 대상 : **낱개**의 피처 단계

② 바디 대칭 복사

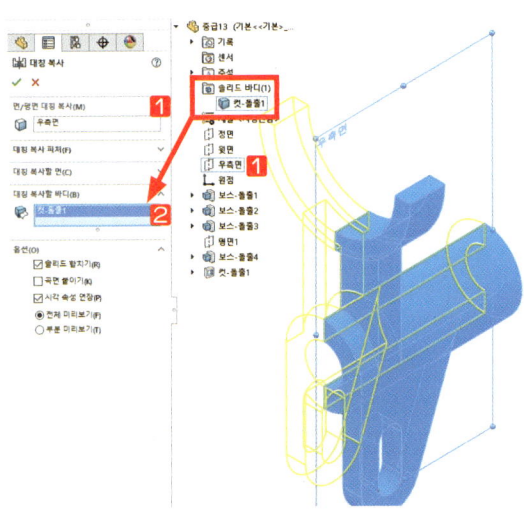

대칭의 기준 : **중간 평면**
　　　　　　(곡선은 사용불가)

패턴할 대상 : 완성된 **전체**의 형태
　　　　　　또는 솔리드**바디**

주의) 바디 대칭으로 인해 원치 않는 형상이 만들어질 수 있으므로 대칭할 대상의 선택에 주의합니다.

06 보강대

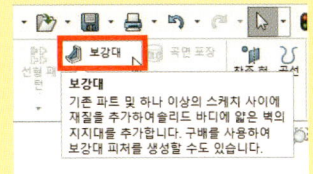

보강대는 작성한 스케치로 얇은 벽 피처를 만드는 도구입니다. 그러나 **옵션이 제한적이기 때문에 몇가지 규칙을 확인해야 합니다.**

① 보강대 옵션에는 돌출 피처의 시작 옵션처럼 생성되는 위치를 변경할 수 없기 때문에 **보강대를 생성할 위치에 스케치가 작성되어 있어야 합니다.**

② 보강대는 **안쪽을 채우면서 생성하는 피처 도구**이므로, 다음 표시되는 화살표를 확인하여 **생성 방향**을 조정합니다.
(뒤집기 옵션)

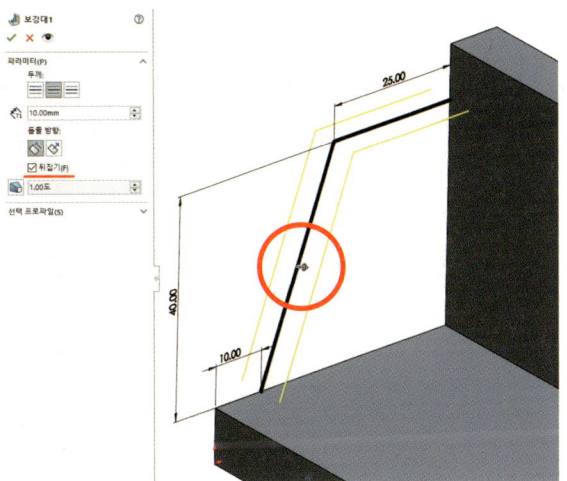

- 보강대는 생성 방향과 별개로 **돌출 방향을 변경할 수 있습니다.**

- 돌출 방향에 따라 보강대의 형상 자체가 완전히 달라지므로, 미리보기에 유의하여 보강대를 작성합니다.

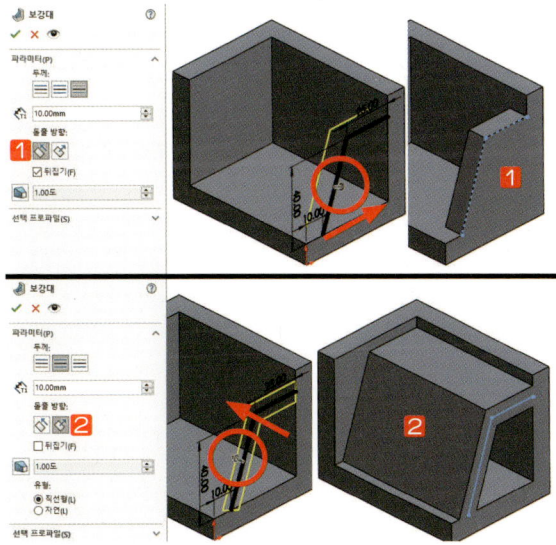

07 쉘

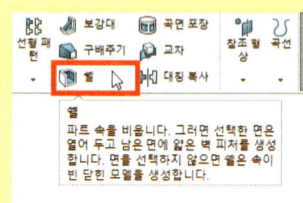

쉘 도구는 솔리드 형상의 내부를 깎아내고 입력한 두께값 만큼 껍질만 남겨주는 도구입니다.

쉘 도구를 실행하는 즉시 솔리드 형상의 내부가 다음과 같이 제거됩니다. **미리보기**를 체크해서 결과를 살펴 봅시다.

바깥쪽으로 쉘 옵션을 체크하면 솔리드 형상의 겉면으로 두께를 생성하게 되므로 질량이나 치수가 달라지게 됩니다.

그러므로 쉘 도구는 반드시 미리보기를 체크해서 작업해야 실수를 줄일 수 있습니다.

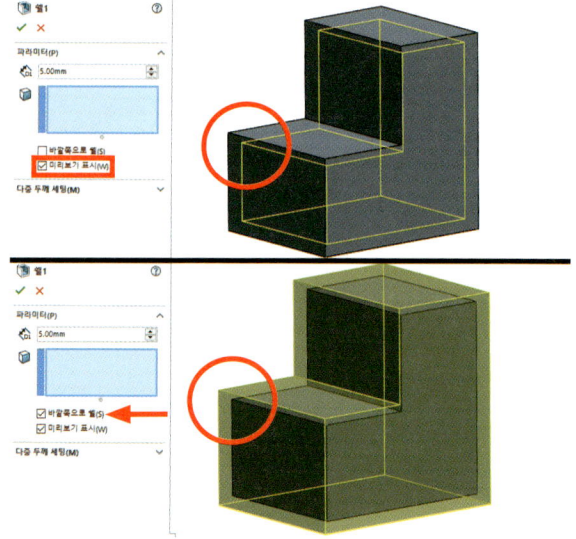

이때 **제거할 면** 옵션을 사용하면 선택한 면이 제거되어 열린 형상으로 생성됩니다.

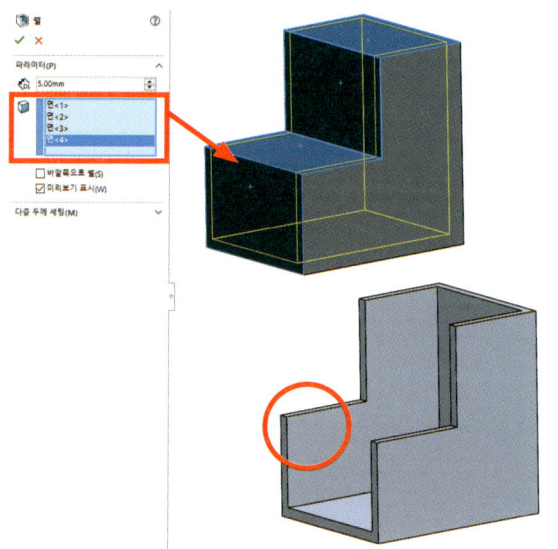

08 구배

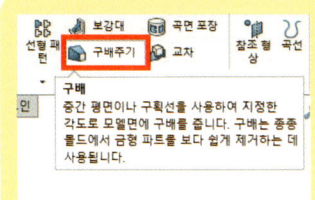

구배 도구는 피처의 면을 일정 각도로 기울어지도록 만들어주는 도구입니다. **구배 형상을 만드는 두 가지 방법**을 소개합니다.

① **구배 형상을 만드는 첫번째 방법**은 돌출 피처 옵션에서 적용할 수 있습니다.

돌출 또는 돌출 컷 피처를 생성할 때 옵션창에서 **구배 옵션을 체크**하면 다음과 같이 생성되는 **모든 면에 안쪽으로 좁아지는 기울기**를 적용할 수 있습니다.

바깥쪽으로 구배 옵션을 체크하면 **바깥쪽으로 넓어지는 기울기**가 적용됩니다.

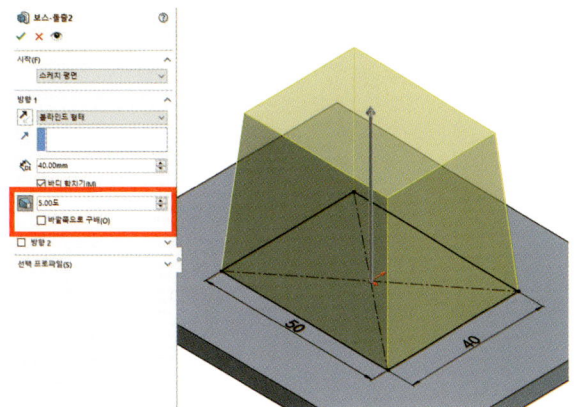

② **구배 형상을 만드는 두번째 방법**은 피처 도구모음에서 별도의 **구배 도구**를 사용하는 방법입니다. 구배 도구는 **작업자가 선택한 일부분에 기울기**를 적용하는 도구입니다. 미리보기가 표시되지 않으므로 적용 버튼을 선택해서 결과물을 확인합니다.

1 기준면 : 기울기의 기준이 되는 평면을 선택합니다. (각도로 인해 형상이 변경되지 않는 고정면)
2 구배면 : 기울기를 적용할 면을 선택합니다. (곡면은 선택 불가)
구배 방향 : 화살표의 머리 방향으로 좁아지는 기울기가 생성됩니다.

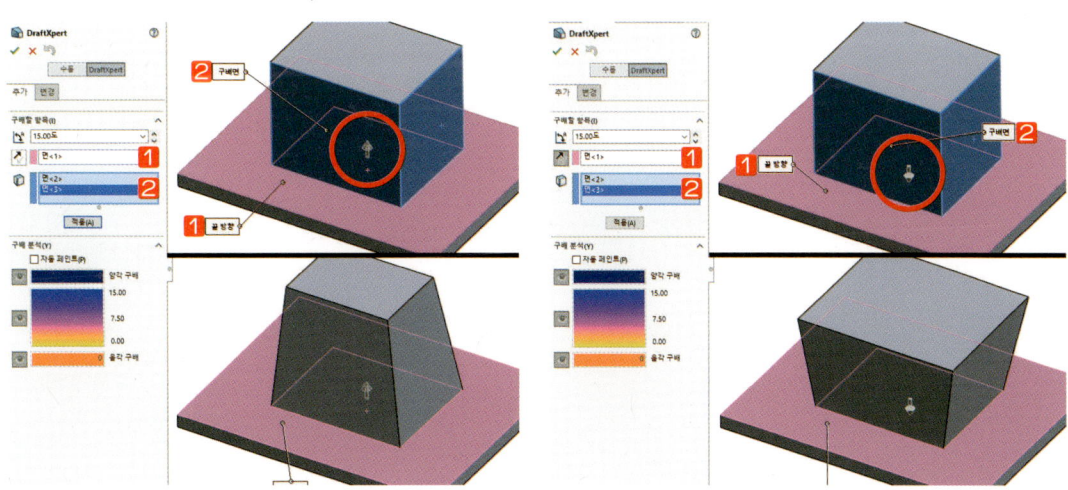

MEMO ✓

chapter 08

파트 1단계
솔리드기본각면

01 교재 활용 방법 - 저자의 의도
02 기본 각면 예제 1
03 기본 각면 예제 2
04 기본 각면 연습문제

01 교재 활용 방법 - 저자의 의도

본 교재는 솔리드웍스를 처음 시작하는 모든 사용자를 위한 교재입니다. [플레이! 솔리드웍스 2026 베이직] 교재는 **파트 베이직**과 **어셈&도면 베이직** 두 권으로 나누어져 있습니다.

1️⃣ 2026 파트 베이직 ➡ 어셈&도면 베이직의 순서로 학습합니다.
2️⃣ 버전에 상관없이 범용적으로 사용하는 필수 도구를 중심으로 설명되어 있습니다.
3️⃣ 3D 형상이 완성되는 개념과 구조가 교재 초반부에 설명되어 있습니다.
4️⃣ 도구 설명 ➡ 예제 풀이과정 ➡ 연습문제 의 순서로 구성되어 있습니다.

그렇다면 교재로 학습하는 방법을 소개합니다.

1️⃣ 스케치 작업은 솔리드웍스의 가장 기본이 되는 작업입니다. 다소 지루하더라도 선을 그리고 치수를 입력하는 스케치 작업을 충분히 연습해 주시기 바랍니다. (chapter 6)

2️⃣ 완성된 스케치가 3D 입체형상이 되어가는 피처 도구에 대한 설명을 충분히 읽어줍니다. (chapter 7)

3️⃣ 3D 형상이 만들어지는 3요소와 구조에 대해 학습하고, 3차원의 형상을 보는 눈이 만들어지도록 모델링 계획을 세우는 연습을 충분히 훈련해 주시기 바랍니다. (chapter 4)

4️⃣ 풀이과정을 보지 않고 예제 도면에 먼저 도전해 보세요. 완성하지 못해도 괜찮습니다. 그 후에 풀이과정을 살펴보면서 작업 과정과 과정의 흐름을 파악합니다.

5️⃣ 풀이과정을 따라 예제 도면을 완성해보고, 연습 문제 도면에 도전해 보세요. 그리고 부록 파일 - 완성된 정답 파일을 실행해서 디자인트리를 비교하며 다시 한번 도전해 보세요.

반드시 이 방법대로 학습하지 않아도 좋습니다. 여러분의 스타일대로 플레이 솔리드웍스 교재를 마음껏 활용해 보세요.

02 기본 각면 예제 1

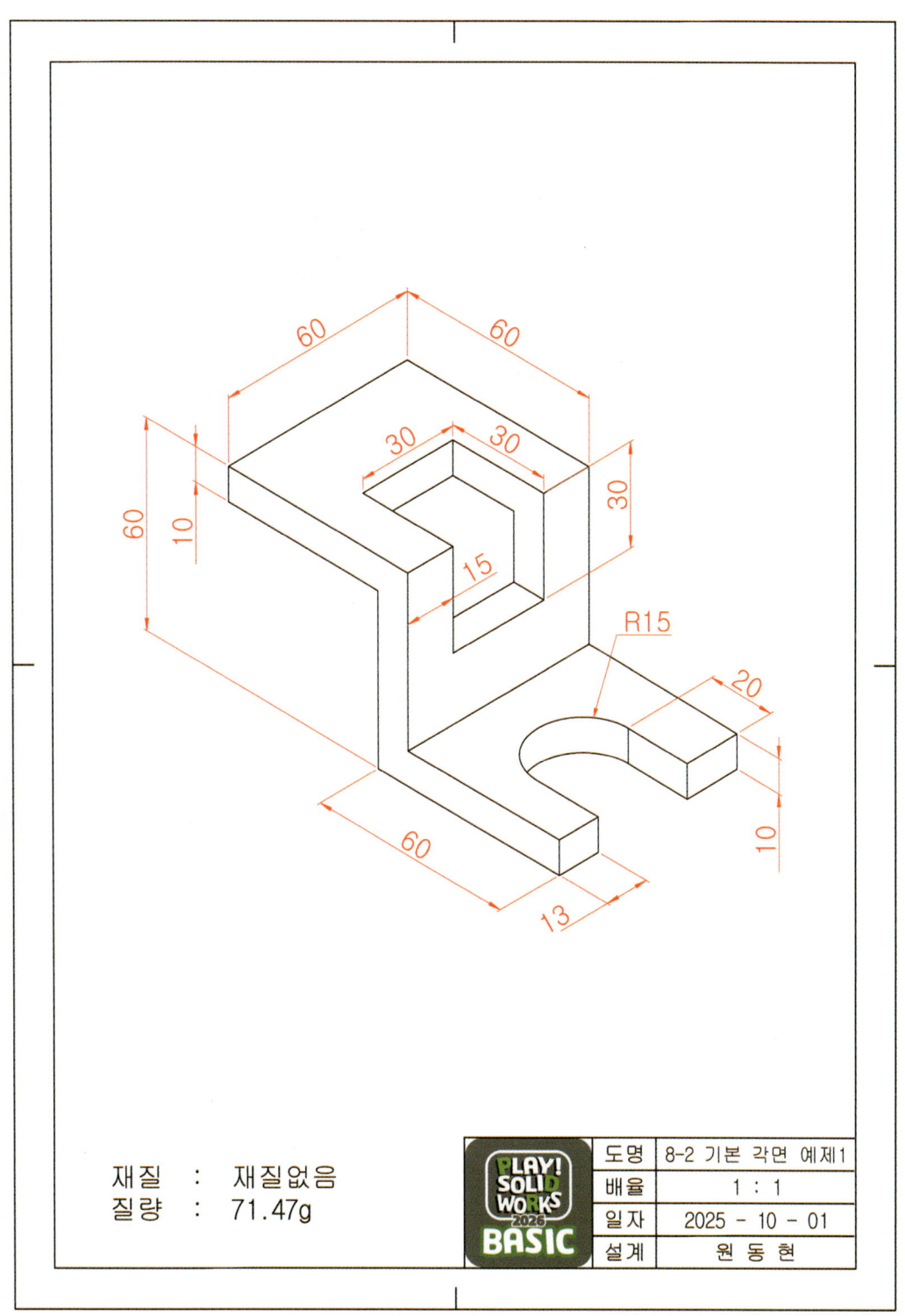

풀이과정

1 모델링에 앞서, 도면을 관찰해 봅시다. 그리고 다음 질문에 맞추어 작업 계획을 세워볼까요?

① 플러스 방식과 마이너스 방식 중 어떤 방식으로 만들 것인가?
② 가장 먼저 만들어야 할 형상은 무엇인가?
③ 첫번째 형상을 만들기 위해 어떤 면에 어떤 스케치를 그릴 것인가?

모델링 계획이 세워지면 솔리드웍스를 실행하고 새 파트 문서를 실행합니다. 기본 템플릿 대신, 하단부에서 **고급** 탭을 선택합니다.

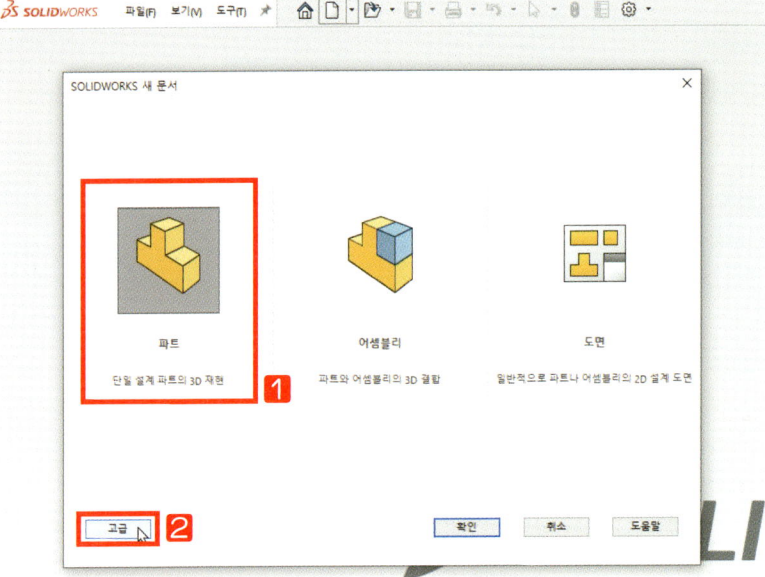

2 이전 단원에서 미리 생성해 놓은 **실습 - 파트 템플릿** 문서를 선택합니다.

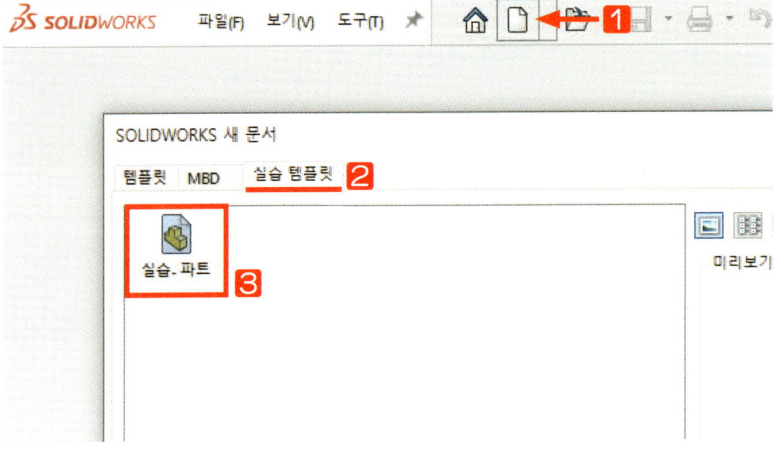

3. 저자는 정면에서 바라본 모습을 따라 Z 형상을 첫번째 형상으로 만들기로 결정했습니다. 그리고 필요없는 부분은 추가 스케치를 그려서 돌출 컷 피처로 깎아내는 **마이너스 방식**으로 모델링 계획을 세웠습니다.

   디자인트리에서 **정면**을 선택하여 **새로운 스케치**를 작성합니다.

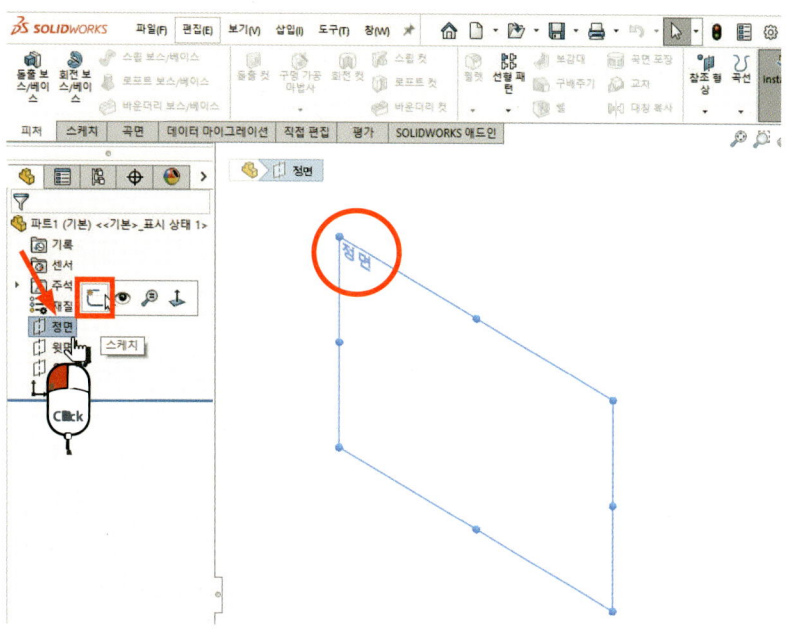

4. **선 스케치** 도구를 사용해서 원점을 기준으로 다음과 같은 Z 형상의 스케치를 먼저 작성하는데, 자동으로 **수평/ 수직 구속조건이 입력되도록 자동 스냅**을 이용하여 스케치를 작성해 줍니다.

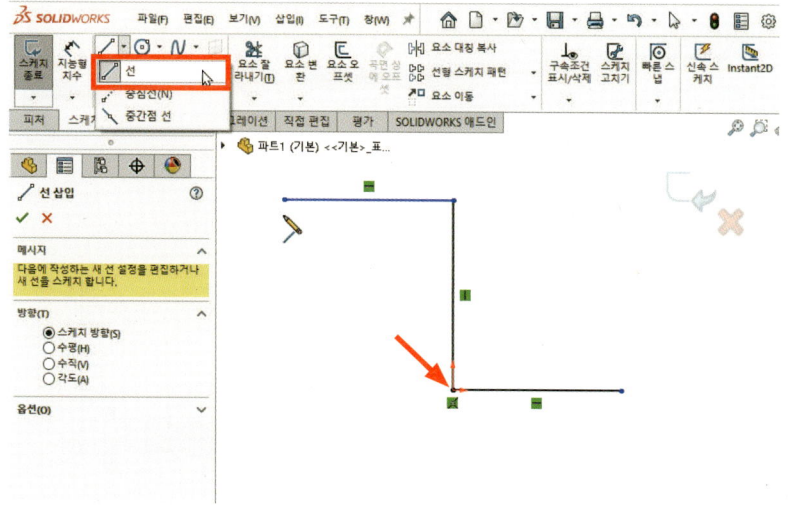

5️⃣ 그리고 치수를 입력하기 전에 먼저 **오프셋** 도구를 실행합니다.

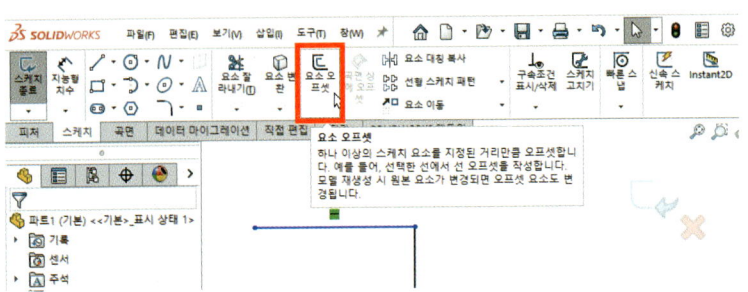

6️⃣ **두께 10mm** 만큼 **위쪽 방향**으로 오프셋 스케치를 작성합니다. 이때, **양면 마무리 옵션**을 사용해서 **끝단이 직선으로 막힌 폐곡형**이 되도록 만들어 줍니다. 미리보기를 확인해 봅시다.

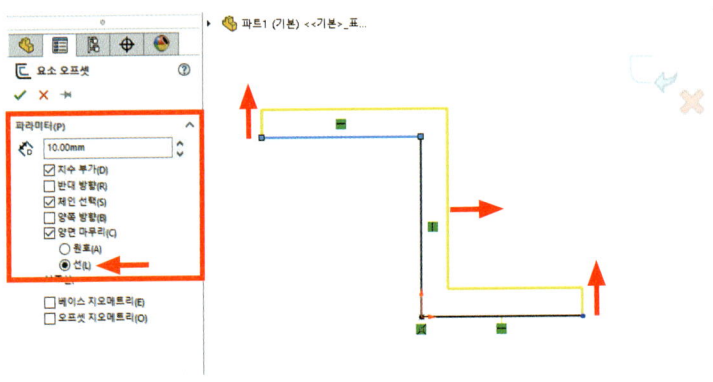

7️⃣ 오프셋 스케치가 작성되면 나머지 치수들을 입력해서 첫번째 스케치를 완성합니다. (검은색 스케치 - 완전정의 상태)

스케치 종료 버튼을 누르지 말고, 곧바로 피처 도구모음에서 **돌출 피처** 도구를 실행합니다.

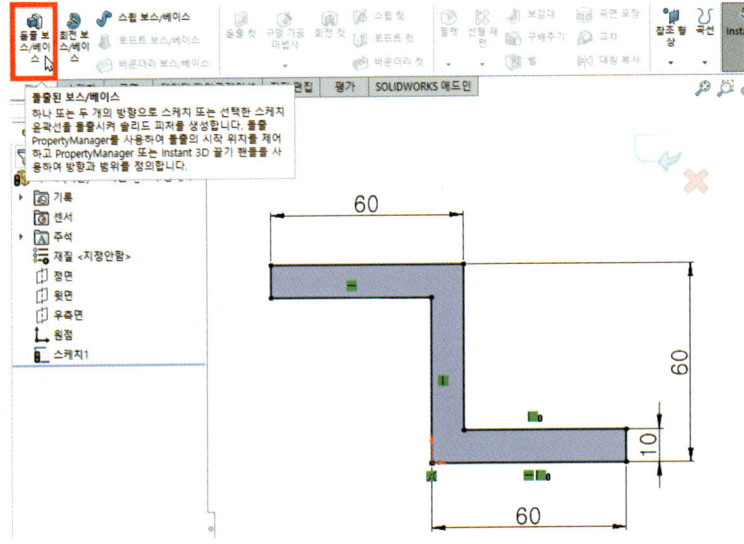

8 **돌출 피처**는 이전 단원에서 살펴본 것 처럼, 세 가지 항목을 얼마나 정확하게 입력해 주는가가 중요합니다. **어디서부터 어디까지 어디를 피처로 생성할 것인지** 다음 옵션을 따라 설정해 볼까요?

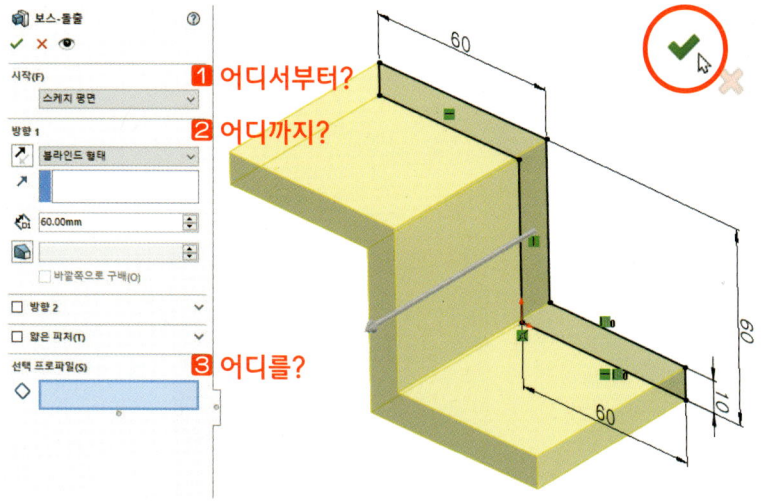

1 [시작] 어디서부터 : 스케치 평면
2 [방향] 어디까지 : 블라인드 형태 60mm
3 [선택 프로파일] 어디를 : 단일 영역이므로 자동 선택됩니다.

9 **첫 번째 피처 - 베이스 피처**가 완성되었습니다. 여기에 두 번째 피처를 추가해 볼까요? 완성된 형상의 평면은 **스케치 평면**으로 사용할 수 있습니다. 즉, 추가 형상을 만들기 위한 도화지가 된다는 뜻입니다. **(곡면은 사용 불가)**

우측면 방향의 베이스 피처의 **평면**을 선택하여 **새로운 스케치** 아이콘을 선택해 봅시다.

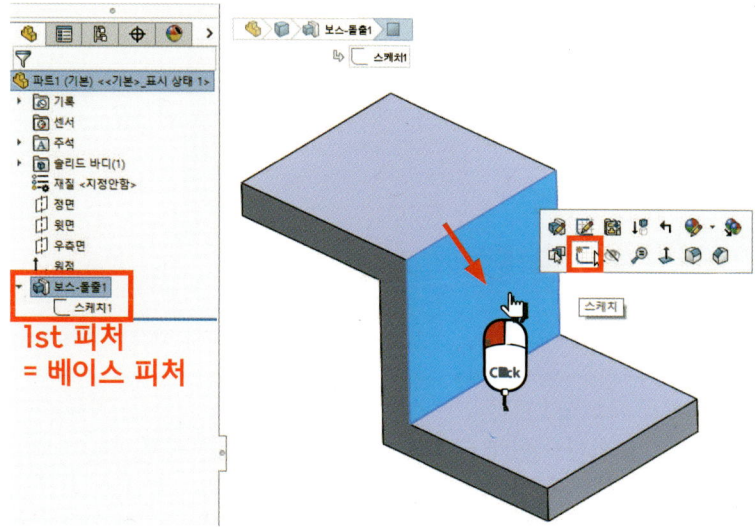

10 다음 그림을 따라 **코너 사각형** 스케치를 작성합니다. 이 때, **보조선**을 사용하여 스케치를 가운데 정렬 상태로 만들어 봅시다. 스케치가 완성되면 **스케치 종료 버튼을 누르지 말고**, 곧바로 피처 도구모음에서 **돌출 컷 피처** 도구를 실행합니다.

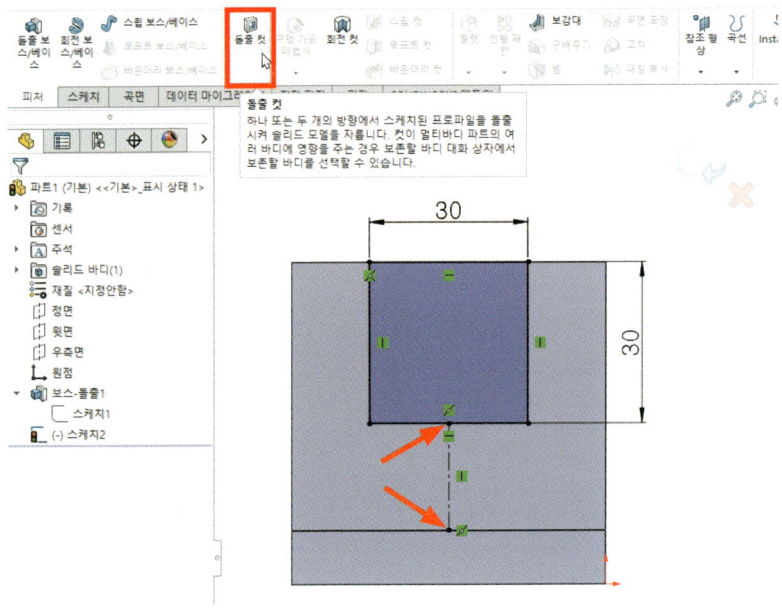

11 **돌출 컷 피처**는 작성한 스케치대로 형상을 깎아내는 도구입니다. **돌출** 피처와 짝을 이루는 도구이므로, 세부 옵션의 구성은 돌출 옵션과 같습니다.

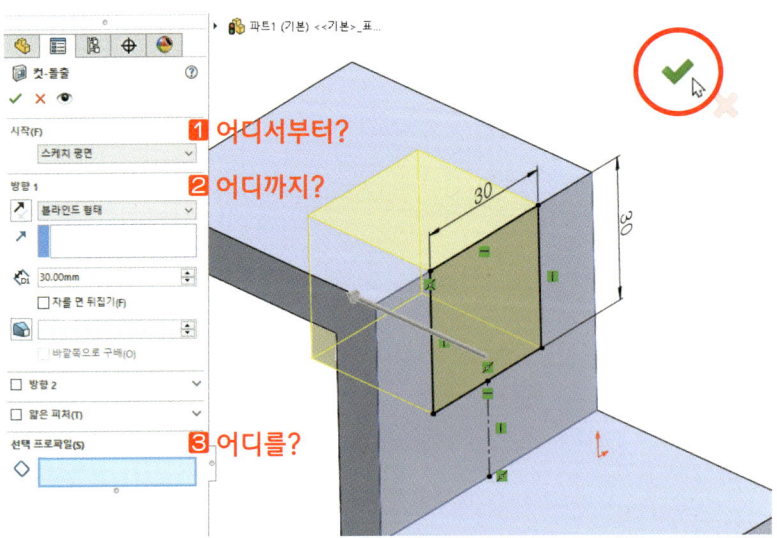

1 [시작] 어디서부터 : 스케치 평면
2 [방향] 어디까지 : 블라인드 형태 30mm
3 [선택 프로파일] 어디를 : 단일 영역이므로 자동 선택됩니다.

12 **두 번째 피처 - 돌출 컷** 피처가 추가되었습니다. 디자인트리를 살펴보면 [**피처 - 스케치**] 의 구조로 이루어져 있는 것을 알 수 있습니다.

세 번째 피처를 추가하기 위해 피처의 **윗면**을 선택하고 **새로운 스케치**를 작성해 봅시다.

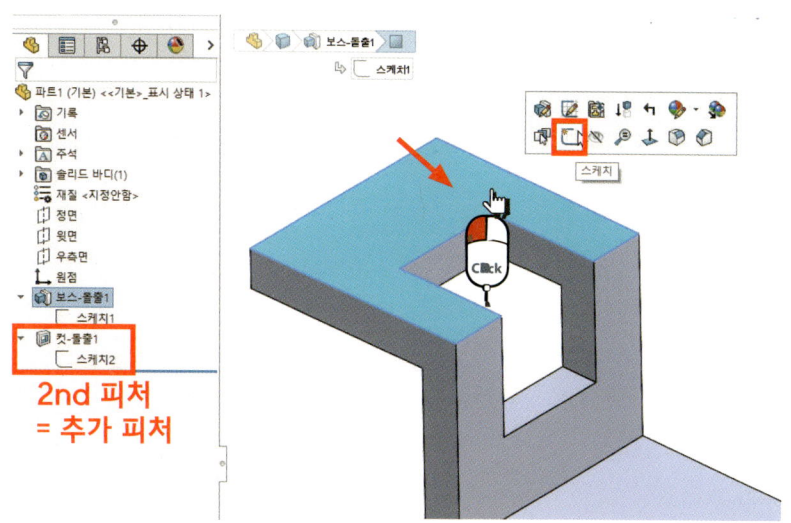

13 **3점호**와 **선 스케치** 도구를 사용해서 닫힌 도형 - 폐곡형 스케치를 작성해 봅시다. (스케치 도구모음에서 **음영 스케치 윤곽선 도구를 활성화** 해 줍니다.) [1]

스케치가 완전정의 상태가 되면 **스케치 종료 버튼을 누르지 말고**, 곧바로 피처 도구모음에서 **돌출 컷 피처** 도구를 실행합니다. [2]

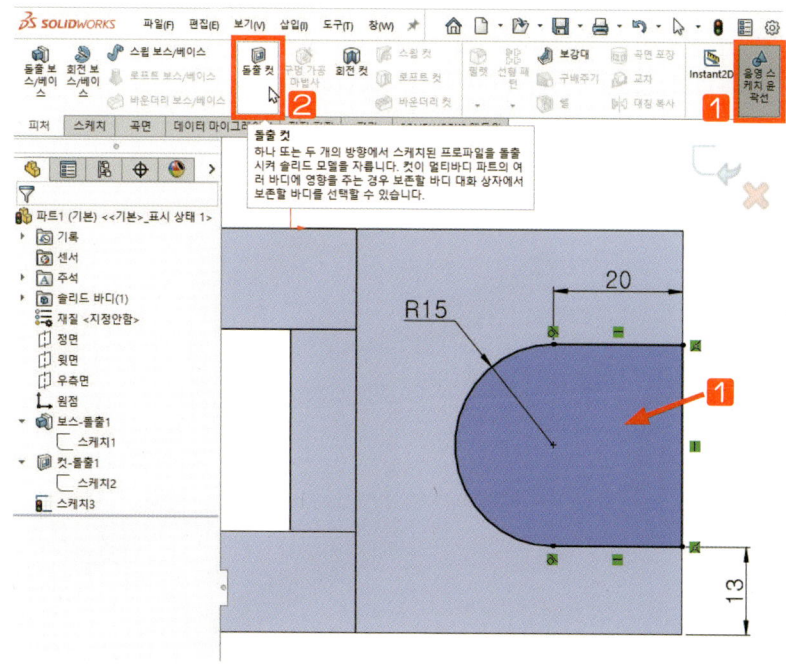

14 화면에 표시되는 미리보기를 살펴봅시다. 전체적인 부분을 돌출 컷 피처가 관통하는 대신, **내가 원하는 부분, 내가 선택한 부분에만 돌출 컷 피처를 적용**할 수 있습니다. 바로 **시작 옵션을 변경**하는 방법입니다. 다음 옵션을 살펴 볼까요?

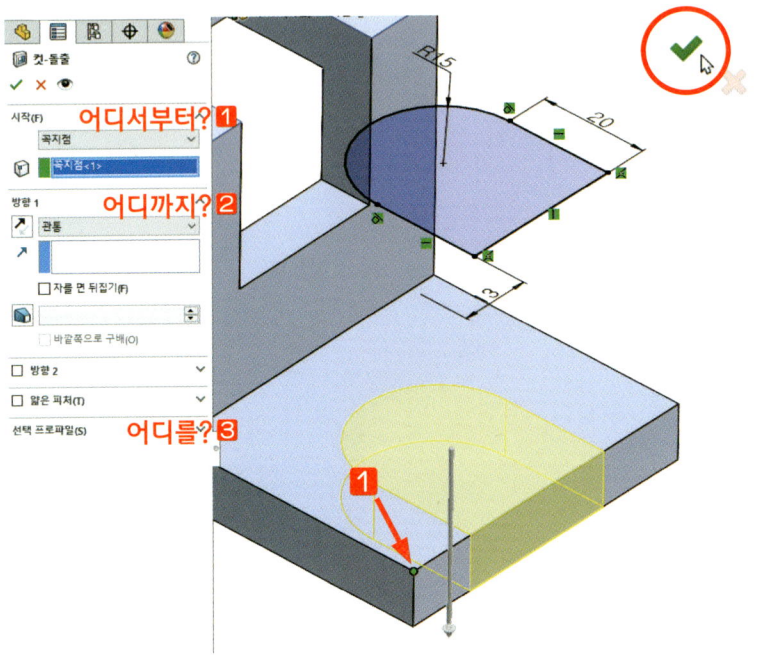

1 [시작] 어디서부터 : 꼭지점부터
2 [방향] 어디까지 : 관통 (가급적 확실하게 잘라내는 부분은 관통 옵션을 사용합니다.)
3 [선택 프로파일] 어디를 : 단일 영역이므로 자동 선택됩니다.

15 기본 각면 예제가 완성되었습니다. **디자인트리**를 살펴 봅시다. **하나의 덩어리를 두 번 깎아서 형상이 만들어지는 과정**을 한눈에 확인할 수 있습니다.

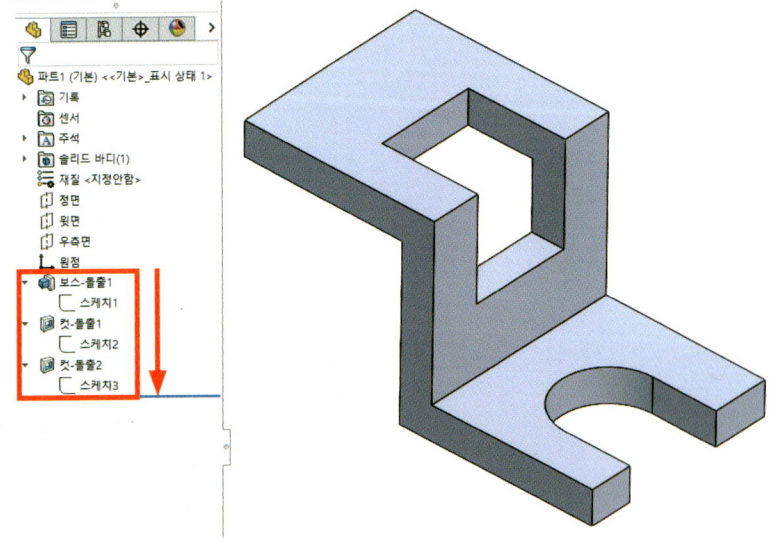

16 그렇다면 정답을 맞춰 볼까요? **평가 도구모음**에서 <u>물성치</u> 도구를 실행하면 현재 파트에 대한 정보들이 표시됩니다. 이 곳에서 질량을 확인해 봅시다. **(71.47g)** 여러분도 같은 답이 나오셨나요?

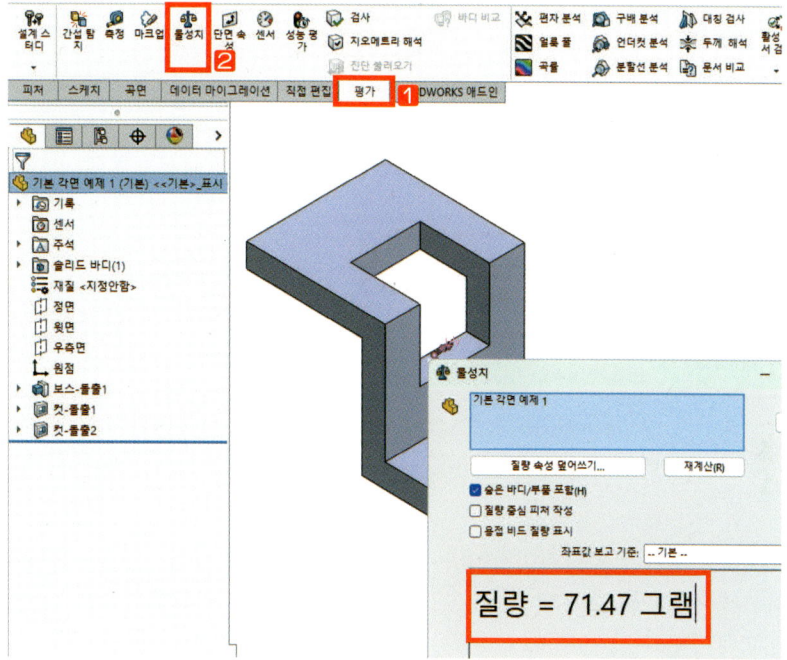

17 완성된 예제를 저장해 볼까요? 일반적인 저장 방법이 아닌 **드래그 앤 드롭 방식으로 저장**해 봅시다. 바탕화면에 실습 파일들을 저장할 폴더를 만들어놓고 (예: 실습 - 원동현) **설계 라이브러리**에 연결합니다. [1]

그리고 **폴더의 하단부 영역으로 파일 이름을 드래그**해 봅시다. [2]

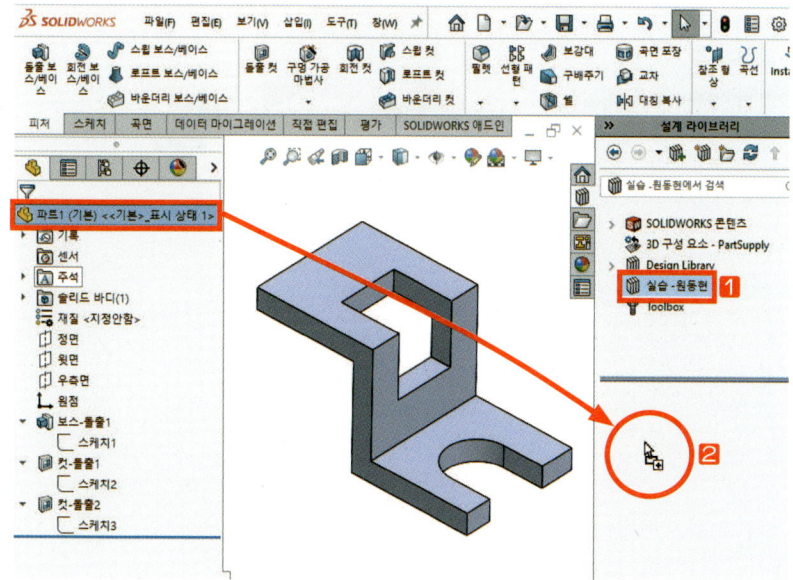

18 다른 이름으로 저장 팝업창이 자동으로 표시됩니다. 이름을 입력해 봅시다.
(기본 각면 예제 1)

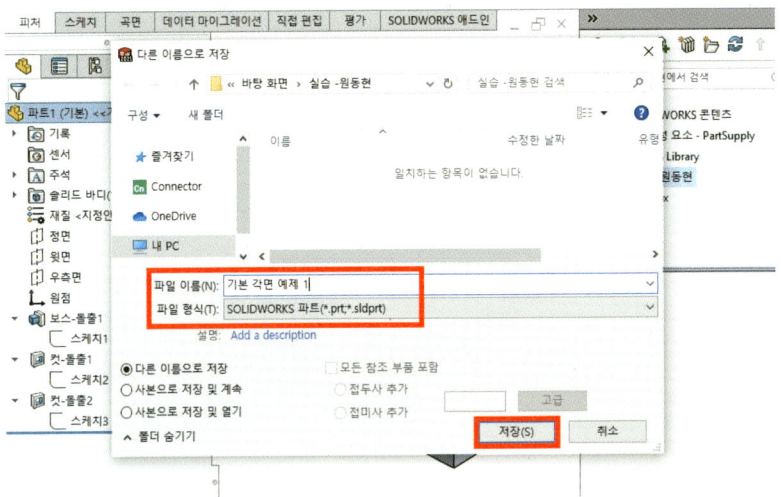

19 기본 각면 예제 1 이 완성되었습니다. 설계 라이브러리를 살펴 봅시다. **썸네일**이 표시되어 작업물을 쉽게 확인할 수 있습니다. 썸네일이 정상적으로 표시되지 않는 경우, 새로고침 아이콘을 눌러 줍니다.

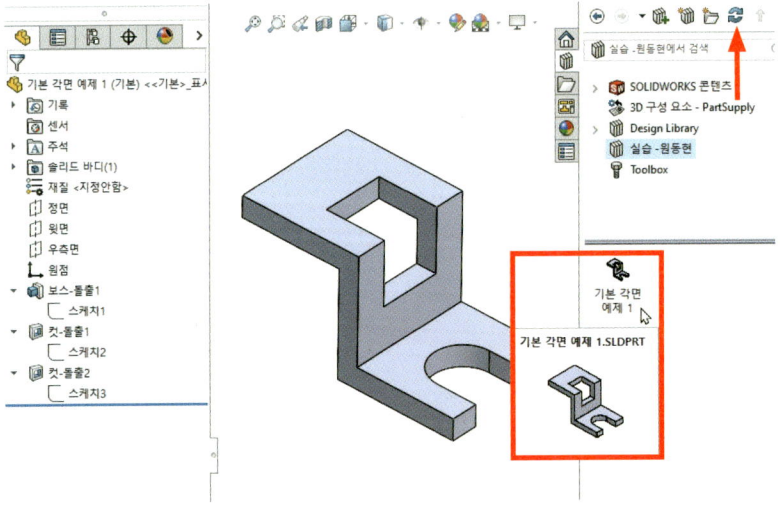

03 기본 각면 예제 2

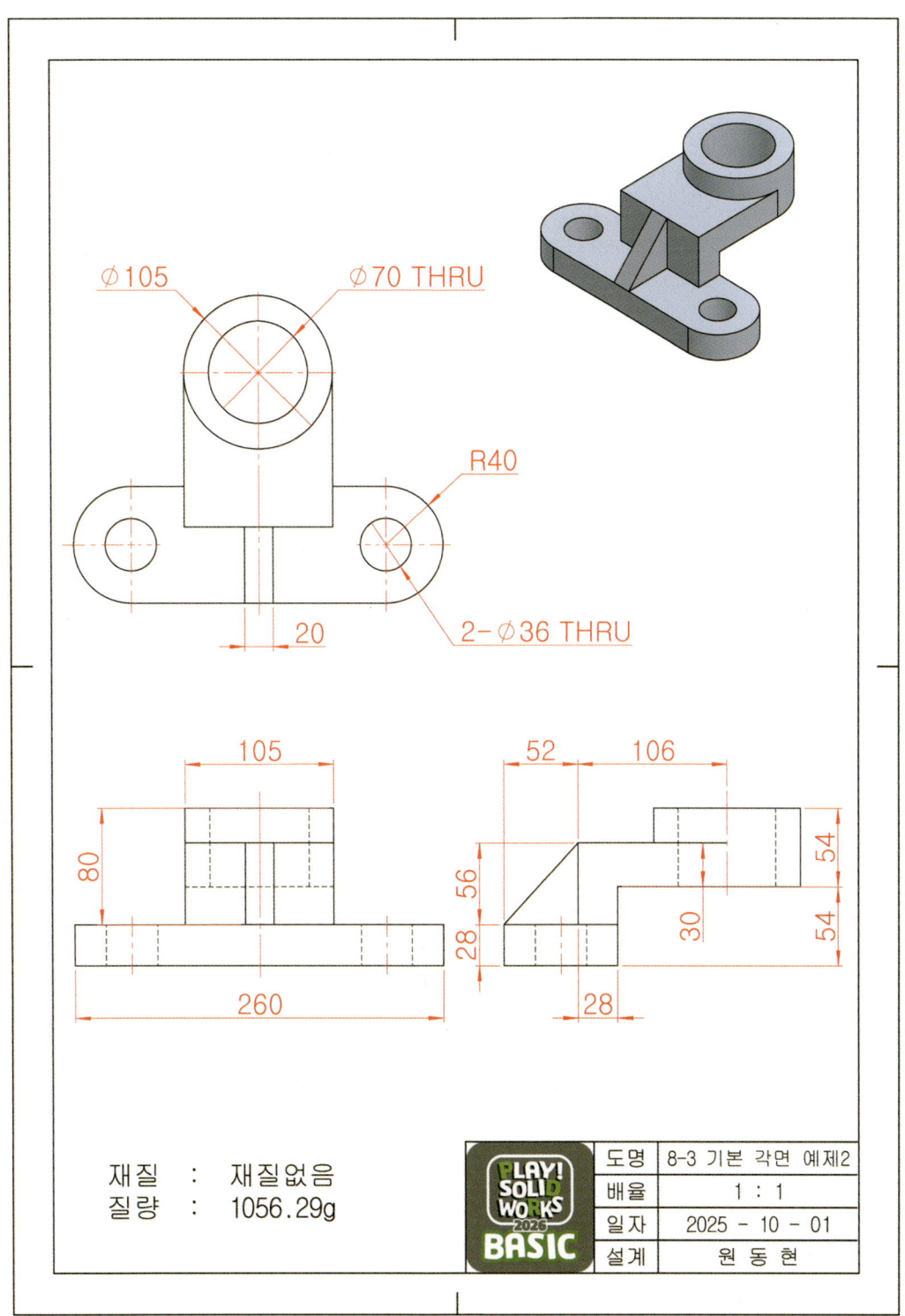

풀이과정

1. 모델링에 앞서, 도면을 관찰해 봅시다. 그리고 다음 질문에 맞추어 작업 계획을 세워볼까요?

   ① **플러스 방식과 마이너스 방식 중 어떤 방식으로 만들 것인가?**
   ② **가장 먼저 만들어야 할 형상은 무엇인가?**
   ③ **첫번째 형상을 만들기 위해 어떤 면에 어떤 스케치를 그릴 것인가?**

   모델링 계획이 세워지면 솔리드웍스를 실행하고 **새 파트** 문서를 실행합니다.

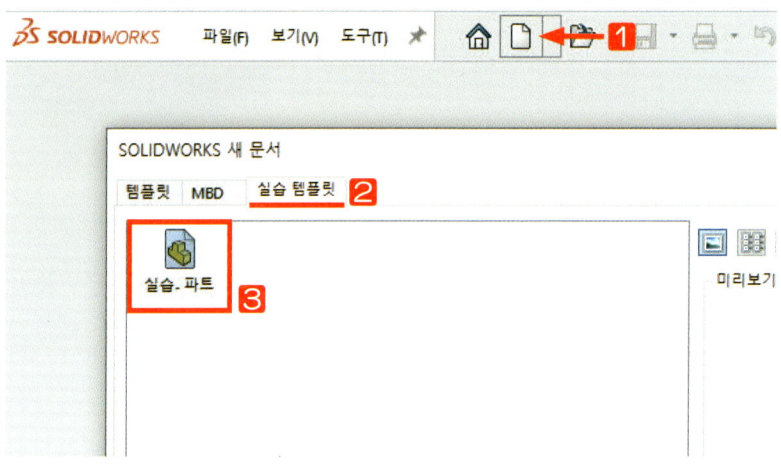

2. 저자는 도면을 관찰하면서 전체적인 덩어리를 만든 후에 깎아내면서 형상을 만들어나가는 마이너스 방식이 다소 어렵다고 판단했습니다. 그래서 여러 개의 부분을 나누어 일부분을 만들어나가며 붙이는 방식인 **플러스 방식**으로 모델링 계획을 세웠습니다.

   가장 먼저 만들어야 할 형상을 만들기 위해 **윗면**에 **스케치**를 실행합니다.

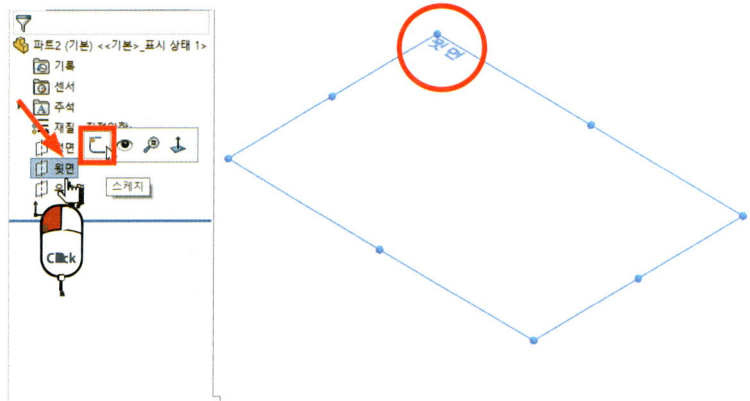

③ 원점을 기준으로 다음의 **홈 스케치**를 작성한 후, **돌출 피처** 도구를 실행해 봅시다.

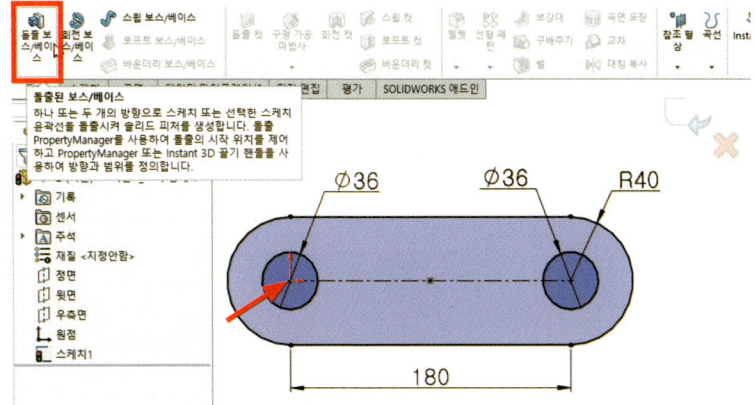

④ 돌출 옵션은 다음과 같습니다. **어디서부터 어디까지 어디를 피처로 생성할 것인지** 3가지 조건을 생각하며 설정해 볼까요?

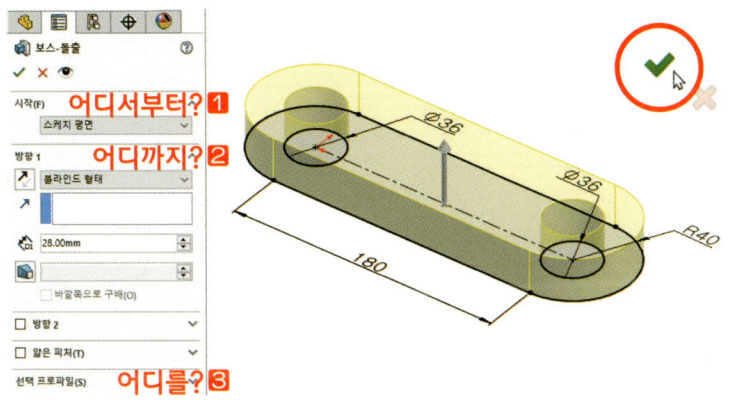

1 [시작] 어디서부터 : 스케치 평면
2 [방향] 어디까지 : 블라인드 형태 28mm
3 [선택 프로파일] 어디를 : 단일 영역이므로 자동 선택됩니다.

⑤ 플러스 방식의 **첫 번째 베이스 피처**가 완성되었습니다. 두 번째 피처를 추가하기 위해 디자인 트리에서 **우측면**에 **새로운 스케치**를 실행해 봅시다.

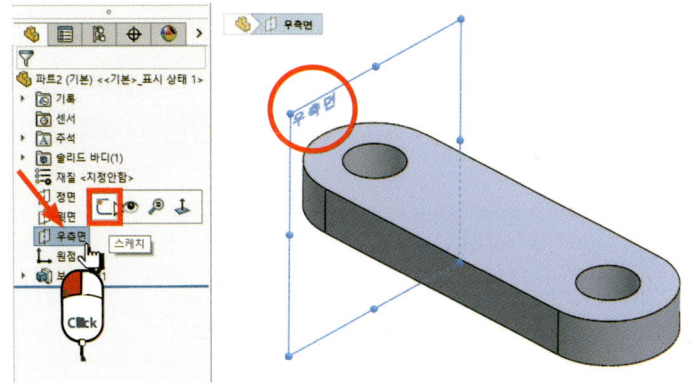

127

6 우측면에서 수직으로 보이는 형상의 스케치를 다음과 같이 작성합니다. 스케치가 완전정의 상태가 되면 **돌출 피처** 도구를 실행합니다.

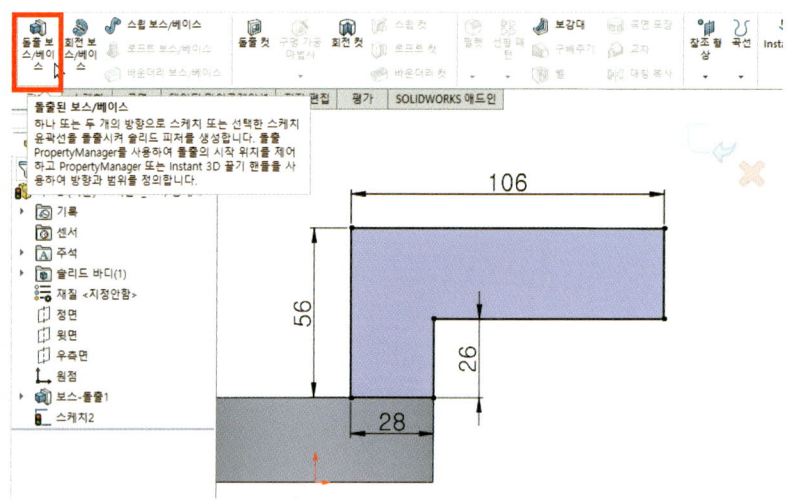

7 작성한 스케치의 위치와 생성해야 할 피처의 위치를 비교해 보면 순간적으로 " **스케치를 작성할 평면을 잘못 선택했구나!** " 하고 당황하는 경우가 있습니다. 그리고 작성한 스케치를 삭제한 후에 다시 그리기 위해 고민하기도 합니다.

그러나 지금 이 책을 통해 학습중인 여러분들은 센스있게 문제를 해결하게 될 겁니다. 심지어 스케치를 다시 그리지 않고 현재 상태에서 문제를 바로 해결할 수 있습니다. 이미 이전 단원에서 경험해 본 바로 그 방법, **돌출 피처의 시작 옵션과 마침 옵션을 설정**하는 방법입니다.

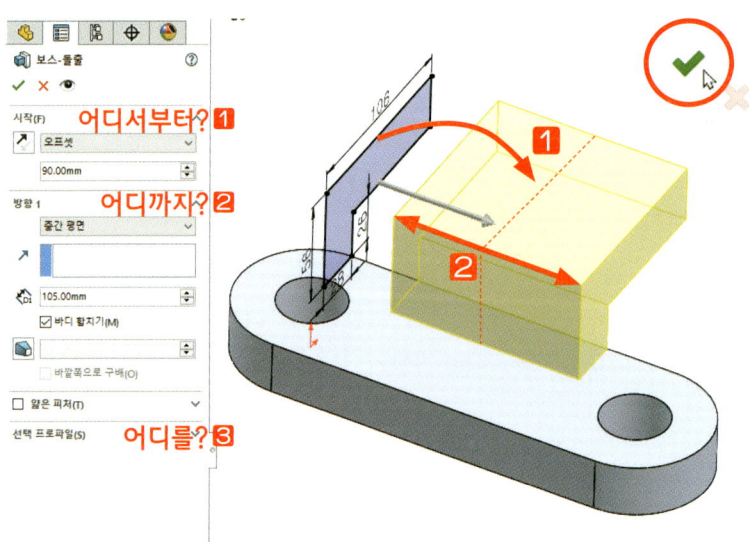

1 [시작] 어디서부터 : 오프셋 90mm
2 [방향] 어디까지 : 중간 평면 105mm
3 [선택 프로파일] 어디를 : 단일 영역이므로 자동 선택됩니다.

⑧ 이처럼, 돌출 피처의 시작 옵션과 마침 옵션을 얼마나 유연하게 설정하는가에 따라 여러분의 작업도 훨씬 유연하게 개선됩니다. 세 번째 피처로 원통 피처를 추가해 볼까요?
완성된 피처의 평면을 선택해서 **새로운 스케치**를 실행합니다.

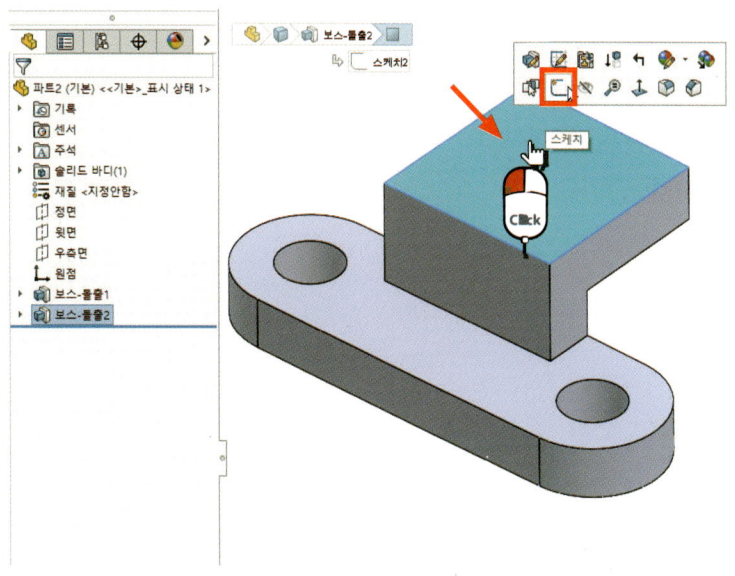

⑨ 스냅 기능을 사용해서 **피처의 중간점을 기준으로 하는 원 스케치**를 작성해 봅시다. 특히 외곽 원 스케치는 스냅 도구를 사용하면 치수를 입력하지 않아도 완전정의 상태로 만들 수 있습니다. 스케치가 완성되면 **돌출 피처** 도구를 실행합니다.

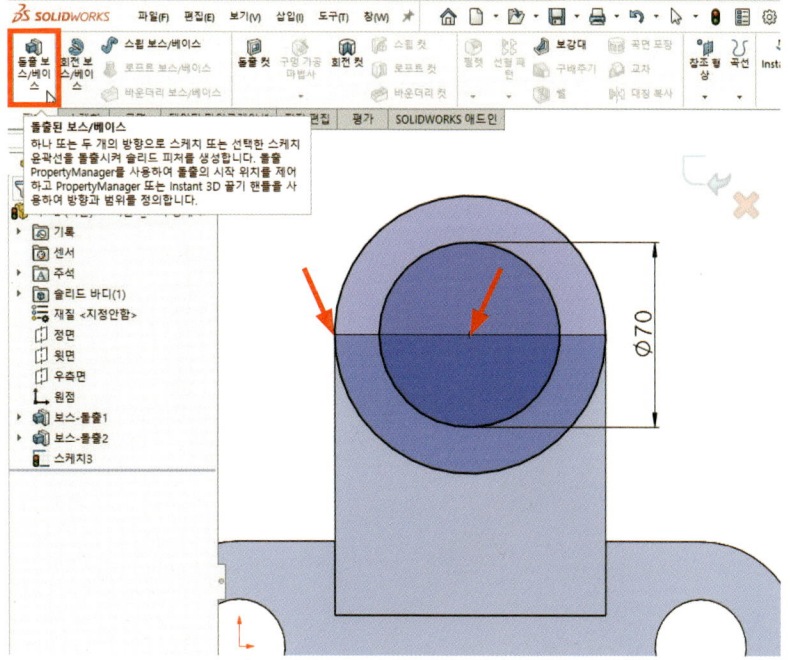

10 도면을 살펴봅시다. **생성해야 할 원통 피처의 가운데 스케치가 작성되어 있습니다.** 스케치를 잘못된 평면에 작성한 것 같은 느낌이 드시나요? 스케치를 삭제하고 다시 그려야 할까요?

그러나 이번에도, 우리는 간단하게 문제를 해결할 수 있습니다. **방향 - 마침 조건에서 양방향 (방향1 / 방향2) 옵션**을 사용해 봅시다.

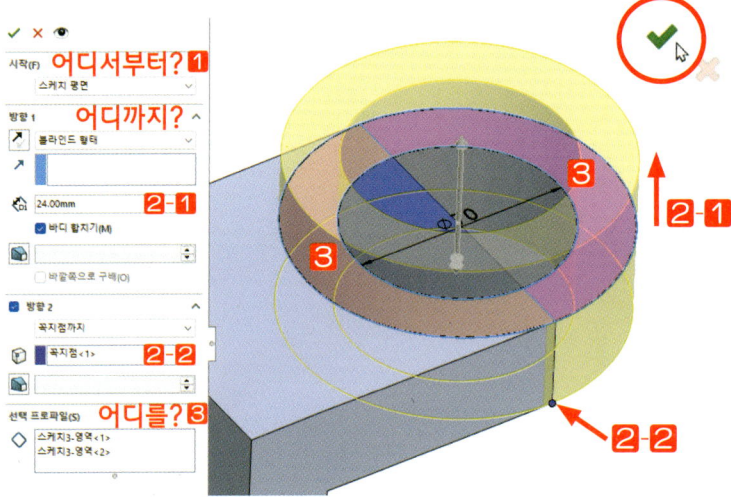

1 [시작] 어디서부터 : 스케치 평면
2-1 [방향1] 어디까지 : ↑블라인드 형태 24mm
2-2 [방향2] 어디까지 : ↓꼭지점까지
3 [선택 프로파일] 어디를 : 돌출 피처를 생성할 영역을 선택합니다.

11 마침 조건의 방향 옵션을 활용해서 원통 피처가 추가되었습니다. 그런데 내부를 살펴보니 **돌출 컷 피처로 제거해야 할 부분**을 발견했습니다. 이전 단원에서 우리가 학습한 **3D의 3요소는 1스케치 1피처가 기본 공식**이었습니다. 그렇다면 표시된 부분을 제거하려면 스케치를 다시 그려야 하는 걸까요?

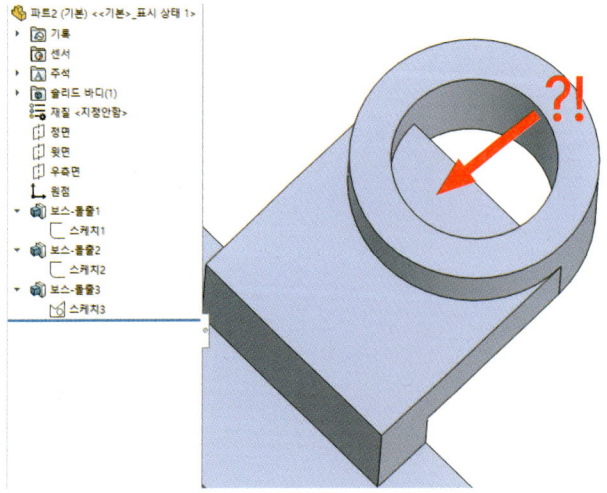

[TIP] 스케치를 재사용한다? [스케치 공유]

솔리드웍스의 3요소와 구조를 기준으로 한다면, 이미 스케치는 원통 피처를 생성하는 데 사용되었기 때문에, 추가 피처를 작성하려면 새로운 스케치를 작성해야 합니다. **그러나 솔리드웍스에는 이미 사용한 스케치를 재사용하는 방법이 있습니다.** 일종의 변형 공식인데요, 스케치 공유가 바로 그것입니다. 적용하는 방법도 비교적 단순합니다.

① 디자인트리에서 재사용하고 싶은 스케치를 선택합니다.
② 피처 도구모음에서 우리가 하고 싶은 작업의 피처 도구를 선택합니다.

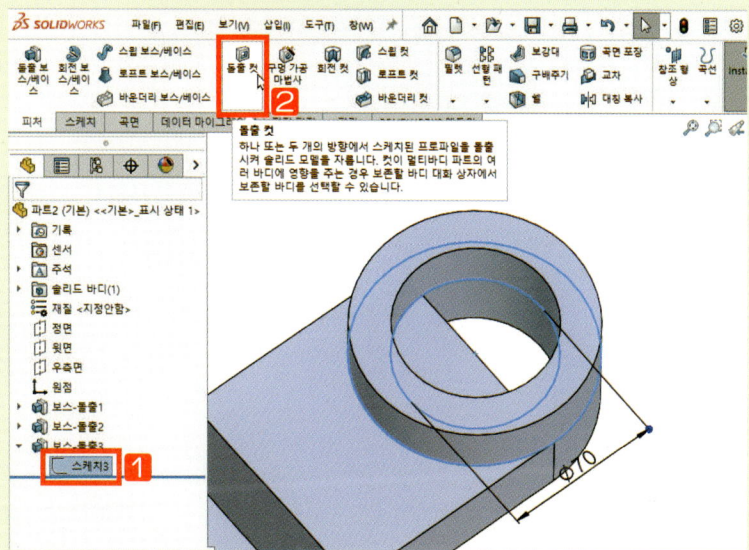

③ 피처를 생성하고 싶은 영역을 먼저 선택해서 미리보기를 표시합니다.

그리고 미리보기를 확인하며 치수, 방향 등의 세부 치수를 변경해 줍니다.

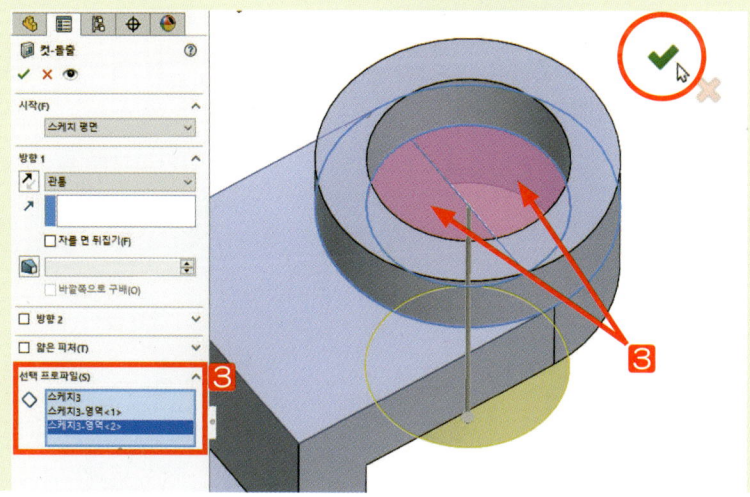

그럼 다음과 같이 **하나의 스케치로 두 개의 피처 작업**이 생성됩니다. 디자인트리를 살펴 보면 **스케치의 이름이 두 군데의 피처에 동일하게 사용**되어 있고, **스케치 아이콘에 손바닥 마크**가 새로 생성된 것을 확인할 수 있습니다.

스케치 공유 기능은 솔리드웍스의 파트 설계 작업에 가장 많이 사용하는 필수 기능입니다.

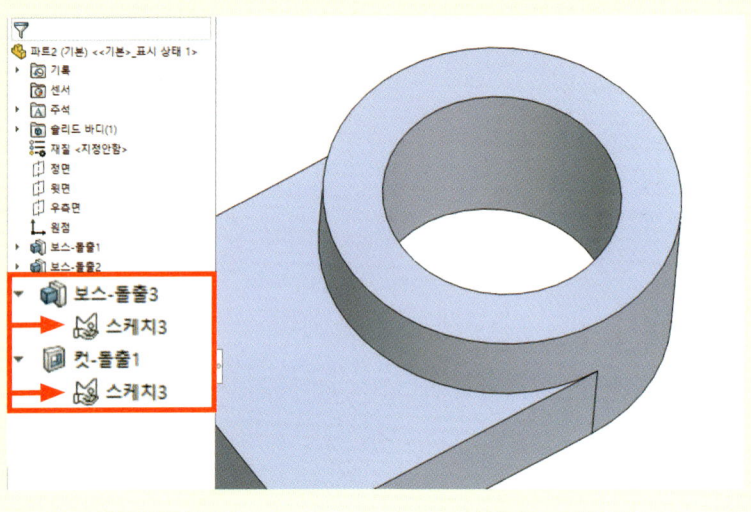

12 마지막 작업은 **보강대 피처** 작업입니다. 그런데 보강대는 이전 단원에서 학습한 바와 같이, 돌출 피처와 같이 오프셋이나 꼭지점부터 같은 시작 옵션이 없기 때문에 보강대를 생성하고자 하는 곳에 평면과 스케치가 생성되어 있어야 합니다.

이런 경우에는 작업자가 새로운 평면을 만들어 주어야 하므로, 피처 도구모음에서 **참조형상 - 기준면** 도구를 실행합니다.

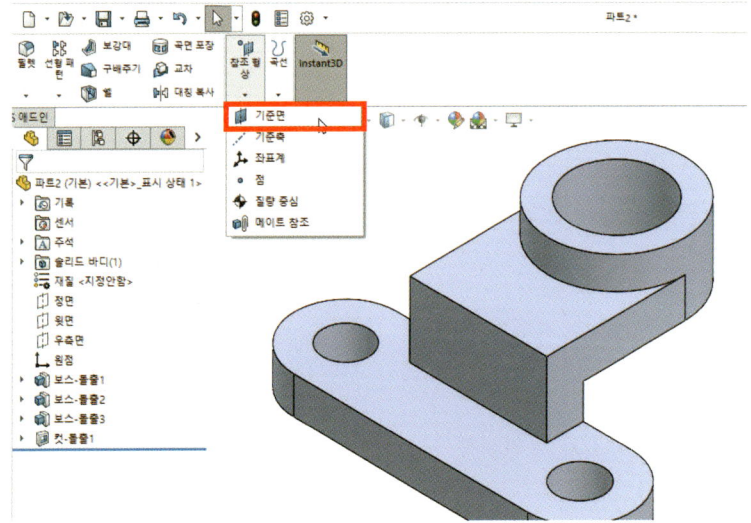

13 **보강대 피처는 전체 형상의 정가운데 생성되어야 하므로,** 다음과 같이 1참조와 2참조에 피처의 양쪽 평면을 선택하면 **중간 평면**이 지능형으로 생성됩니다.

주의) 중간 평면을 생성하기 위한 참조로 선택하는 면은 평면만 사용할 수 있으며, 곡면은 사용할 수 없습니다.

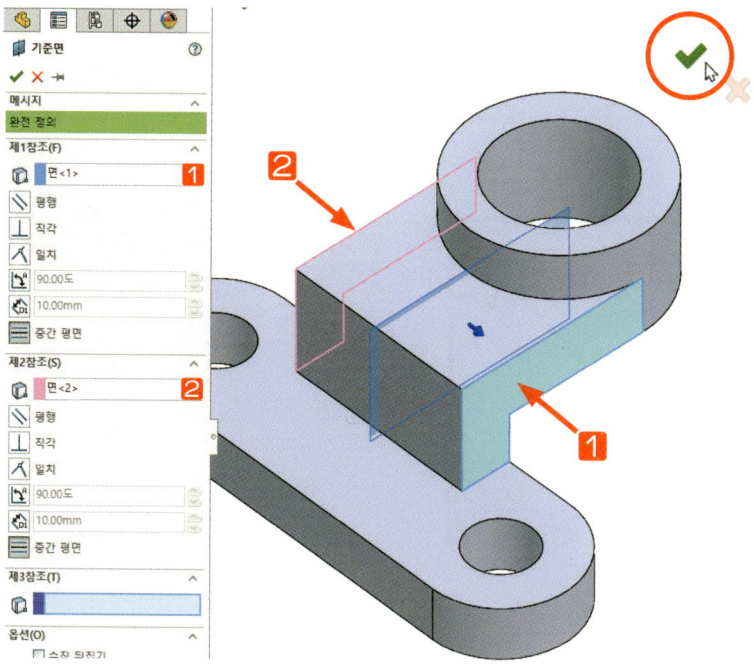

14 **추가된 평면**을 선택하여 **새로운 스케치**를 작성해 봅시다.

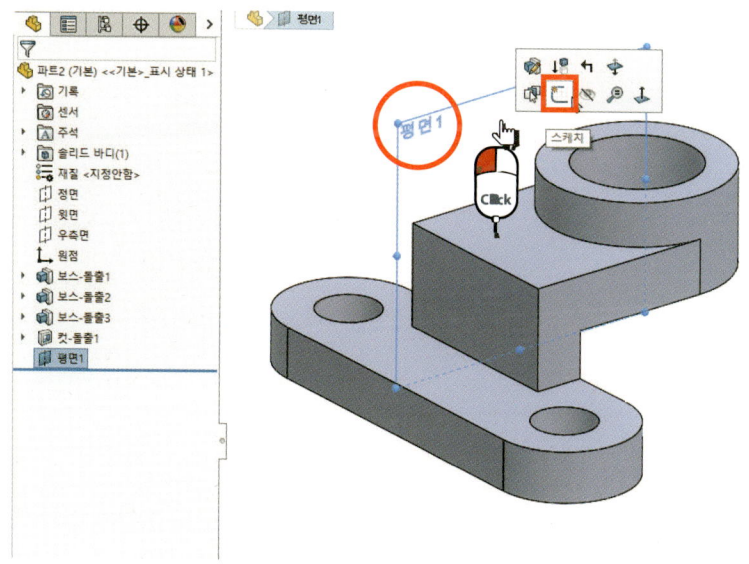

15 보강대 스케치는 닫힌 도형의 폐곡형 / 열린 선의 개곡형 모두 사용할 수 있지만, 보편적으로 **열린 선 - 개곡선 스케치**를 주로 사용합니다.

다음과 같이 **끝단을 연결한 개곡선 스케치**를 작성한 후, **스케치 종료 버튼을 누르지 말고**, 곧 바로 피처 도구모음에서 **보강대 피처** 도구를 실행합니다.

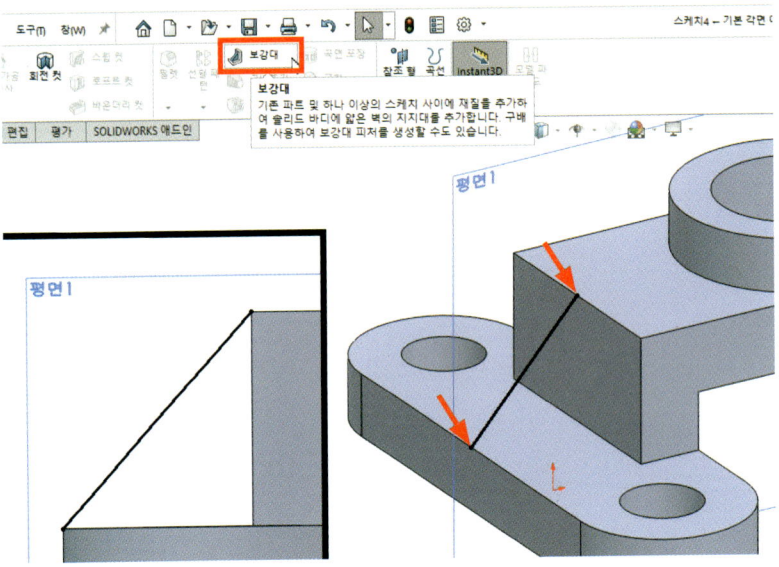

16 보강대 옵션은 다음과 같습니다. 미리보기와 함께 **보강대의 생성 방향이 반드시 안쪽으로 향하고 있는지 다시 한번 확인해 줍니다.**

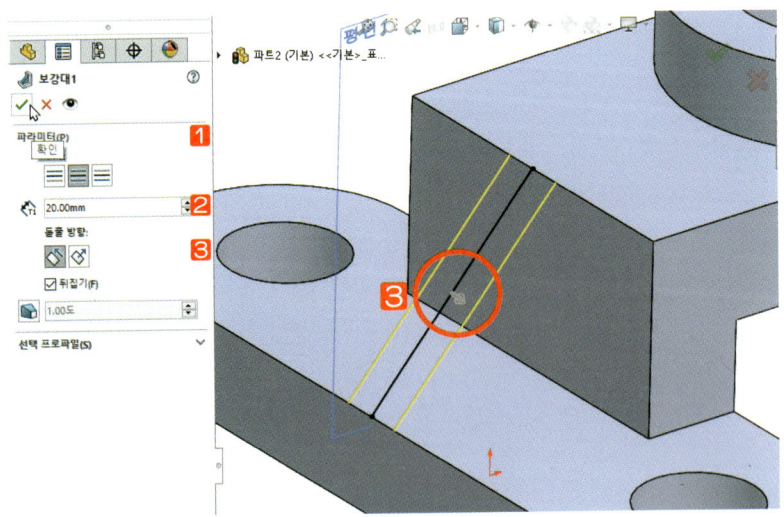

1 [파라미터] 보강대 두께방향 : 양쪽으로
2 [두께] 생성 두께 : 20mm
3 [돌출 방향] 보강대 생성방향 : 화살표 방향이 안쪽을 향하도록 조정해 줍니다.

17 두 번째 기본 각면 예제가 완성되었습니다. 그렇다면 정답도 맞춰 볼까요? **물성치 도구**를 실행해서 **질량을 측정해 봅시다.** (재질 없음) 여러분이 완성한 예제도 1056.29g 이 측정되는지 확인해 보세요.

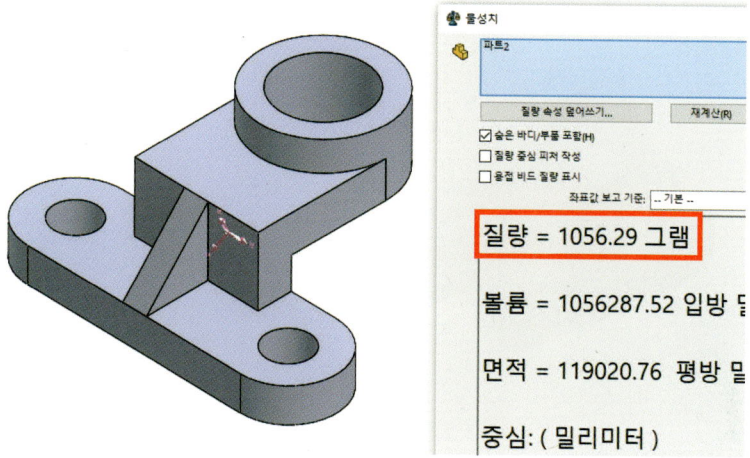

18 완성된 예제는 **기본 각면 예제 2** 의 이름으로 저장합니다. 설계 라이브러리 탭의 썸네일도 확인해 봅시다.

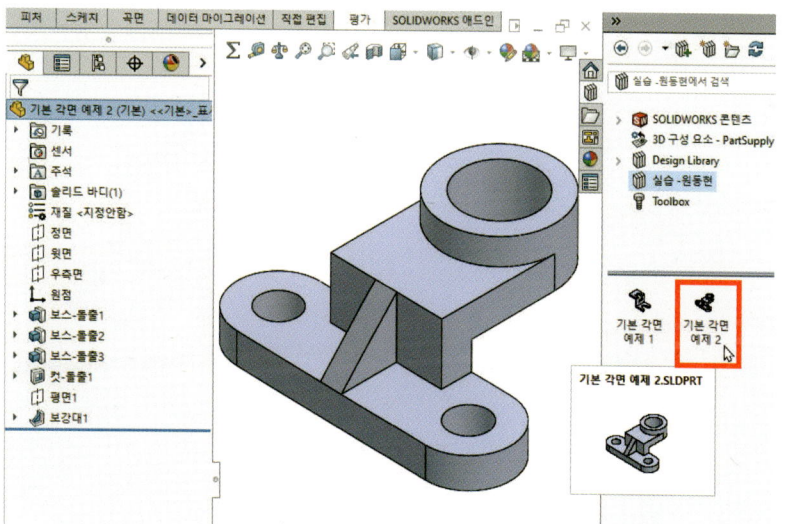

04 기본 각면 연습문제

여러분의 기본 각면 형상 모델링 연습을 위해 10개의 연습 도면을 준비했습니다. 예제 풀이과정을 참고하여 형상을 완성하고, 질량 측정값으로 정답을 맞추어보세요.

1

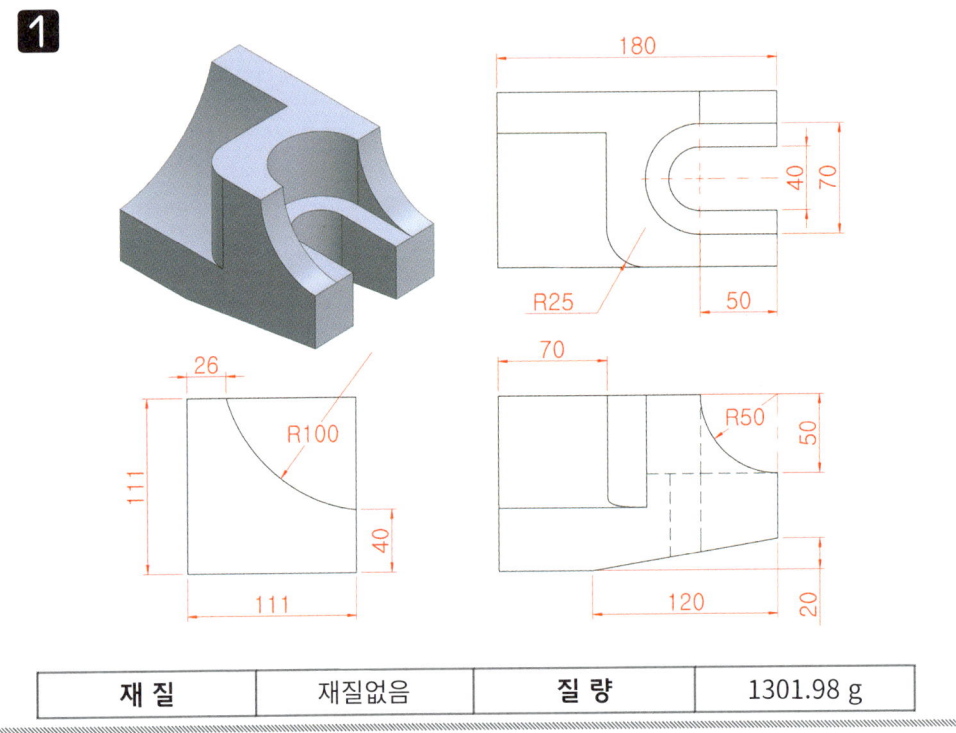

| 재 질 | 재질없음 | 질 량 | 1301.98 g |

2

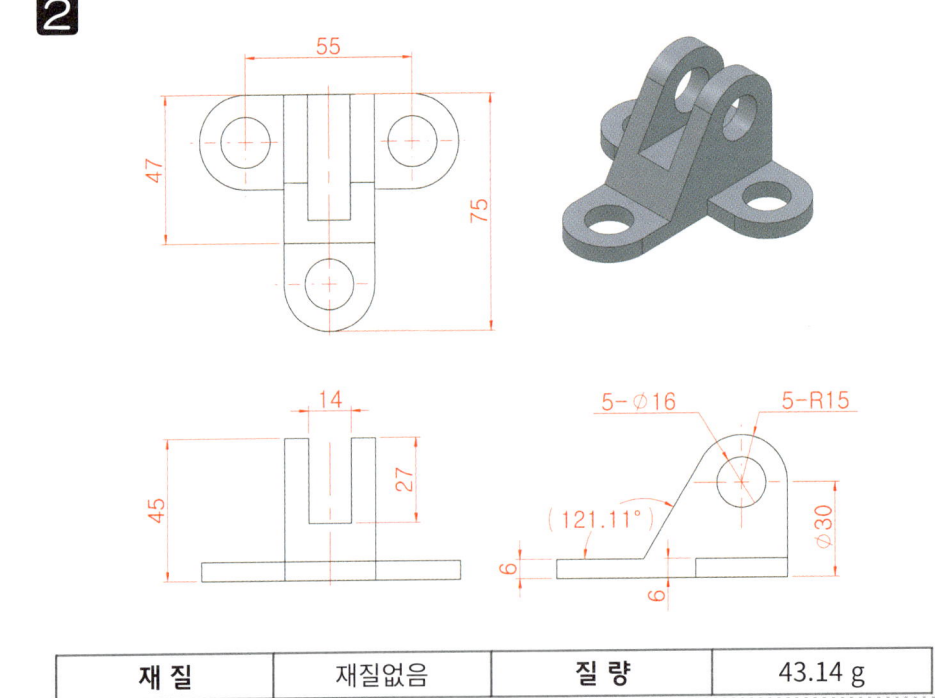

| 재 질 | 재질없음 | 질 량 | 43.14 g |

❸

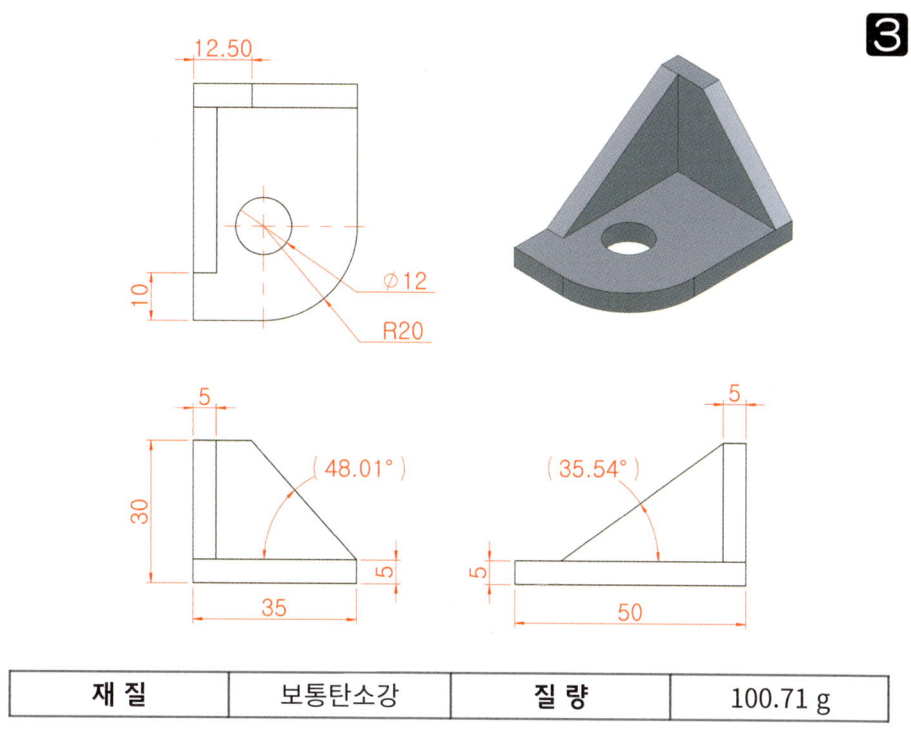

| 재 질 | 보통탄소강 | 질 량 | 100.71 g |

❹

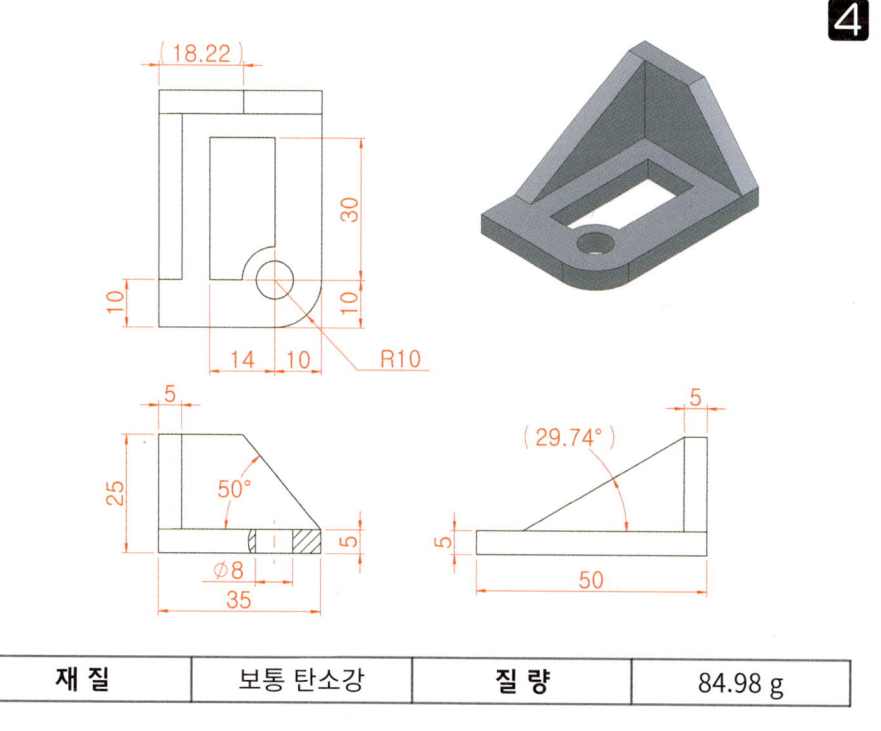

| 재 질 | 보통 탄소강 | 질 량 | 84.98 g |

5

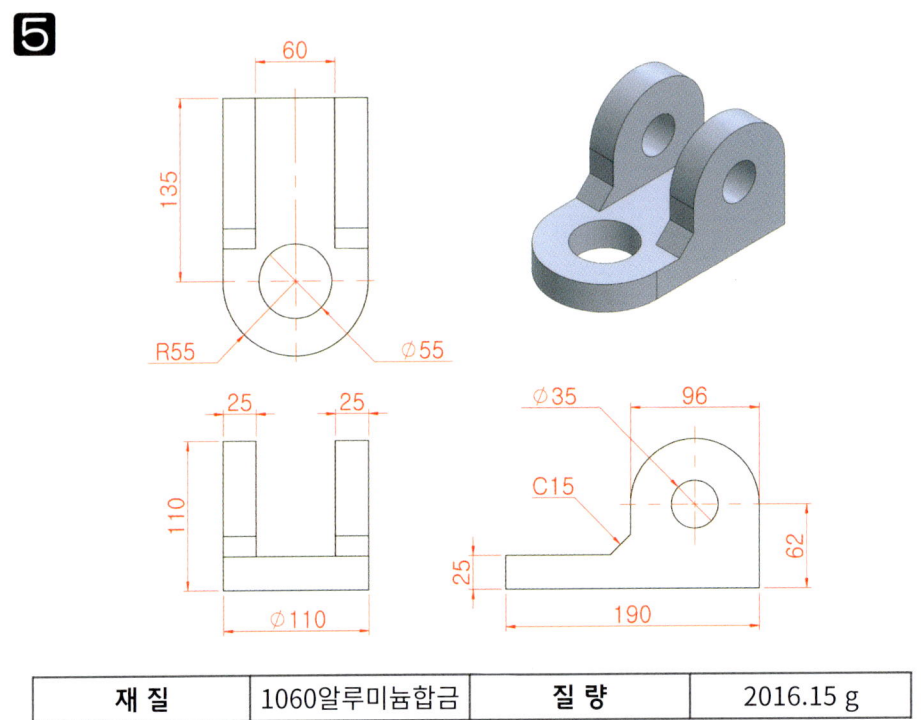

| 재 질 | 1060알루미늄합금 | 질 량 | 2016.15 g |

6

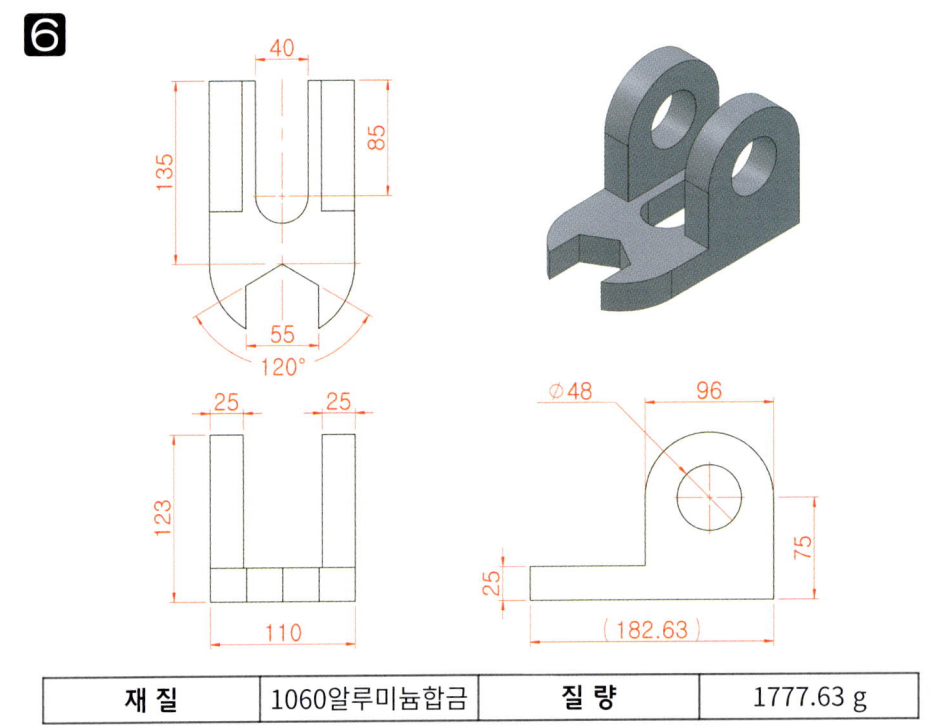

| 재 질 | 1060알루미늄합금 | 질 량 | 1777.63 g |

7

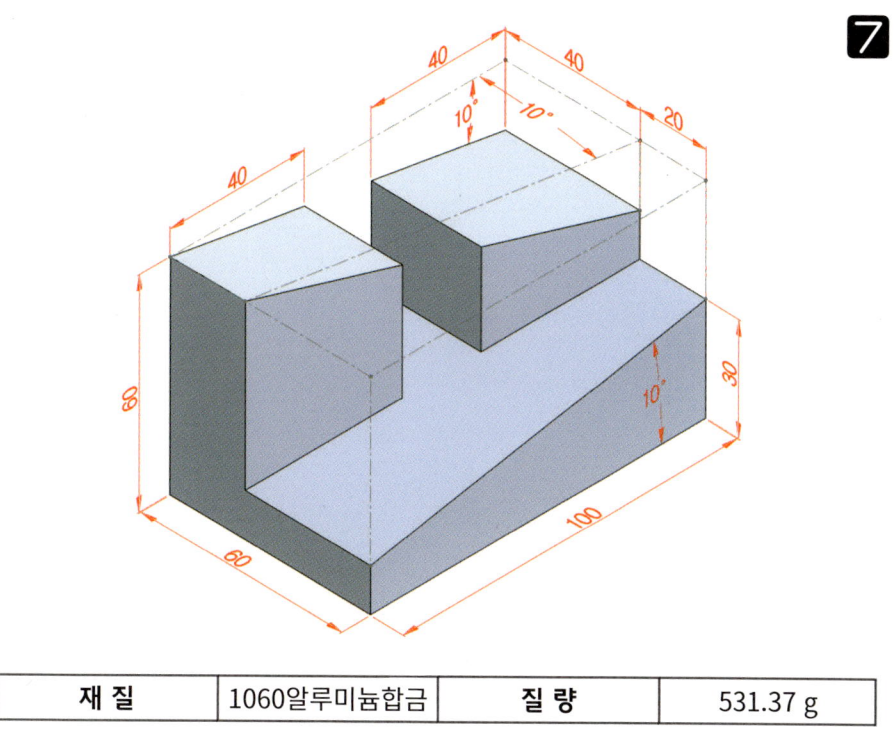

| 재 질 | 1060알루미늄합금 | 질 량 | 531.37 g |

8

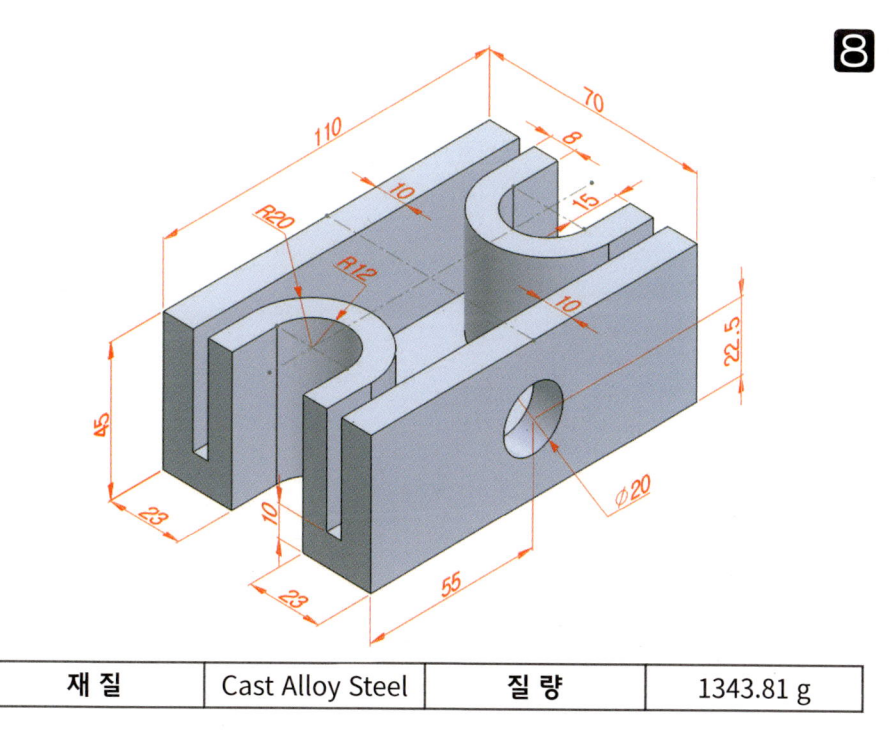

| 재 질 | Cast Alloy Steel | 질 량 | 1343.81 g |

9

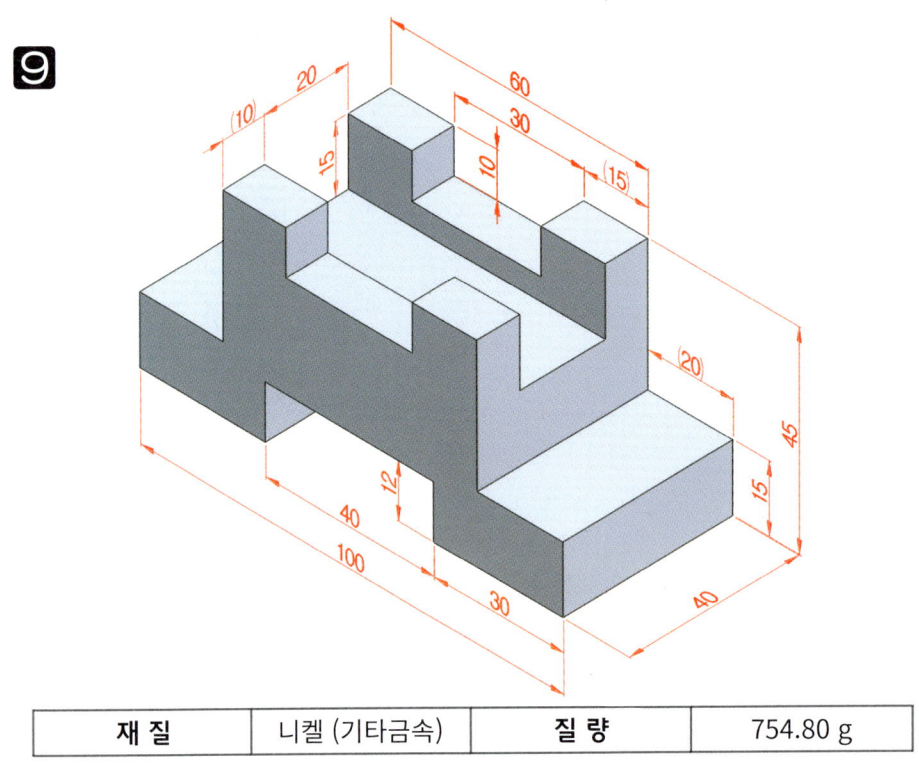

| 재 질 | 니켈 (기타금속) | 질 량 | 754.80 g |

10

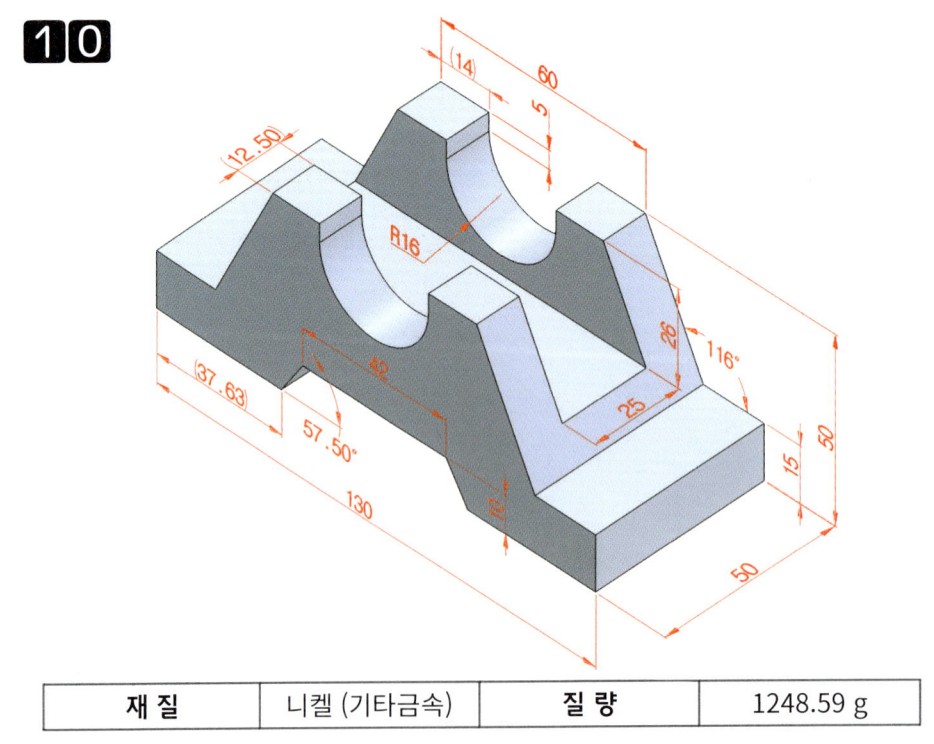

| 재 질 | 니켈 (기타금속) | 질 량 | 1248.59 g |

# chapter 09

파트 2단계
솔리드응용각면

01 응용 각면 예제 1
　　풀이과정
　　설계 변경하기
02 응용 각면 예제 2
03 응용 각면 연습문제

01 응용 각면 예제 1

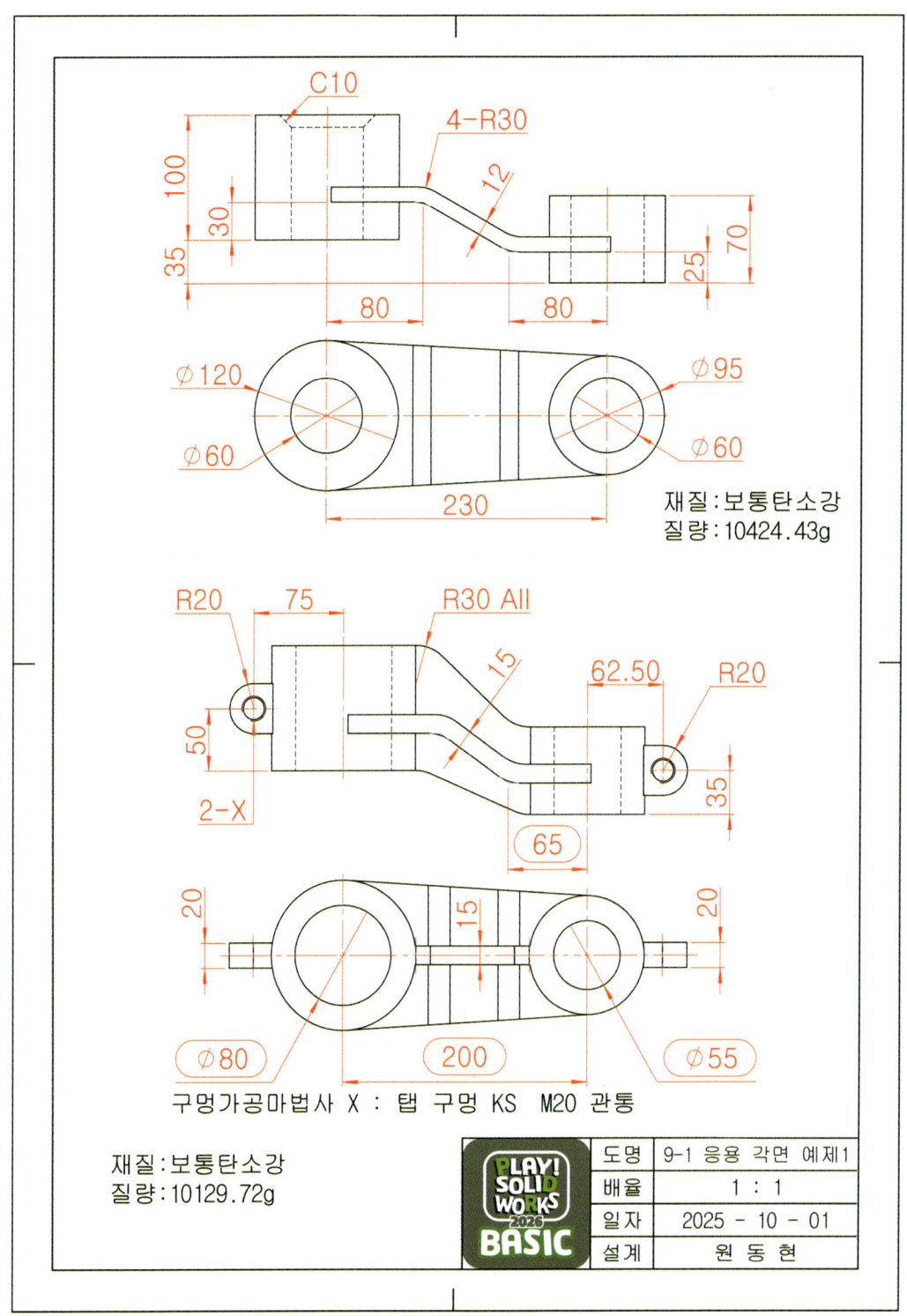

풀이과정

1 이번 단원에서는 다소 복잡한 형상을 완성하는 작업과 함께, 설계가 변경되었을 때 어떻게 형상을 수정하는가에 대한 내용도 함께 살펴보겠습니다.

먼저, 첫 번째 형상을 완성해 볼텐데요, 다소 복잡한 형상이라 덧붙여 나가는 방식인 **플러스 방식**으로 작업 계획을 세웠습니다. **양쪽의 원통 피처를 먼저 생성하고, 그 사이를 연결하는 피처를 덧붙여 나가는 방식으로 형상을 완성할 계획**입니다.

새 파트 문서를 실행합니다. **윗면**에 원점을 기준으로 다음과 같이 **완전정의 상태로 첫 번째 스케치**를 작성합니다.

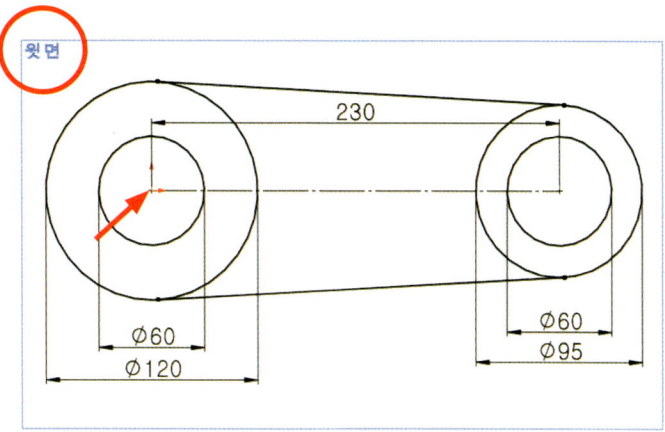

2 스케치가 완성되면 피처 도구모음에서 **돌출 피처**를 실행합니다. 그리고 선택 프로파일에서 다음 영역을 선택하여 **첫번째 돌출 피처**를 생성합니다.

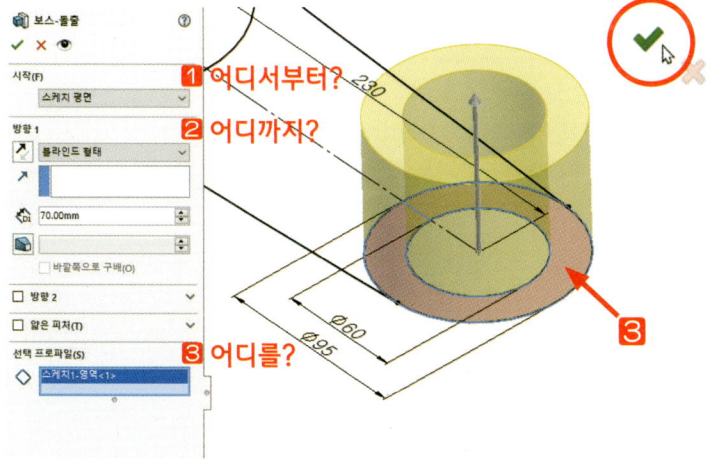

1 [시작] 어디서부터 : 스케치 평면
2 [방향] 어디까지 : 블라인드 형태 70mm
3 [선택 프로파일] 어디를 : 원통 피처의 바깥쪽 영역을 선택합니다.

3 첫번째 피처가 추가되었습니다. 이전 단원에서 학습한 **스케치 공유** 기능을 사용해서 반대편 피처도 추가해 볼까요? **스케치**를 선택한 후, **돌출 피처** 도구를 실행해 봅시다.

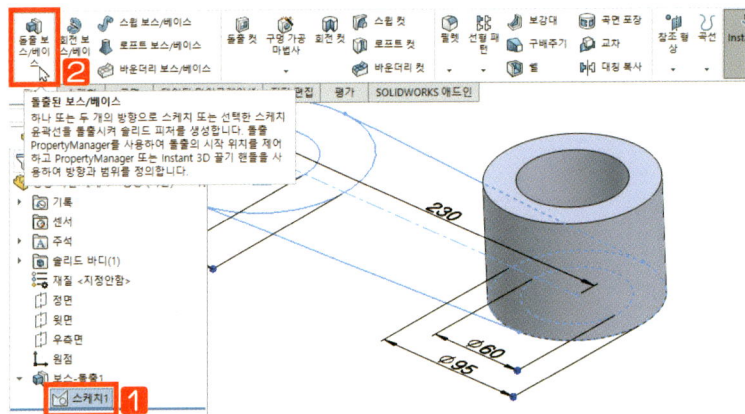

4 이전 단원에서 학습한 **스케치 공유** 기능을 사용해서 반대편 피처도 추가해 볼까요? 디자인 트리에서 **스케치**를 선택한 후, **돌출 피처** 도구를 실행해 봅시다.

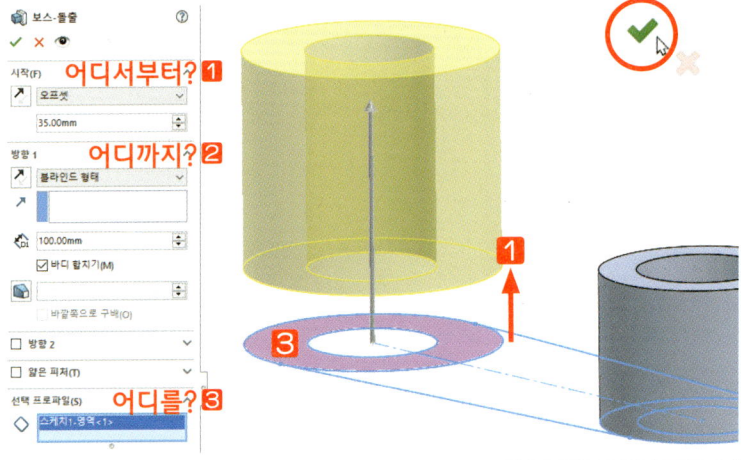

1 [시작] 어디서부터 : ↑오프셋 35mm
2 [방향] 어디까지 : 블라인드 형태 100mm
3 [선택 프로파일] 어디를 : 돌출 피처를 생성할 영역을 선택합니다.

5 두 번째 피처가 생성되었습니다. **물리적으로 서로 떨어진 곳에 생성된 피처는 하나로 합쳐지지 않으며 개별 바디로 생성**됩니다. 이러한 상태를 **멀티바디** 라고 부릅니다.

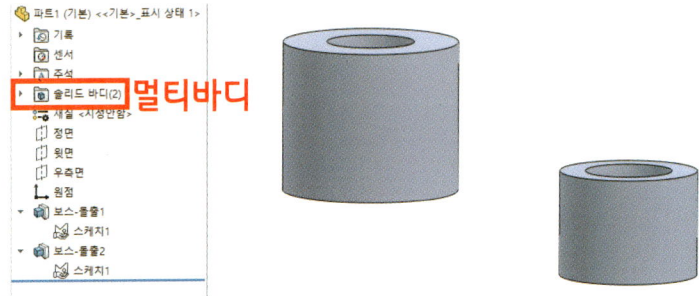

6️⃣ 멀티바디 상태의 두 피처를 연결하는 세 번째 피처를 추가해 볼까요? **정면**에 다음의 **스케치**를 작성합니다. **임시축**을 사용하여 치수를 입력해야 완전정의 상태로 만들 수 있습니다.

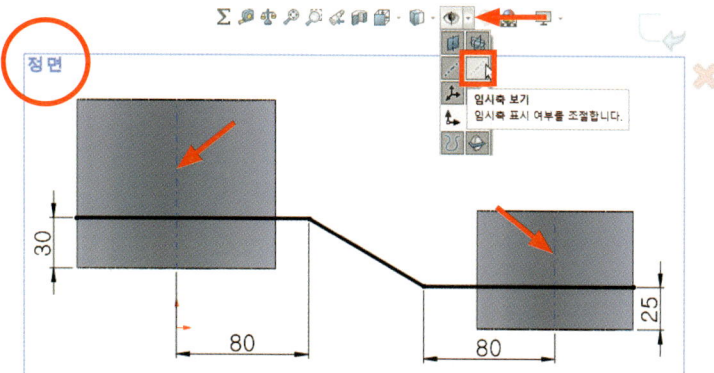

7️⃣ 작성한 스케치를 기준으로 **닫힌 도형 - 폐곡형**이 되도록 **12mm 두께의 오프셋 스케치**를 작성해 봅시다. **오프셋 스케치가 상단으로 생성되도록 방향에 유의합니다.**

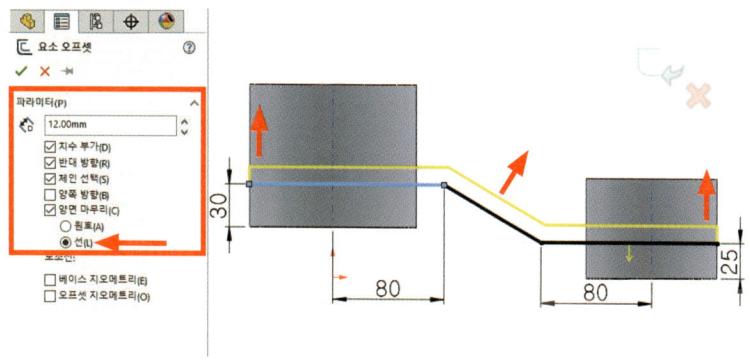

8️⃣ 스케치가 완성되면 피처 도구모음에서 **돌출 피처** 도구를 실행합니다. 돌출 옵션은 다음과 같습니다.

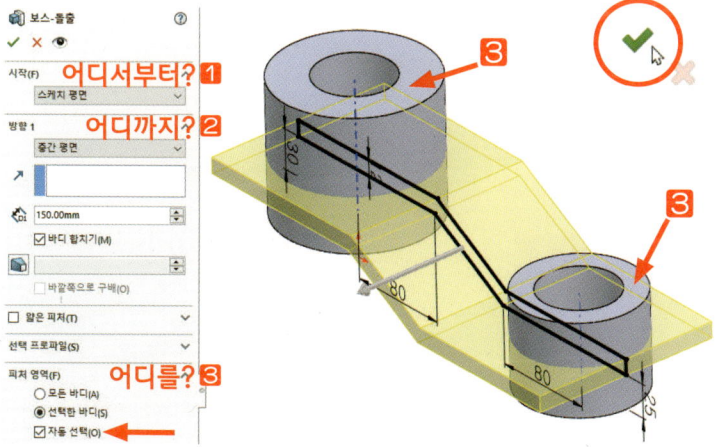

1️⃣ [시작] 어디서부터 : 스케치 평면
2️⃣ [방향] 어디까지 : 중간 평면 150mm
3️⃣ [피처 영역] 어디를 : 하나의 바디로 합쳐질 기존의 바디가 자동으로 선택됩니다.

145

9 세 번째 피처 작업으로인해 모든 바디가 하나의 바디로 통합되었습니다. 이렇게 **하나의 바디로 생성된 상태**를 단일바디 또는 싱글바디라고 부릅니다.

표시된 부분을 다듬기 위해 새로운 스케치를 추가하는 대신, 이번에도 **스케치 공유** 기능을 사용해 볼까요? 디자인트리에서 첫 번째 스케치를 선택한 후, 돌출 컷 피처 도구를 실행합니다.

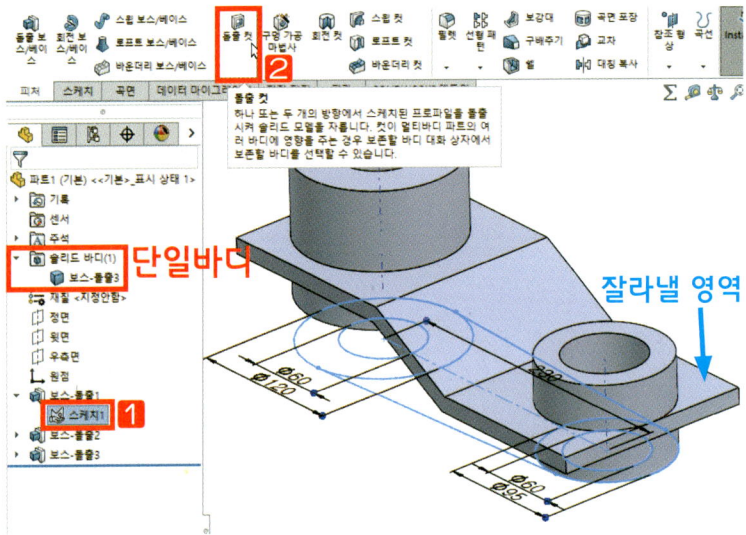

10 돌출 컷 피처에서만 사용할 수 있는 자를 면 뒤집기 옵션을 사용하기 위해서, 잘라내야 할 영역이 아닌 **남겨야 할 영역을 선택 프로파일에 입력**해 줍니다.
미리보기와는 다르게, **결과물은 반전컷 모드가 되어 불필요한 부분이 제거됩니다.**

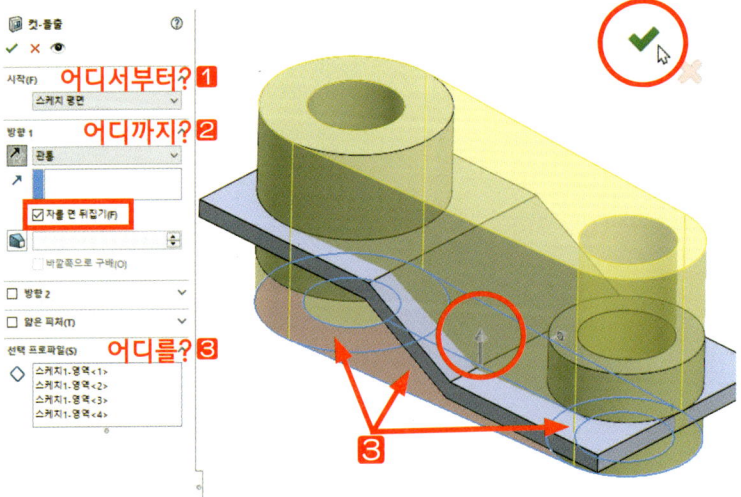

1 [시작] 어디서부터 : 스케치 평면
2 [방향] 어디까지 : ↑ 관통 (본체를 뒤덮는 방향으로 조정합니다.)
　　　　자를 면 뒤집기 체크 (선택 프로파일 이외의 부분이 제거됩니다.)
3 [선택 프로파일] 어디를 : 보존해야 할 영역을 선택합니다.

11 **돌출 컷 피처의 반전 컷** 옵션으로 다음과 같이 불필요한 부분이 제거되고 형상이 정돈되었습니다. 다음의 표시된 부분에 **피처 필렛**을 추가 생성해 볼까요?

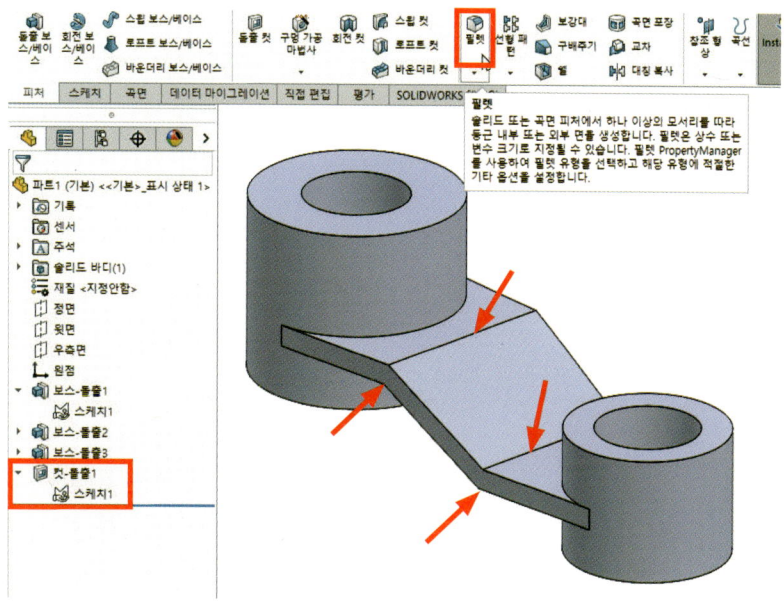

12 피처 필렛 도구를 실행하고, 다음과 같이 **4군데의 각진 모서리선**을 선택해 봅시다. **반경 30mm** 를 입력하고, **전체 미리보기 옵션**을 체크합니다.

이 때, **선택 도구모음**을 사용하면 작업자가 일일이 선택하지 않아도 특정 모서리선을 한번에 선택할 수 있습니다.

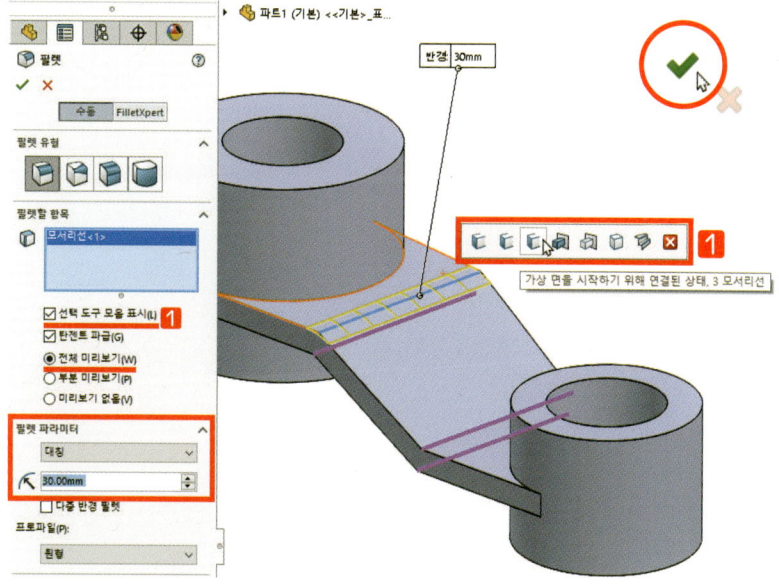

13 다음과 같이 필렛 피처가 추가되었습니다. 도면을 다시 한번 확인해 볼까요? 이번에는 표시된 부분에 **피처 모따기**를 추가해 봅시다.

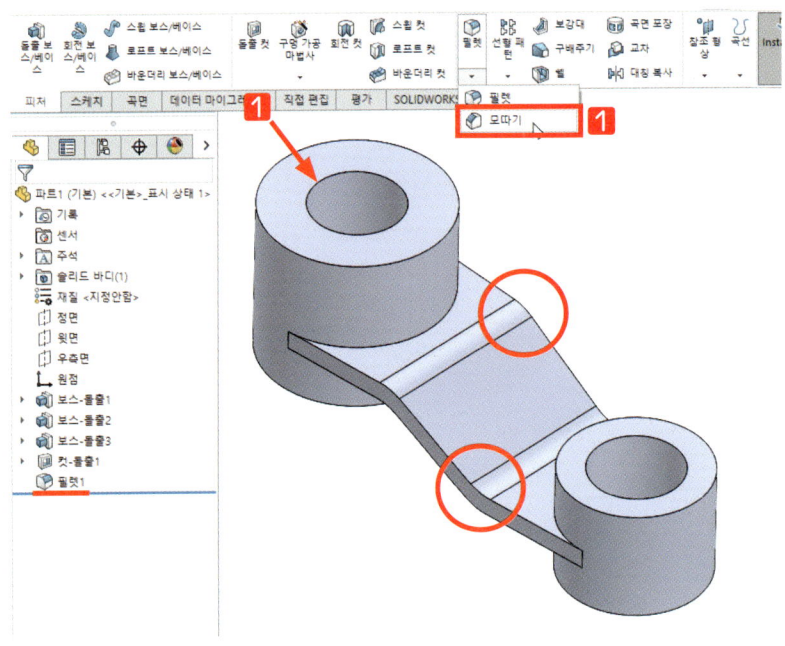

14 피처 모따기 역시 **전체 미리보기**를 체크하고 **거리값 10mm** 를 입력합니다. 확인 아이콘을 선택합니다.

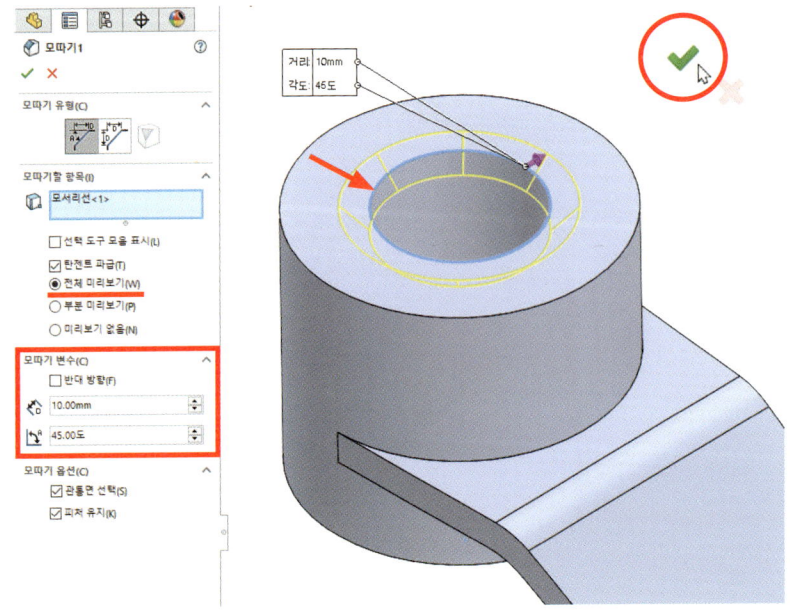

15 첫 번째 응용 각면 예제의 첫 번째 형상이 완성되었습니다. 디자인트리에서 **재질** 항목을 우클릭하여 **보통 탄소강 Plain Carbon Steel** 을 적용해 줍니다.

참고) 마우스로 우클릭해서 즐겨찾기 재질이 표시되지 않으면 재질 편집 항목을 선택해서 지정해 줍니다.

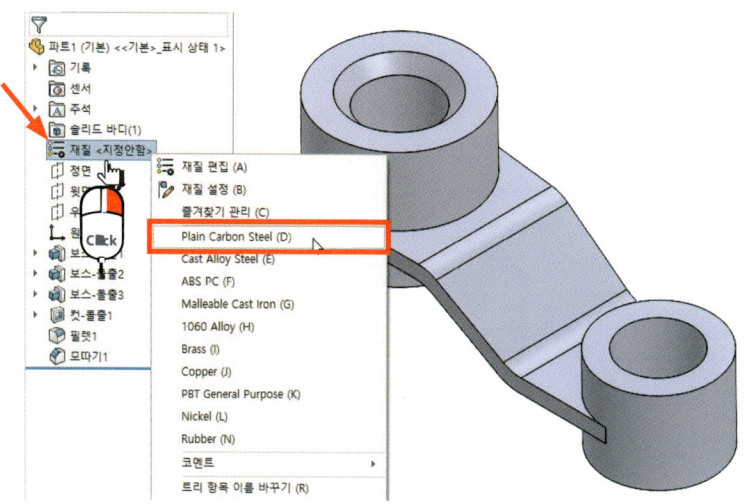

16 재질을 입력한 후의 **질량**을 측정해 봅시다. **(10424.43g)**

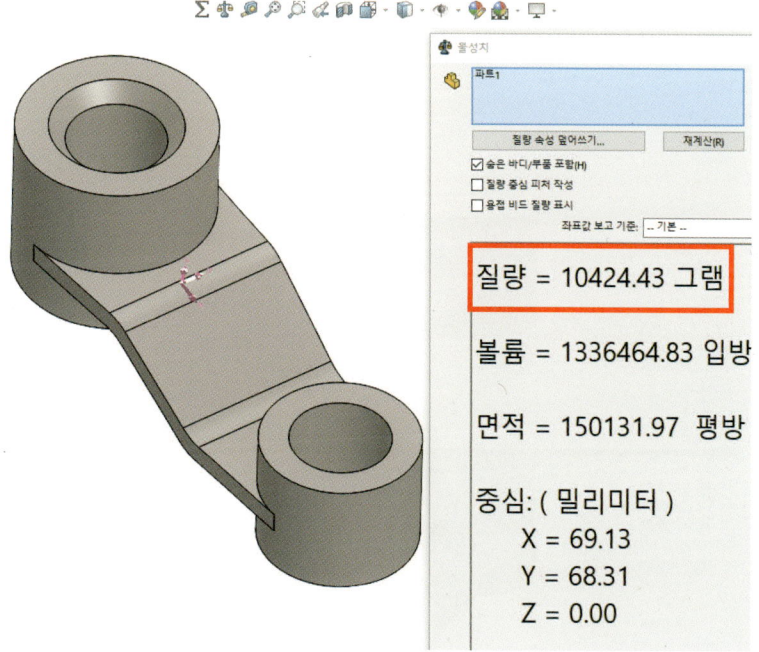

풀이과정 - 설계 변경하기

1 실무에서 3D설계 작업을 하는 여러분들은 새 문서를 실행해서 새로 만드는 작업 못지않게 <mark>실시간으로 바뀌는 설계 변경사항에 맞추어 형상을 고쳐야 하는 작업</mark>도 빈번하게 수행하고 계실 겁니다.

저자가 오프라인에서 재직자 교육을 진행할 때도, 지난 10여권의 플레이! 솔리드웍스 교재 시리즈에도 설계를 변경하는 팁과 노하우를 강조하며 전달해 드리고 있는데요, **이번 단원에서도 <mark>설계를 변경하는 방법</mark>을 제대로 소개해 보도록 하겠습니다.**

설계를 변경하는 작업에 필수로 사용해야 하는 도구는 바로 **롤백바** 입니다.

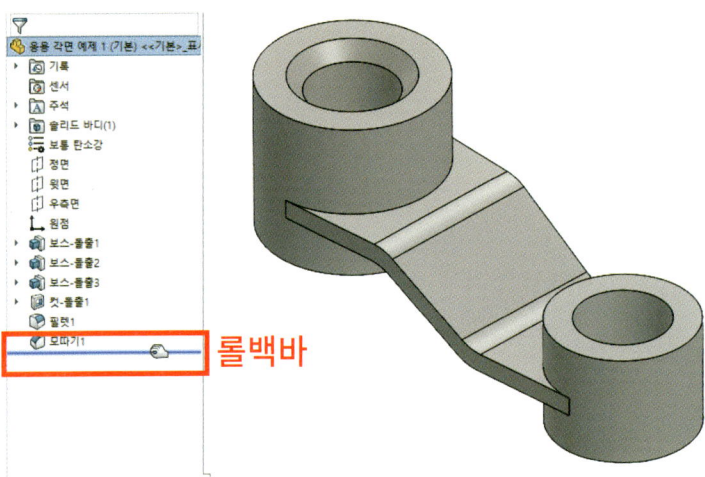

[TIP] 설계 변경에 필수 도구 - 롤백바

롤백바 도구는 디자인트리의 맨 하단부에 배치되어 있습니다. 이 롤백바를 클릭한 채 끌어올려서 작업의 순서를 변경하거나, 새로운 작업 내역을 편입시키는 등의 수정 작업이 기존의 작업과 매끄럽게 호환되도록 적용하는 데 필수 도구입니다.

단, 롤백바를 드래그할 때 피처 단위로 드래그해야 오류가 발생하지 않으므로 주의합니다.

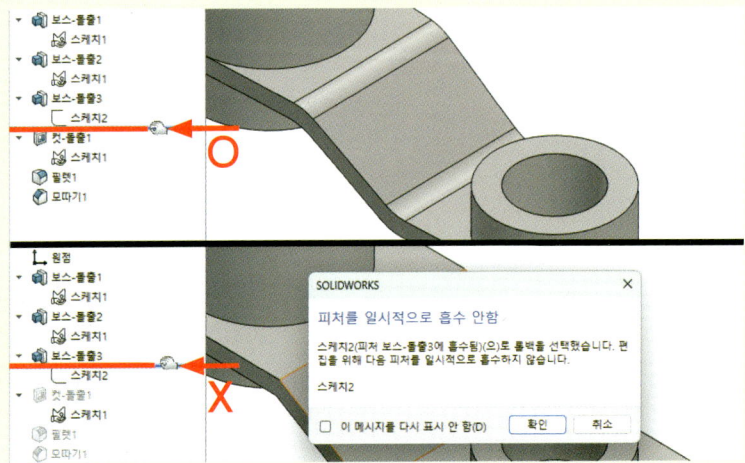

2 **첫 번째 도면과 두 번째 도면을 비교해 봅시다.** 어느 부분을 수정해야 하는 지 체크한 다음, 디자인트리에서 롤백바를 상단으로 드래그해서 **첫번째 피처 단계만 활성화** 합니다.

그리고 **첫번째 스케치**를 선택해서 **스케치 편집 모드**를 실행해 봅시다.

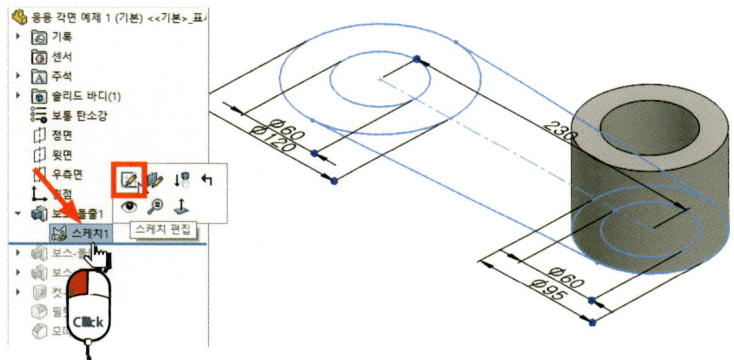

3 두 번째 도면의 치수를 비교해서 다음과 같이 치수를 변경해 봅시다. 그리고 **스케치 편집모드를 종료**합니다.

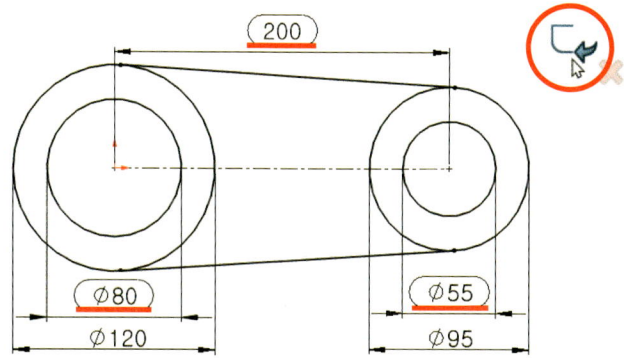

4 스케치 편집모드를 종료하면 즉시 형상이 치수에 따라 변경됩니다. 두 번째 도면을 확인해 보니, 피처의 두께값도 변경되었으므로 **첫번째 피처**를 선택해서 **피처 편집모드**를 실행합니다.

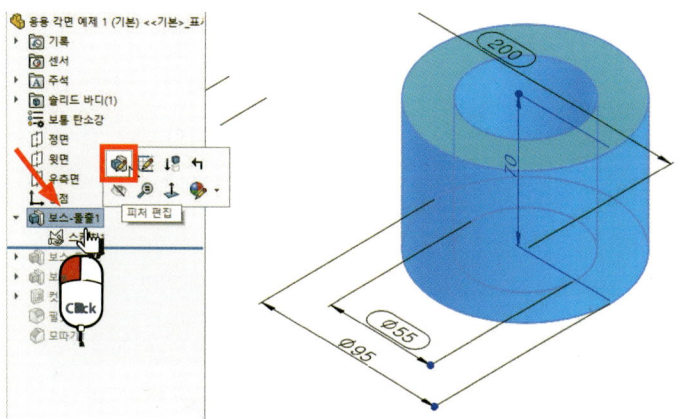

5. **피처 편집모드**를 실행한 후, 피처의 두께값을 확인해 봅시다. **(70mm)** 설계 변경사항이 없으므로, **피처 편집모드를 종료**합니다.

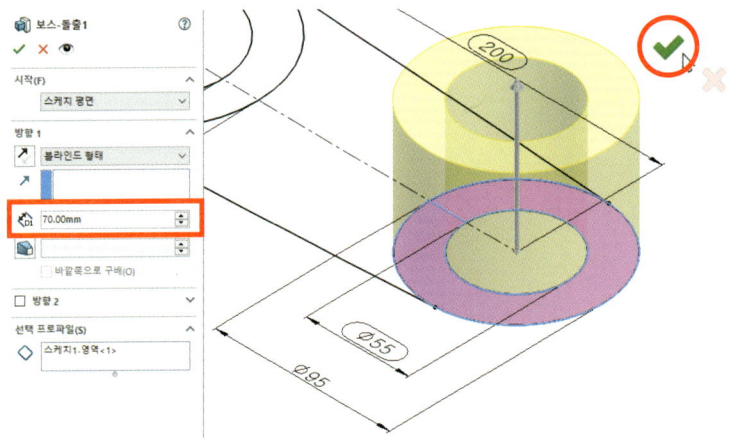

6. 스케치 공유 방식으로 만들어진 피처들은 별도로 스케치를 수정할 필요가 없으므로 피처 치수가 변경되지 않은 단계는 건너뛰고, **치수가 변경된 부분에 롤백바를 배치합니다.**

그리고 **세 번째 피처의 스케치**를 선택해서 **스케치 편집모드**를 실행합니다.

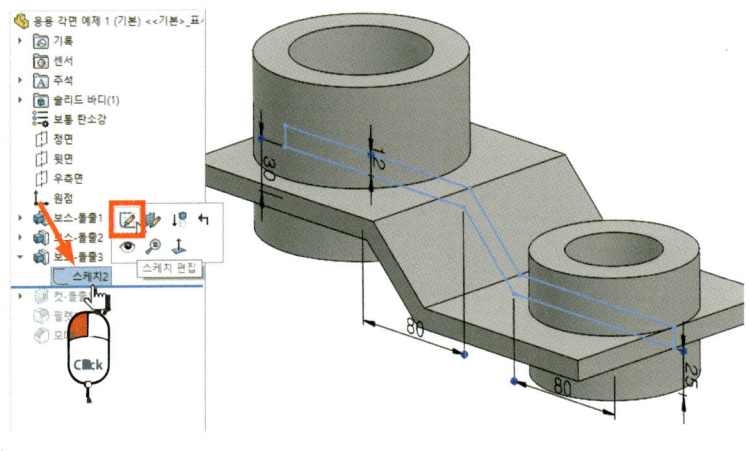

7. 변경된 도면에 따라 치수를 변경합니다. 그리고 **스케치 편집모드를 종료**합니다.

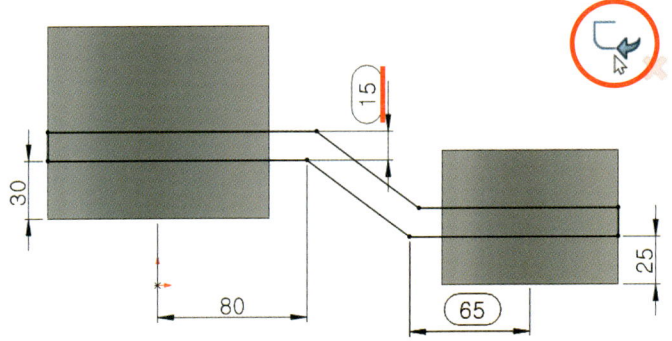

8️⃣ 두 번째 도면을 살펴봅시다. 단순히 치수만 변경된 것이 아니라 새로운 형상도 추가되었습니다. 그러나 **무작정 피처 작업을 추가하는 것이 아니라, 이미 생성된 설계 단계의 전후를 고려해서 새로운 피처를 추가하는 능력도 설계자에게 꼭 필요한 능력입니다.**

다음과 같이 피처 필렛/ 모따기 피처 이전 단계에 롤백바를 배치한 상태에서 **새로운 피처** 단계를 추가해 봅시다. 정면을 선택하여 새로운 스케치를 실행합니다.

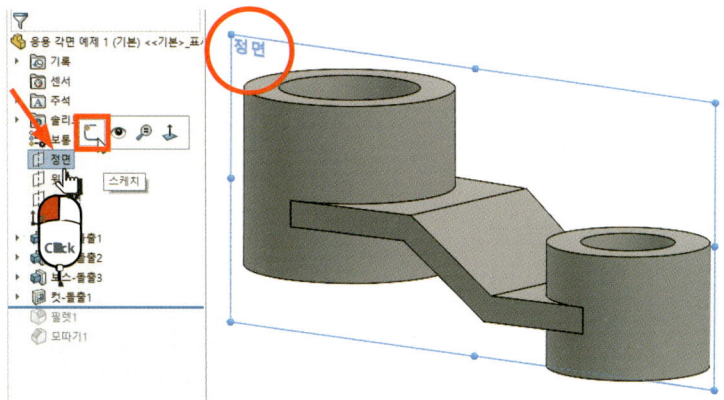

9️⃣ **직선 홈 스케치** 도구로 다음의 스케치를 작성해 줍니다. **피처의 중간점에 스냅을 잡아서** 완전정의 상태로 만든 후, 피처 도구모음에서 돌출 피처 도구를 실행해 봅시다.

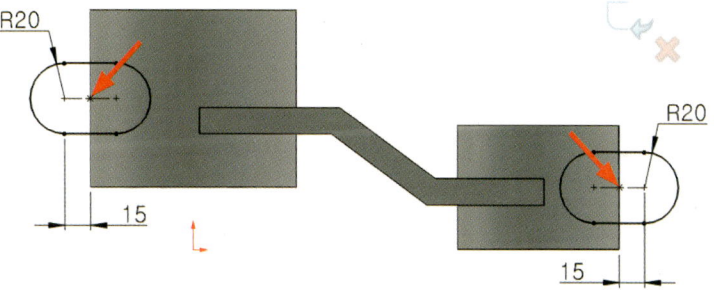

🔟 돌출 피처의 옵션은 다음과 같습니다.

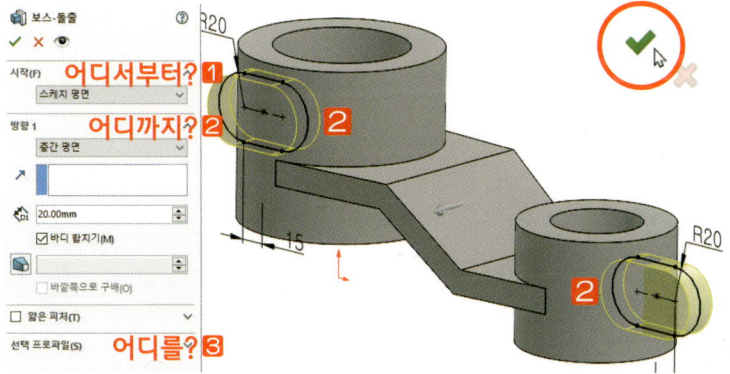

1️⃣ [시작] 어디서부터 : 스케치 평면
2️⃣ [방향] 어디까지 : 중간평면 20mm
3️⃣ [선택 프로파일] 어디를 : 작성한 스케치영역이 자동 선택됩니다.

11 새로운 돌출 피처가 추가되었습니다. 그러나 **원통 피처의 내부를 살펴보면 제거해야 할 부분**도 함께 생성되었습니다. 스케치를 새로 그리는 대신, **기존의 스케치를 재사용**해서 제거해 볼까요?

디자인 트리에서 **첫번째 스케치**를 선택한 후 **돌출 컷 피처**를 선택합니다.

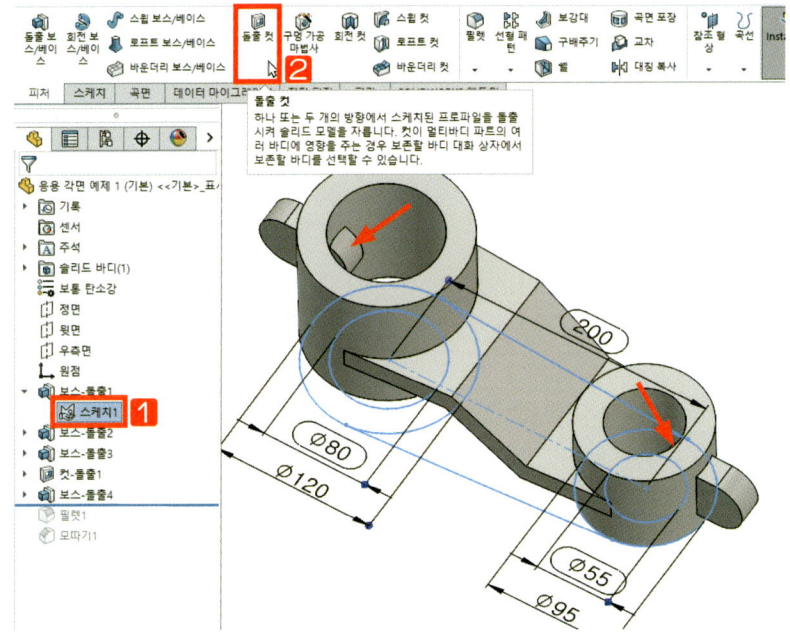

12 **선택 프로파일**에서 제거할 영역으로 안쪽 구멍을 선택해 줍니다. (**원통 영역 / 윤곽선 모두 선택가능합니다.**) 돌출 컷 옵션을 다음과 같이 설정한 후, 미리보기를 확인합니다.

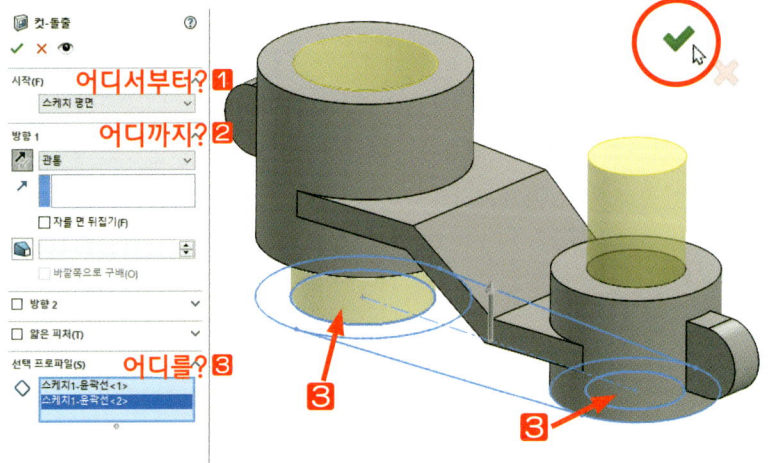

1 [시작] 어디서부터 : 스케치 평면
2 [방향] 어디까지 : ↑ 관통 (본체를 뒤덮는 방향으로 조정합니다.)
3 [선택 프로파일] 어디를 : 원통 피처의 내부 영역을 선택합니다.

13 두 번째 도면을 확인해 봅시다. 생성된 측면의 돌출 피처에 기계 구멍이 생성되어 있는데, 솔리드웍스에는 규격에 맞는 기계 구멍을 손쉽게 생성할 수 있는 **구멍 가공 마법사** 도구가 있습니다. 이 도구는 솔리드웍스의 버전에 따라 지원되지 않을 수 있습니다. (스탠다드X / 프로페셔널O / 프리미엄O)

피처 도구모음에서 **구멍 가공 마법사** 도구를 실행해 봅시다.

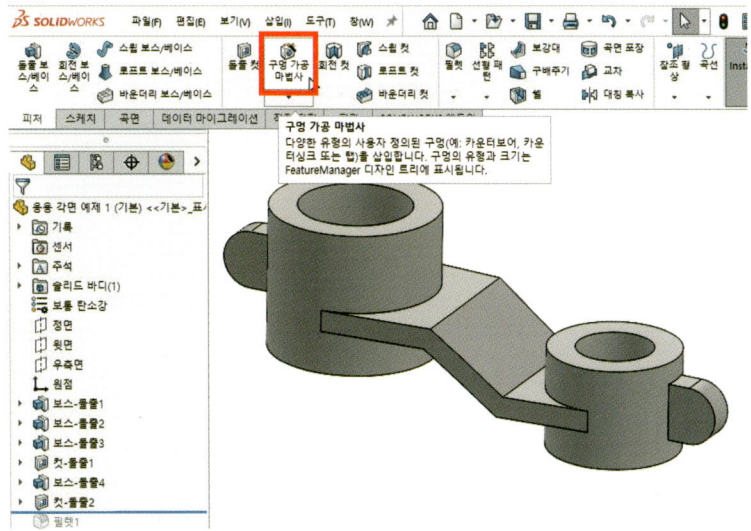

14 구멍 가공 마법사 도구는 두 가지 옵션으로 나누어져 있습니다.

① 유형 : 작성하고자 하는 구멍에 대한 규격과 크기를 입력합니다.
② 위치 : 구멍을 작성하고자 하는 면을 선택하여 점 스케치를 찍어줍니다.

먼저, ① **유형** 옵션을 다음과 같이 설정해 봅시다. (KS 탭 구멍 M20 관통/ 기타옵션 없음)

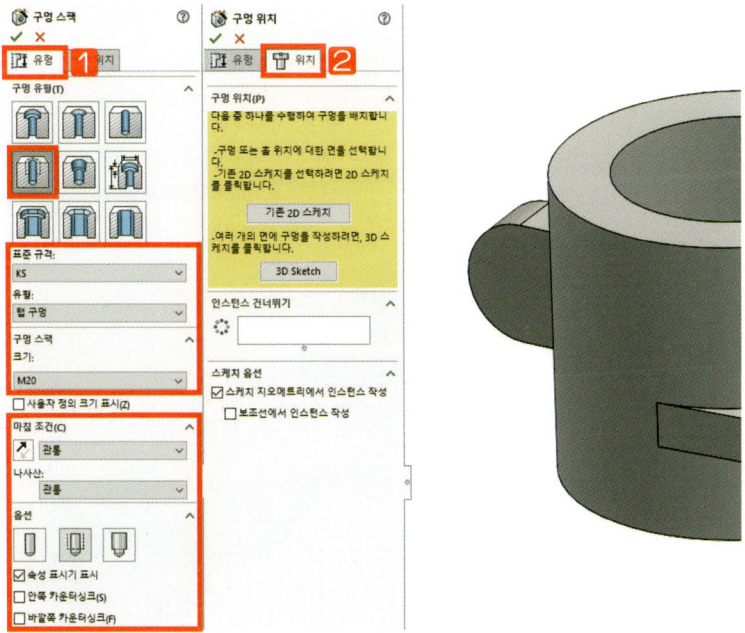

155

15 유형을 입력한 후에는 ②**위치** 탭으로 변경한 후에 **구멍을 작성해야 할 평면을 선택**합니다.¹ 평면을 선택하면 **자동으로 점 스케치 도구가 활성화** 되는데, 다음과 같이 **동심** 스냅을 사용해서 위치를 지정하고,² 확인 아이콘을 선택합니다.

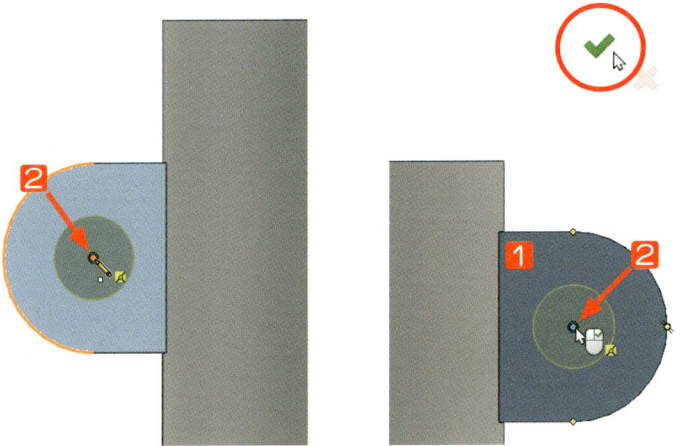

16 다음과 같이 탭 구멍이 추가되었습니다. 롤백바를 끝단으로 재배치한 후, **불필요한 모따기 피처는 삭제**해 줍니다.

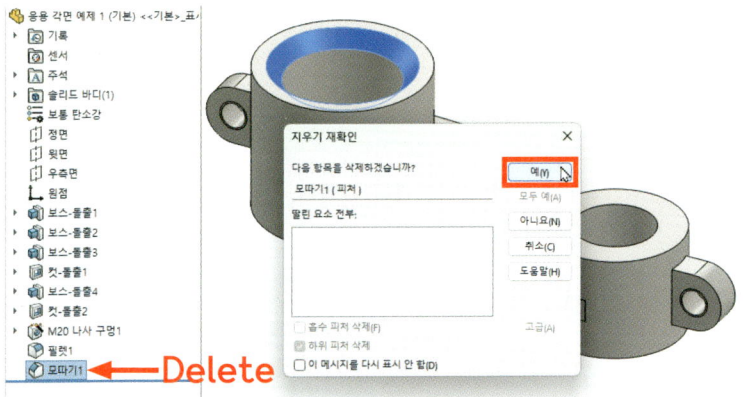

17 마지막 단계로 보강대 피처를 추가해서 두 번째 도면을 완성해 봅시다. 그러나 **상단과 하단의 보강대는 동시에 생성할 수 없으므로, 두 번에 나누어 생성해야 합니다.**
디자인트리에서 **정면**을 선택하고 **새로운 스케치**를 실행합니다.

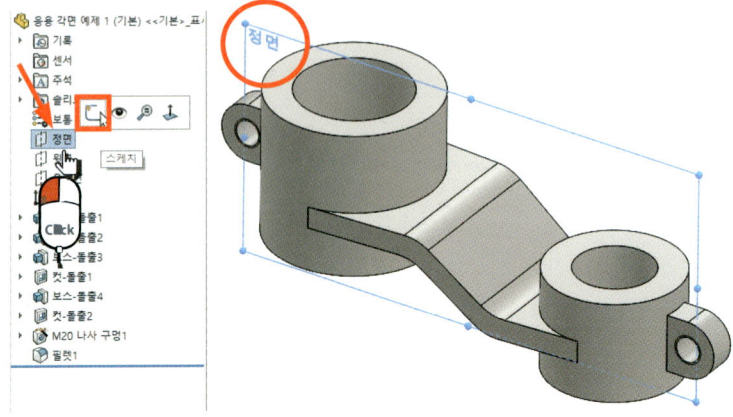

18 가장 먼저 상단의 보강대를 생성하기 위한 스케치를 작성합니다. **3점호 스케치와 선 스케치**로 개곡선 스케치를 작성할 때, **탄젠트 구속조건을 입력해서 완전정의** 상태로 만들어 줍니다. 필렛 치수만 입력해도 완전정의 상태가 됩니다.

그리고 피처 도구모음에서 **보강대 피처**를 실행합니다.

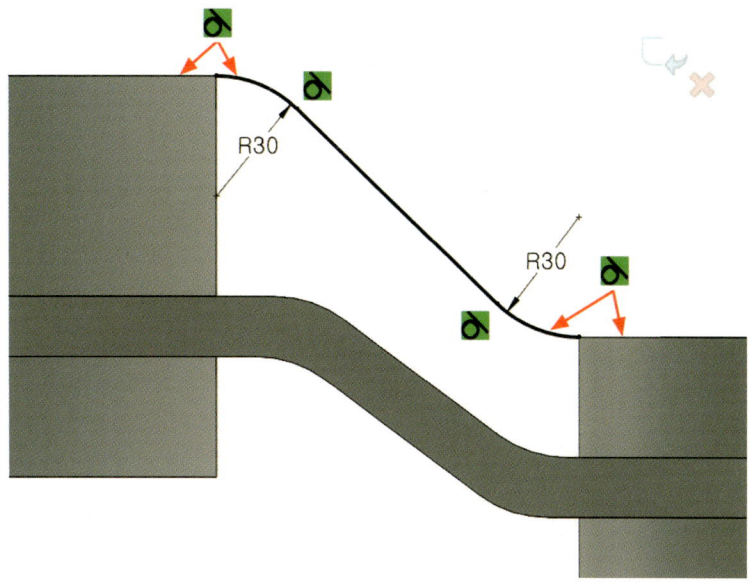

19 보강대 옵션은 다음과 같습니다. 보강대 피처의 주의사항을 체크하며 **보강대의 생성 방향이 반드시 안쪽으로 향하고 있는지** 다시 한번 확인해 줍니다.

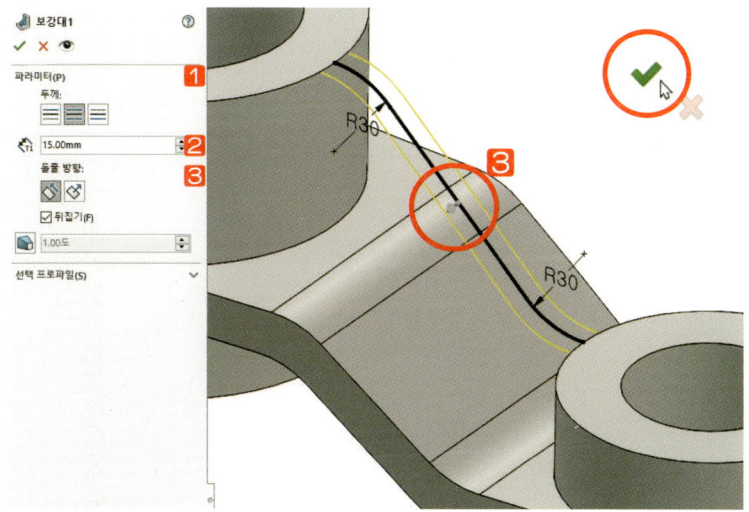

1 [파라미터] 보강대 두께방향 : 양쪽으로
2 [두께] 생성 두께 : 15mm
3 [돌출 방향] 보강대 생성방향 : 화살표 방향이 안쪽을 향하도록 조정해 줍니다.

20 상단의 보강대 피처가 생성되었습니다. 이어서 **하단의 보강대 피처**도 생성해 봅시다. 다시 한번 디자인트리에서 **정면**을 선택하고 **스케치**를 실행해 봅시다.

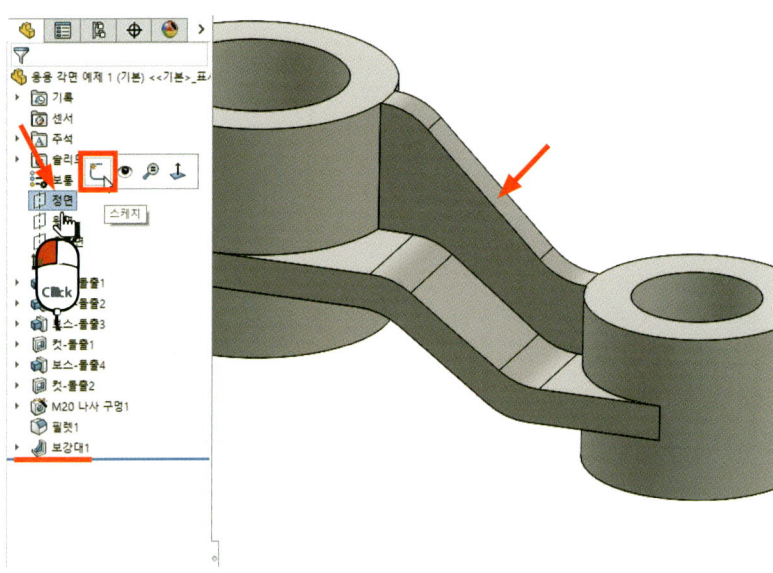

21 상단의 보강대 스케치와 같은 방식으로 하단 스케치를 작성합니다. 탄젠트 구속조건으로 완전정의 상태를 만든 후, 피처 도구모음에서 **보강대 피처**를 실행합니다.

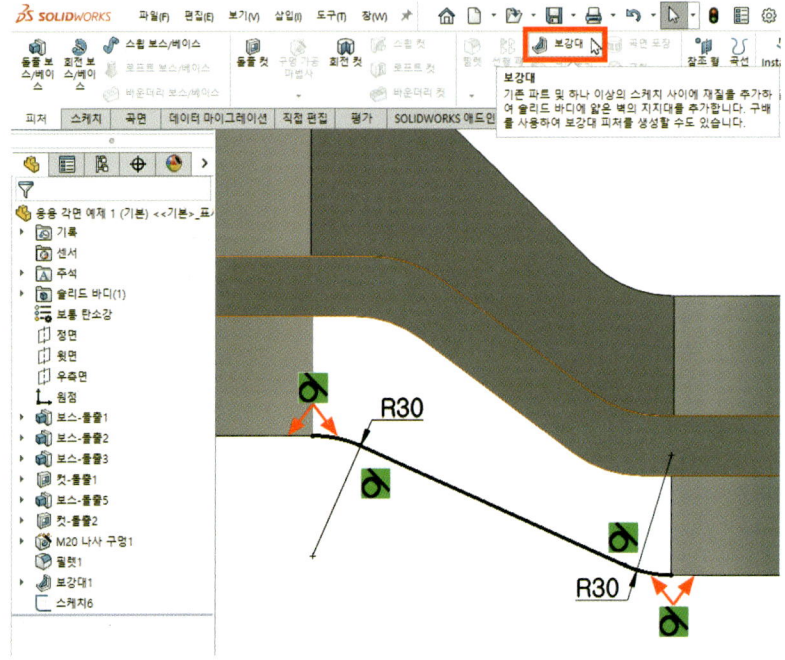

22 보강대 옵션은 상단 보강대의 옵션과 동일합니다. **보강대의 생성 방향**을 확인한 후, 확인 아이콘을 선택합니다.

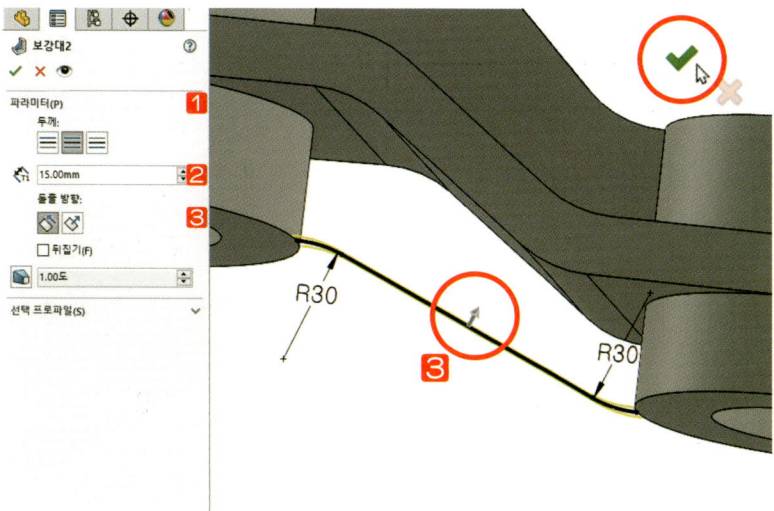

1 [파라미터] 보강대 두께방향 : 양쪽으로
2 [두께] 생성 두께 : 15mm
3 [돌출 방향] 보강대 생성방향 : 화살표 방향이 안쪽을 향하도록 조정해 줍니다.

23 이렇게 두 번째 도면으로 설계 변경이 완성되었습니다. **설계 변경에 대한 방법은 경우의 수가 많기 때문에 다양한 연습문제를 통해 경험치를 쌓는 것이 중요합니다.** 설계 변경에 대한 연습은 응용 각면 예제 2번을 완성한 후에 연습 도면으로 훈련해 볼까요?

그래도 정답은 맞춰야겠죠? **동일한 재질이 적용된 상태에서 측정한 질량**은 10129.72g 입니다.

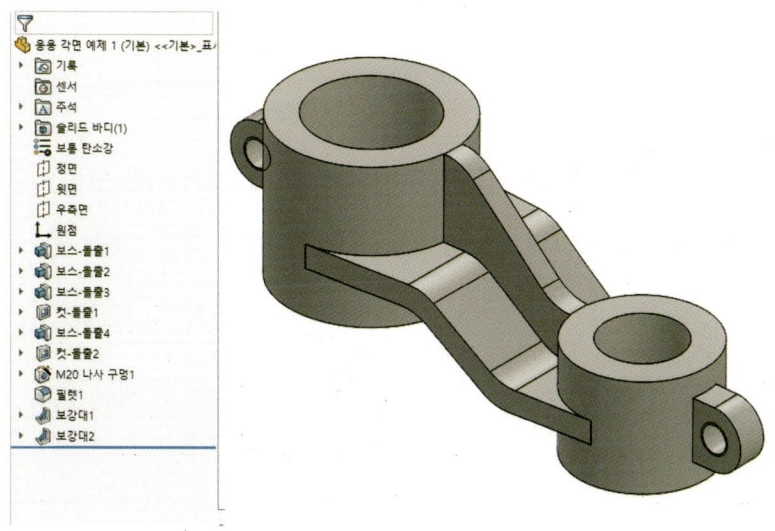

02 응용 각면 예제 2

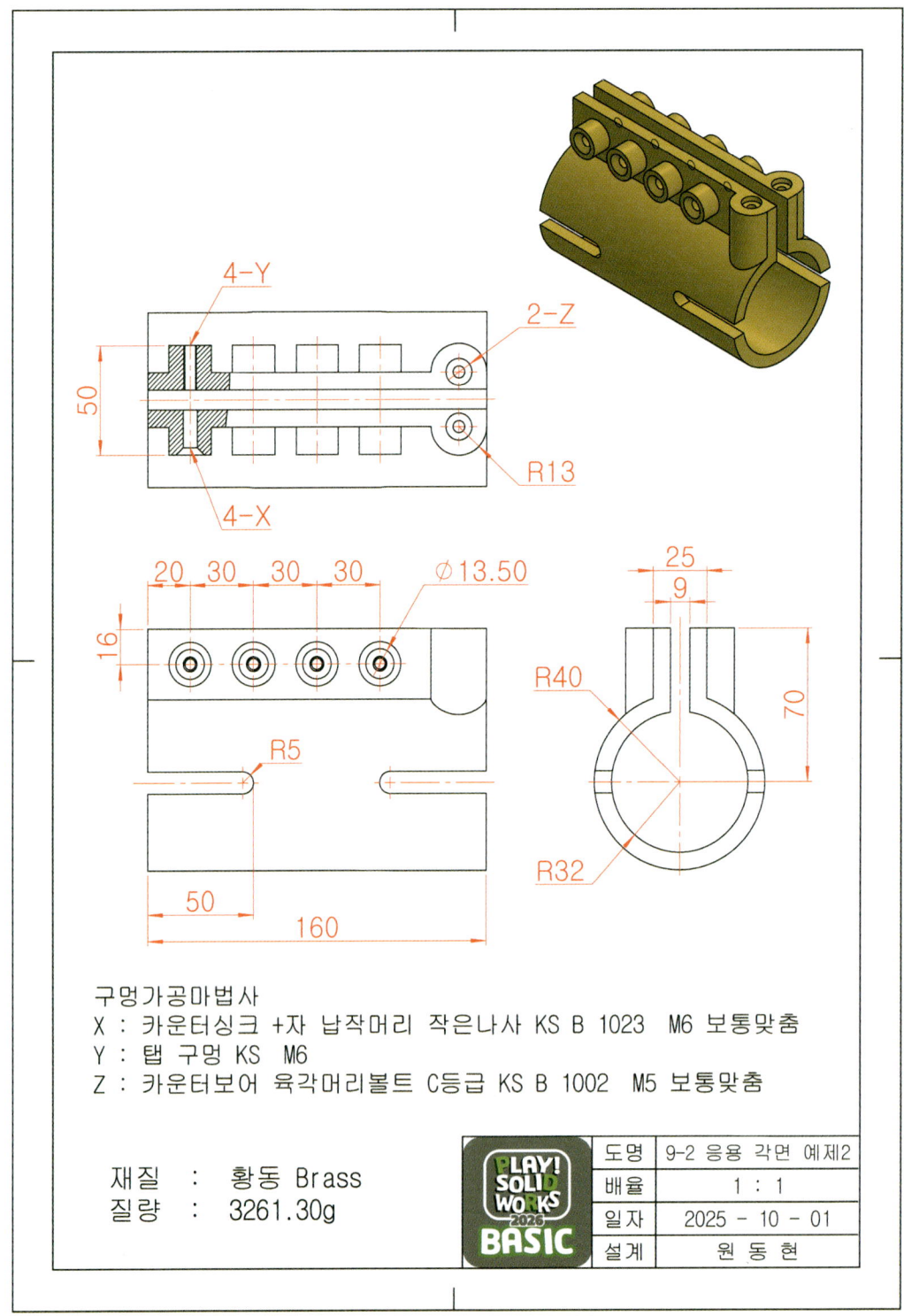

풀이과정

1. 두 번째 응용 각면 예제는 **패턴과 대칭**을 주제로 한 예제입니다. 피처의 패턴과 대칭복사를 어떻게 사용하는지 이번 예제를 통해서 알아볼까요?

   형상을 완성해 나가는 방법으로 이번에도 **플러스 방식**을 사용할텐데, **우측면에 본체 스케치를 작성해서 베이스 피처를 생성합니다. 그리고 씨드 피처를 추가한 후에 피처 패턴과 피처 대칭복사로 세부 항목을 생성하는 순서로 계획**을 세웠습니다.

   새 파트 문서를 실행한 후, **우측면**에 다음의 **완전정의 스케치**를 작성해 봅시다. 그리고 **스케치 오프셋** 도구를 실행해 봅시다.

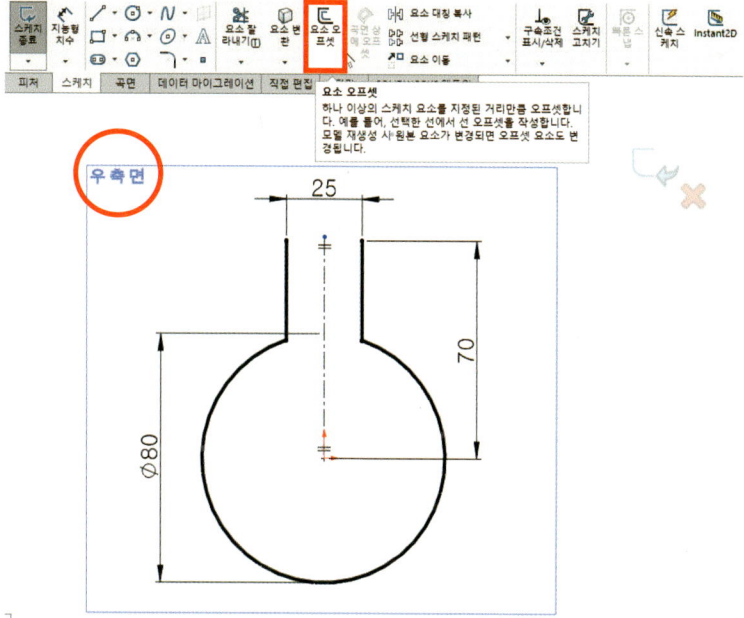

2. **스케치 오프셋** 도구를 사용해서 다음과 같이 **안쪽으로 얇은 두께를 갖는 폐곡형의 스케치**를 작성합니다.

   스케치가 완전정의 상태가 되면 피처 도구모음에서 **돌출 피처** 도구를 실행해서 베이스 피처를 생성해 봅시다.

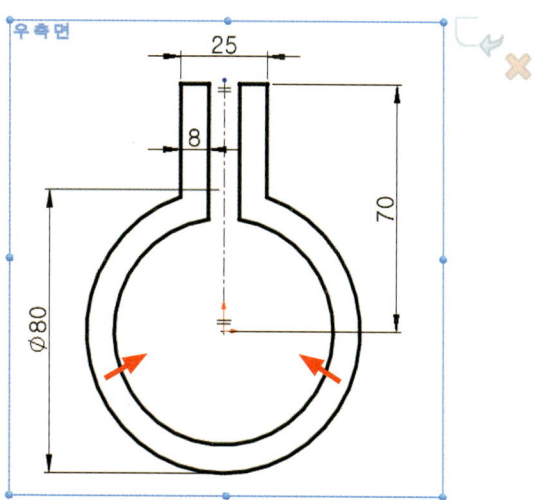

161

3 돌출 피처의 옵션은 다음과 같습니다.

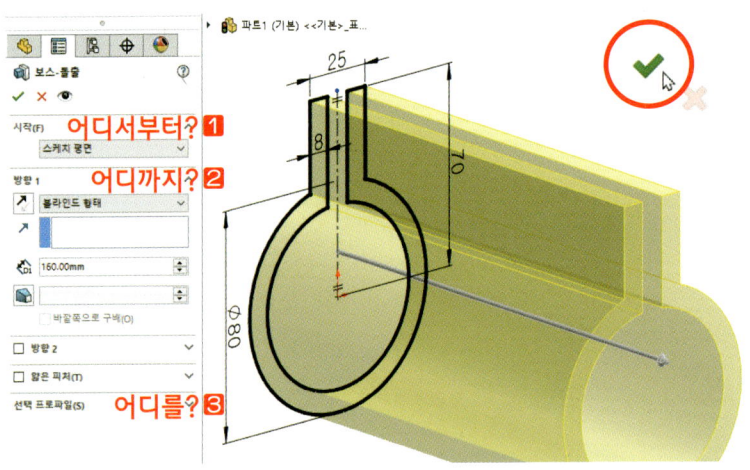

■ [시작] 어디서부터 : 스케치 평면
■ [방향] 어디까지 : 블라인드 형태 160mm
■ [선택 프로파일] 어디를 : 단일 영역이므로 자동 선택됩니다.

4 베이스 피처가 생성되었습니다. 두 번째 피처를 추가하기 위해 **정면**을 선택하고 **새로운 스케치**를 실행해 봅시다.

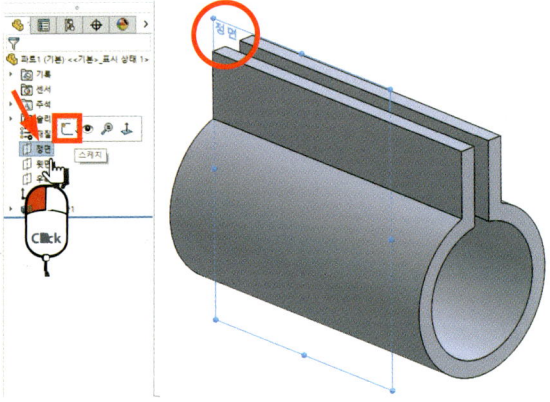

5 구멍 가공 마법사의 기계 구멍을 생성하기 위한 원통 피처의 스케치를 다음과 같이 작성합니다. 그리고 피처 도구모음에서 **돌출 피처**를 실행합니다.

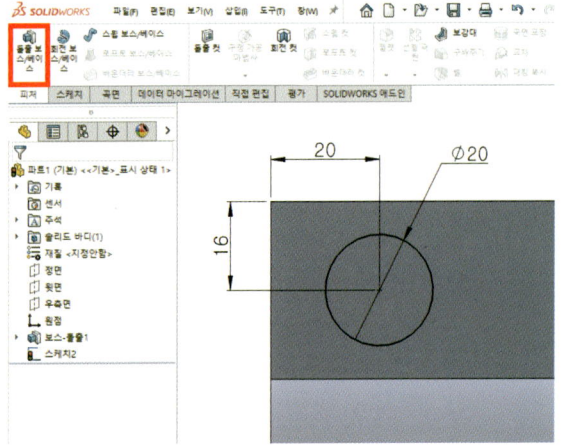

6️⃣ 스케치가 정가운데 작성되어 있지만 생성해야 할 피처는 다음과 같이 베이스 피처에 연결되어야 하므로, 방향 옵션을 다음과 같이 설정해 줍니다.

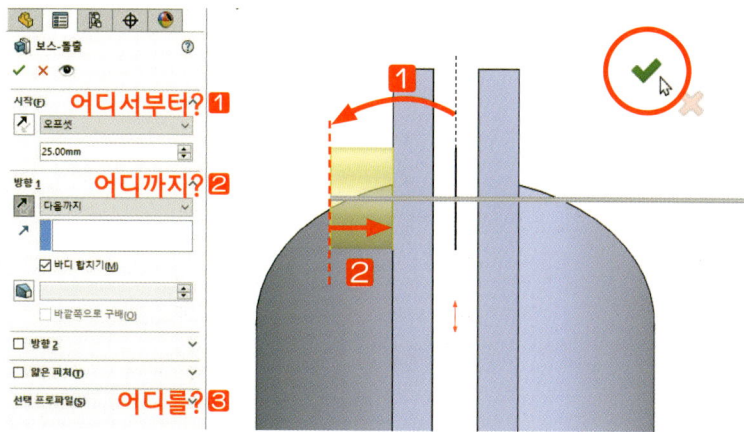

1️⃣ [시작] 어디서부터 : 오프셋 25mm
2️⃣ [방향] 어디까지 : ➡ 다음까지 (피처 방향으로 향하도록 조정합니다.)
3️⃣ [선택 프로파일] 어디를 : 단일 영역이므로 자동 선택됩니다.

7️⃣ 두 번째 피처가 추가 생성되었습니다. 도면을 한번 살펴 볼까요? 도면을 자세하게 살펴보지 않으면 **먼저 작성해야 할 피처와 나중에 작성해야 할 피처의 순서를 잘못 지정**하여 작업과정이 복잡해지거나, 형상 오류를 만들게 될 수도 있습니다.

앞 뒤 형상을 비교했을 때, 원통 피처는 앞뒤 대칭이지만 기계 구멍은 서로 다른 규격이므로, 원통 피처를 먼저 생성한 후에 개별 기계 구멍을 작성한 후에 선형 패턴으로 형상을 복사하는 순서가 올바른 작업 순서입니다.

피처 대칭복사 도구를 사용해서 반대편에 원통 피처를 먼저 추가해 봅시다.

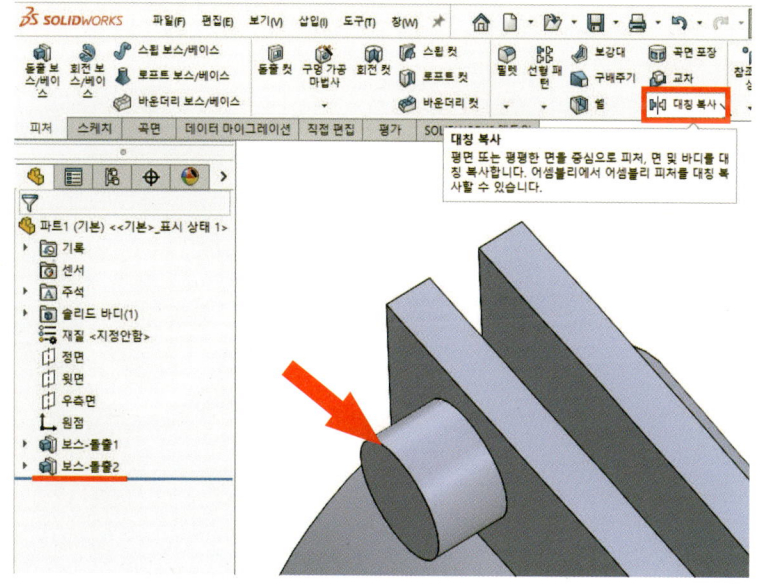

8 대칭해야 할 피처는 전체의 형상이 아닌 **낱개의 피처 단계**이므로 다음과 같이 **측면의 디자인 트리 패널을 확장**하고 대칭할 **기준 평면¹** 과 대칭할 **낱개의 피처 단계²**를 선택해 줍니다.

주의) 솔리드웍스의 특정 하위 버전의 경우 대칭 복사에 오류가 발생할 경우 옵션- 기하 패턴 항목을 체크하면 발생하는 오류를 해결할 수 있습니다.

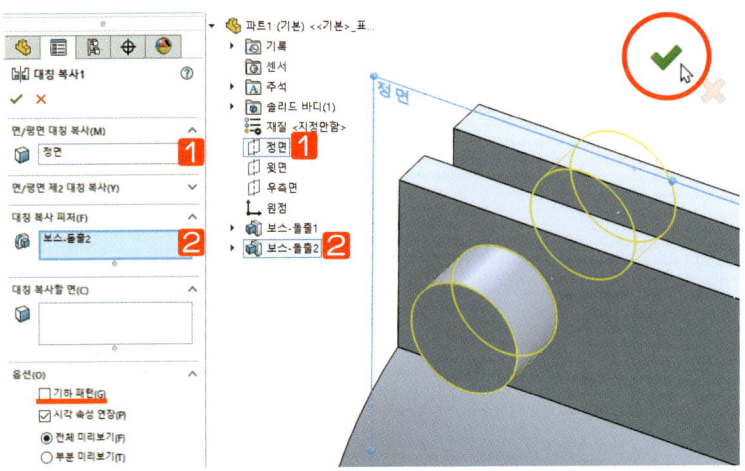

1 [기준] 대칭의 기준 : 중간 평면 - 정면
2 [대칭 복사 피처] 대칭할 요소 : 낱개 - 돌출 피처 2

9 대칭복사 도구로 반대편에도 원통 피처가 생성되면, **구멍 가공 마법사** 도구를 사용해서 다음 규격에 맞추어 **첫 번째 기계 구멍 - 카운터싱크 구멍**을 작성해 줍니다.

1 유형 : 카운터싱크 KS B 1023 납작머리 작은나사 M6 다음까지(기타 옵션 없음)
2 위치 : 원통 피처의 중심에 작성합니다.(동심 구속조건)

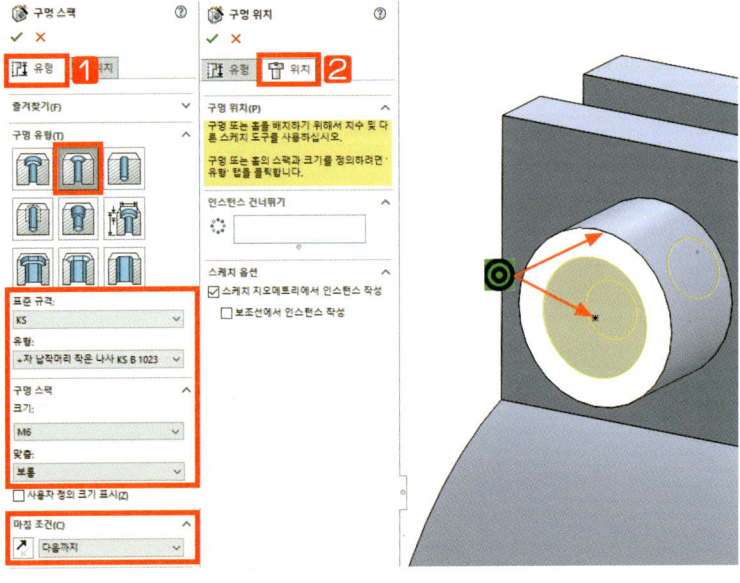

10 두 번째 기계 구멍은 **나사산 탭** 구멍입니다. 생성되는 탭 구멍은 반대편 피처에 생성되어야 하므로, 구멍의 위치를 선택할 때 지정할 평면을 다음 평면으로 선택합니다.

① 유형 : KS 탭 구멍 M6 관통 (나사산 속성표시 체크)
② 위치 : 본체의 안쪽 평면을 선택한 후, 첫번째 구멍과 동심 구속조건으로 배치

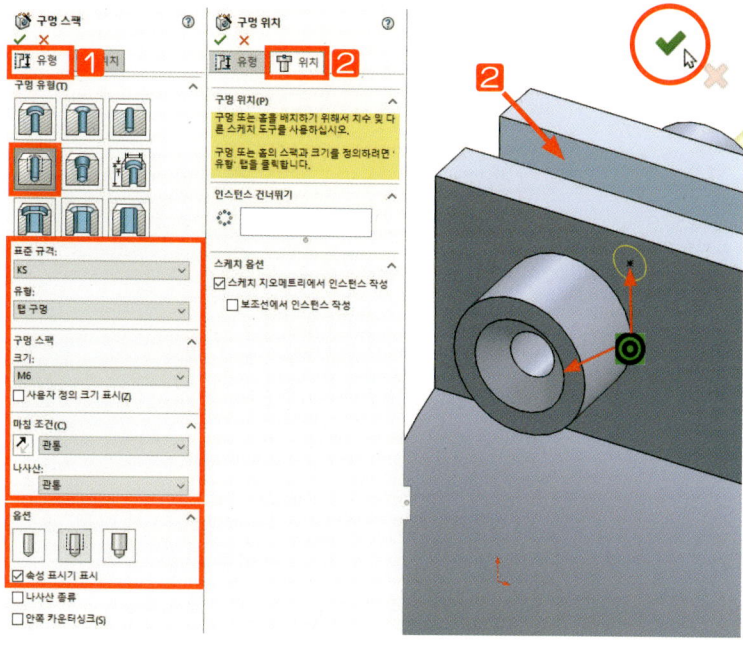

11 디자인트리를 살펴 봅시다. 총 4단계에 걸쳐 **두 가지 종류의 기계 구멍 피처와 원통 피처**가 생성되었습니다.

생성된 형상을 같은 간격으로 3개를 추가 생성해야 한다면, **피처 선형 패턴** 도구를 사용하면 손쉽게 추가 피처를 복사할 수 있겠죠?

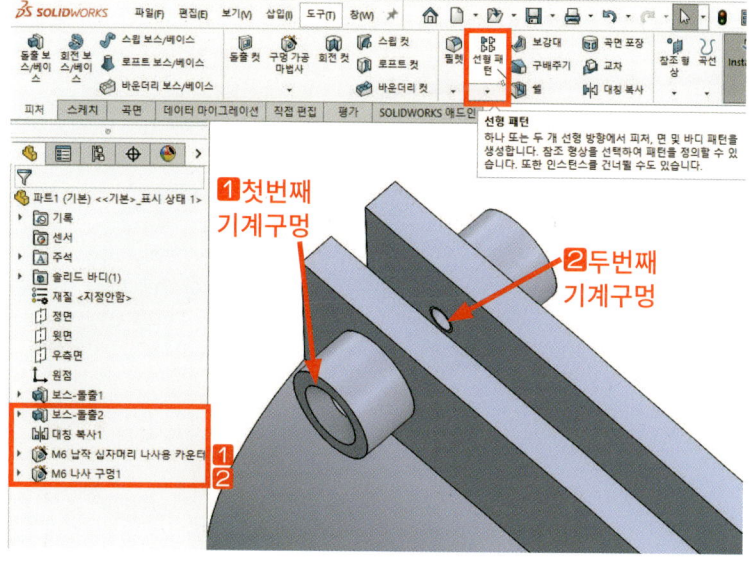

12 선형 패턴 역시 전체의 형상이 아닌 **피처 단계만 복사**해야 하므로, 다음과 같이 **측면의 디자인트리 패널을 확장**하고 **대칭의 기준으로 사용할 방향의 직선 모서리선[1]**과 낱개의 피처 단계[2]를 선택해 줍니다.

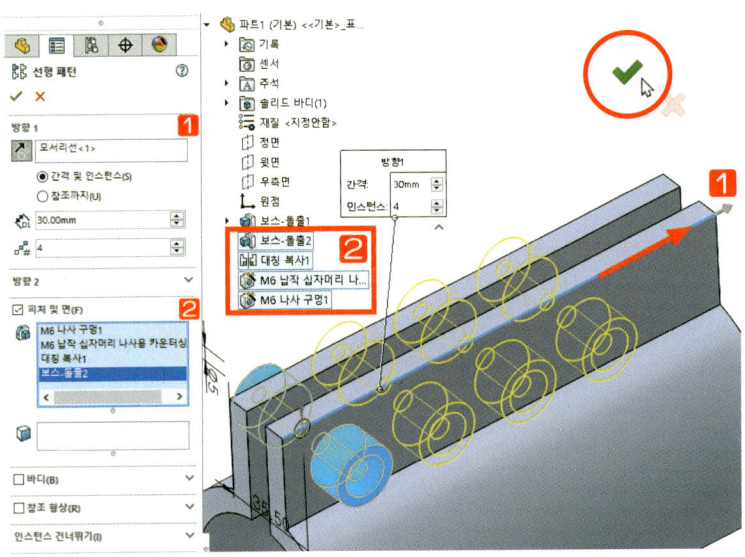

[1] [기준] 패턴할 기준 : 패턴할 방향의 모서리선을 선택하고 패턴 방향을 조정합니다.
간격 및 인스턴스 / 간격 30mm / 개수 4개 (원본 포함 총 개수)

[2] [패턴 복사 피처] 패턴할 요소 : 낱개 - 4개의 피처를 선택합니다.

13 선형 패턴 피처 도구를 사용해서 간단하게 형상이 복사되었습니다. 이제 세번째 기계 구멍을 작성하기 위한 추가 피처를 덧붙여 봅시다.

피처의 상단 평면을 선택하고 **새로운 스케치**를 작성해 봅시다.

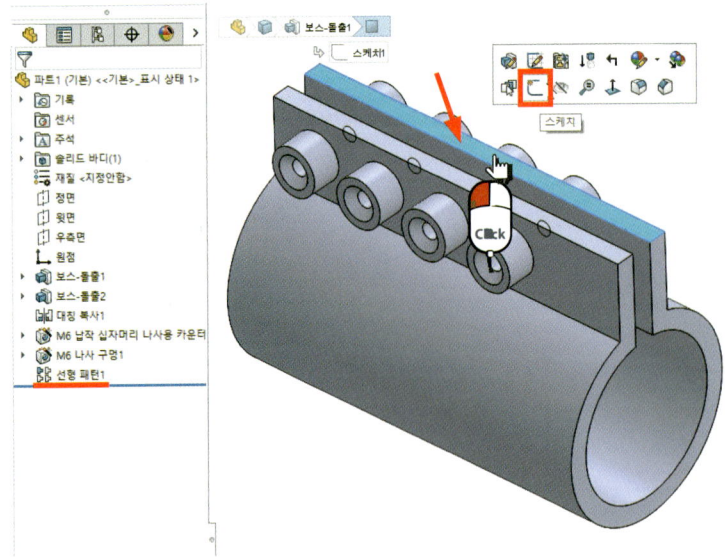

14 다음과 같이 양쪽에 **반원 스케치**를 작성한 후, 본체 방향으로 채워지도록 **돌출 피처**를 생성해 봅시다. 옵션은 다음과 같습니다.

1 [시작] 어디서부터 : 스케치 평면
2 [방향] 어디까지 :
   다음까지 ↓ (피처 방향으로
   향하도록 방향을 조정합니다.
3 [선택 프로파일] 어디를 :
   피처 영역이 자동 선택됩니다.

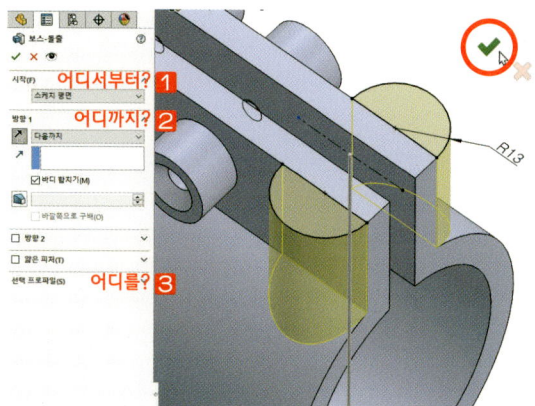

15 돌출 피처가 추가된 자리에 세 번째 기계 구멍을 생성해 볼까요? 세 번째 구멍은 **카운터보어** 구멍입니다.

피처 도구모음에서 **구멍 가공 마법사** 도구를 실행합니다.

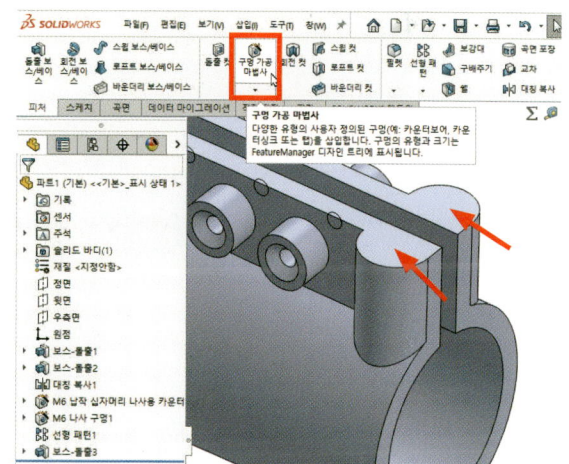

16 카운터보어 구멍의 유형과 위치는 다음과 같습니다.

1 유형 : 카운터보어 KS B 1002
육각머리볼트 C등급 M5 다음까지
(기타 옵션 없음)

2 위치 : 반원 피처의 중심에 작성합니다.(동심 구속조건)

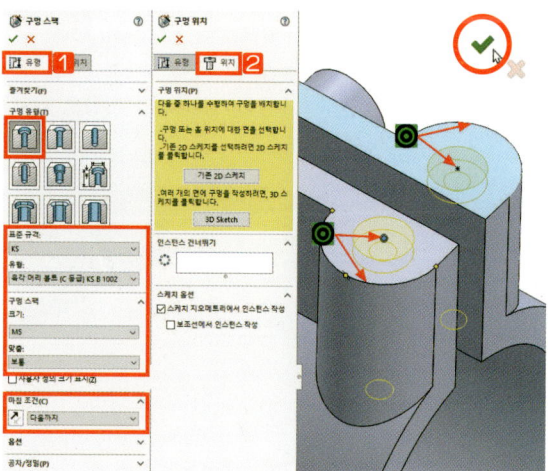

167

[TIP] 자주 쓰는 기계 구멍은 즐겨찾기로 !

설계 작업에 있어서 기계 구멍 작업 - 구멍 가공 마법사 도구는 빈번하게 사용하는 필수 도구입니다. 그러나 매번 규격과 유형을 설정하거나 규격 이외의 크기로 구멍을 작성해야 할 경우에는 필요하지만, 때로는 번거롭게 느껴지는 도구이기도 합니다.

이런 경우에는 **자주 사용하는 규격 구멍을 즐겨찾기로 등록**[1]해 놓으면 매번 구멍의 속성값을 설정할 필요없이 곧바로 기계 구멍을 작성할 수 있습니다. 또한, **별도의 데이터 파일로 저장한 후 불러오기**[2] 하면 컴퓨터를 초기화 하거나, 다른 작업자와 구멍 속성값을 공유할 수 있어 업무 협업에 큰 도움이 됩니다.

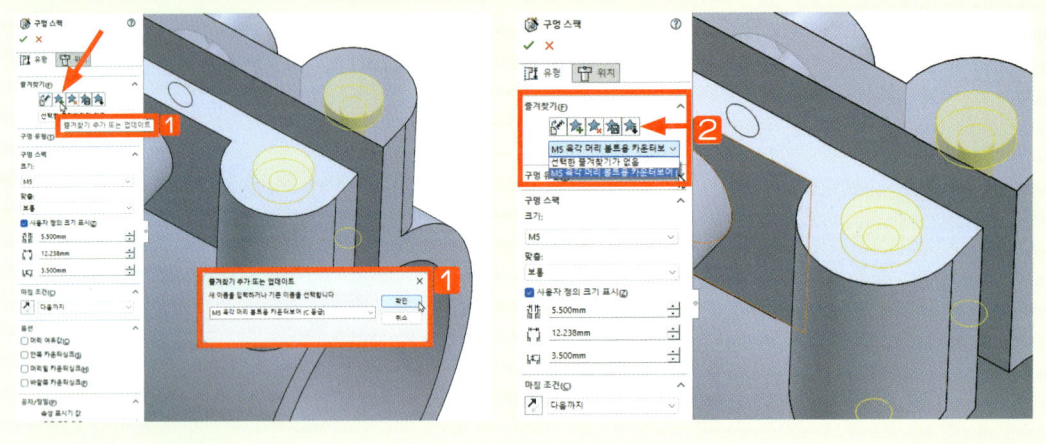

17 마지막 피처를 추가해서 두 번째 응용 각면 예제를 완성해 봅시다. **피처의 곡면에는 새로운 스케치를 작성할 수 없으므로**, 디자인트리에서 **정면**을 선택하고 **새로운 스케치**를 실행합니다.

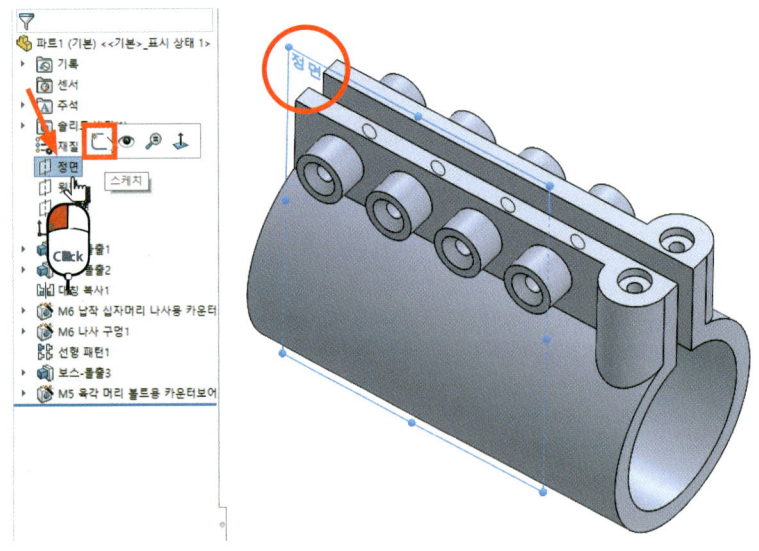

18 다음과 같이 **대칭하는 직선 홈 스케치**를 작성한 후, **돌출 컷 피처**로 깎아내 봅시다. 이 때, 작성한 스케치는 본체의 정가운데에 있으므로, 반드시 **양쪽 방향으로 깎아내도록 마침 옵션**을 설정해야 합니다.

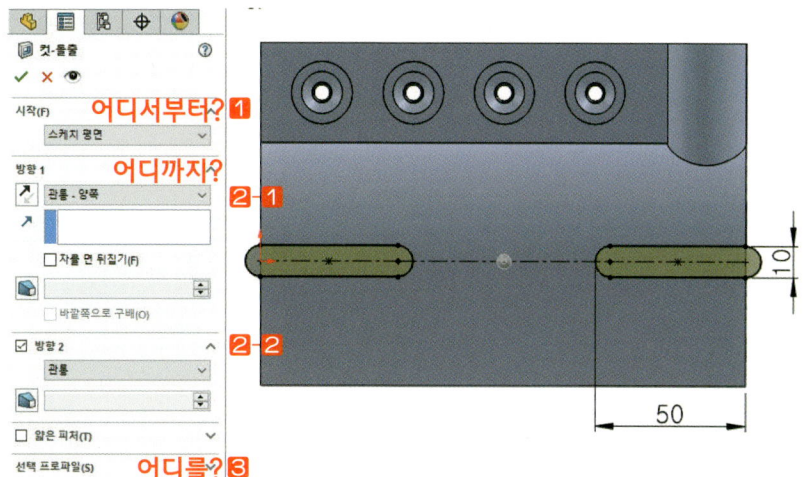

1 [시작] 어디서부터 : 스케치 평면
2 [방향] 어디까지 : ⟷ 관통 - 양쪽 (방향1/ 방향2 가 자동 입력됩니다.)
3 [선택 프로파일] 어디를 : 단일 영역이므로 자동 선택됩니다.

19 두 번째 응용 각면 예제가 완성되었습니다. 디자인트리에서 **재질** 항목을 우클릭하여 **구리 합금 - 황동 (BRASS)** 재질을 입력하고 **질량**을 측정해 봅시다. **(3261.30g)**

이처럼 **패턴 도구와 대칭 도구**를 사용하면 여러분의 작업 과정이 보다 간결해지고, 설계가 변경되더라도 쉽게 수정할 수 있다는, 단점보다 장점이 많은 도구이므로 다양한 작업에 활용해 보시기 바랍니다.

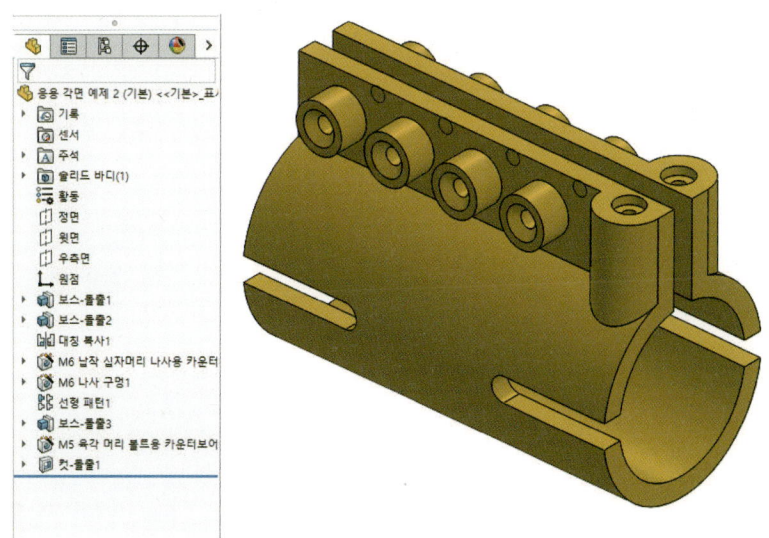

03 응용 각면 연습문제

여러분의 실력 향상을 위해 다양한 형상의 연습 도면을 준비했습니다. 약간 독특하면서도 너무 어렵지 않은 도면들로 준비했습니다. 모델링을 완성하고 재질을 입력해서 질량을 맞춰봅시다.

1

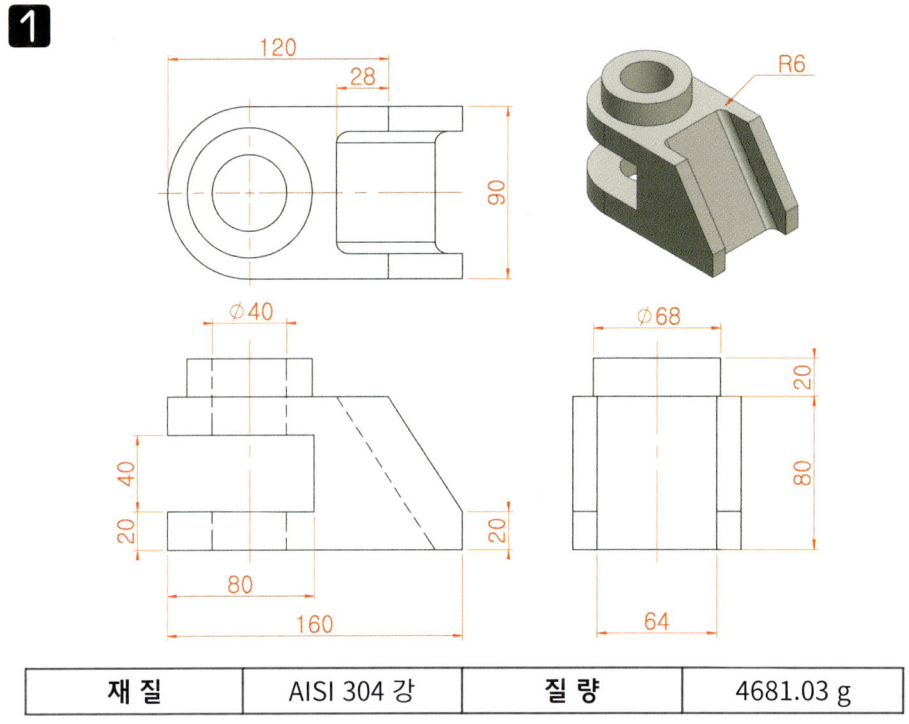

| 재 질 | AISI 304 강 | 질 량 | 4681.03 g |

2

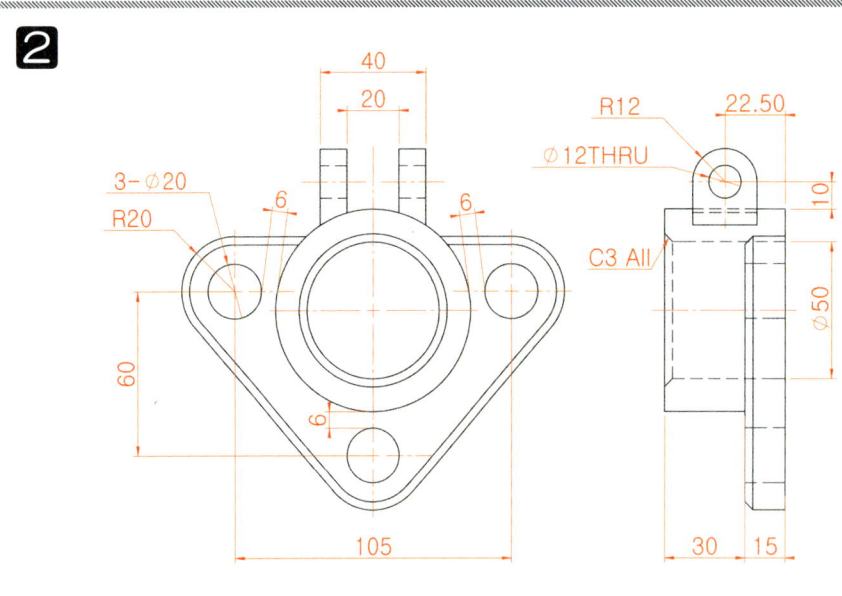

지시없는 모따기 C3

| 재 질 | 주조탄소강 | 질 량 | 1430.10 g |

3

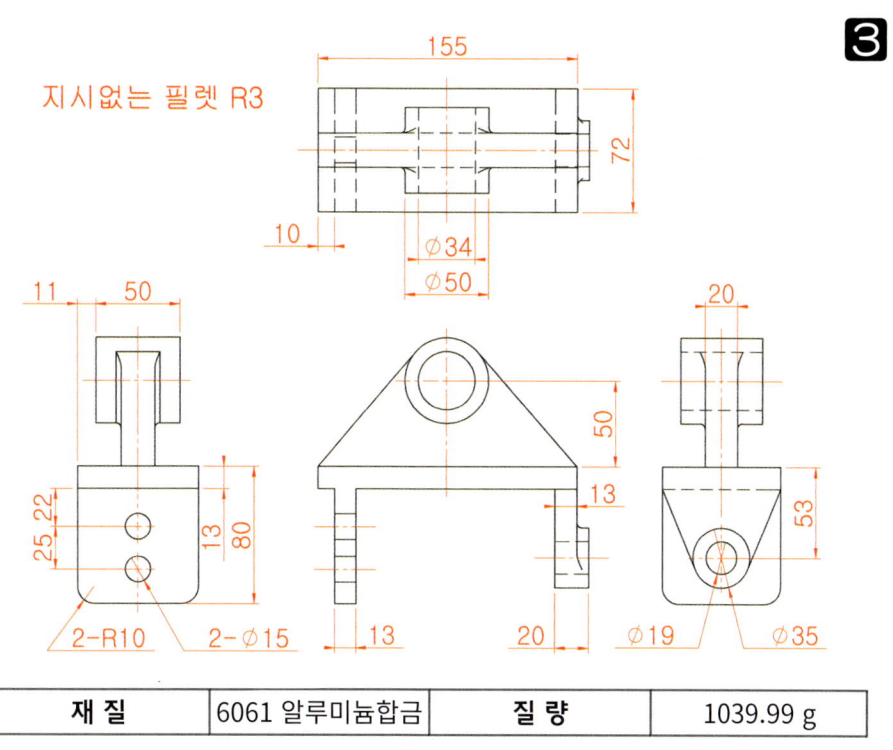

| 재 질 | 6061 알루미늄합금 | 질 량 | 1039.99 g |

4

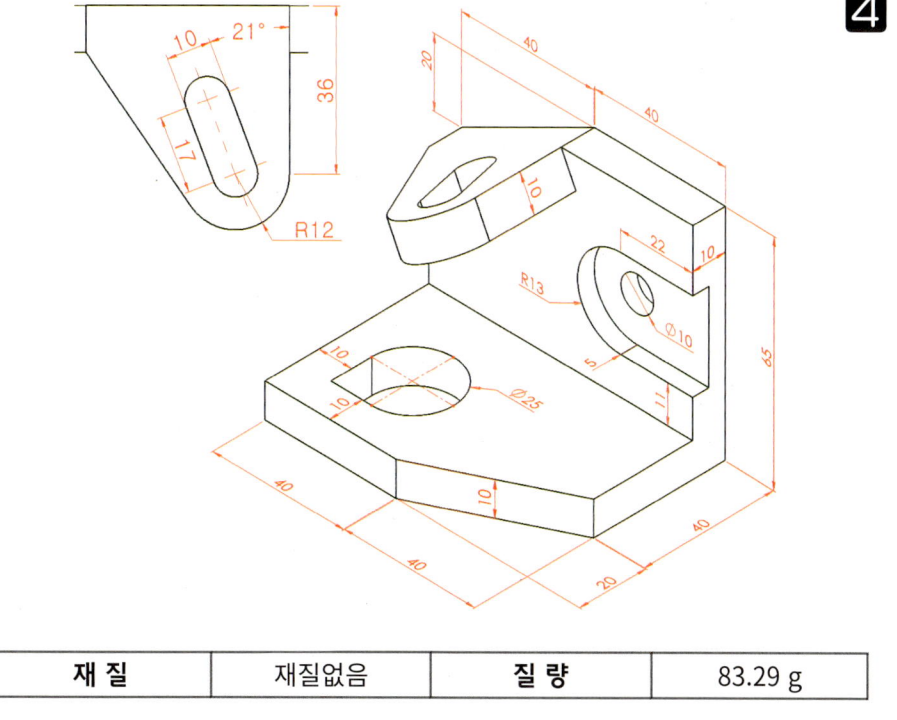

| 재 질 | 재질없음 | 질 량 | 83.29 g |

5

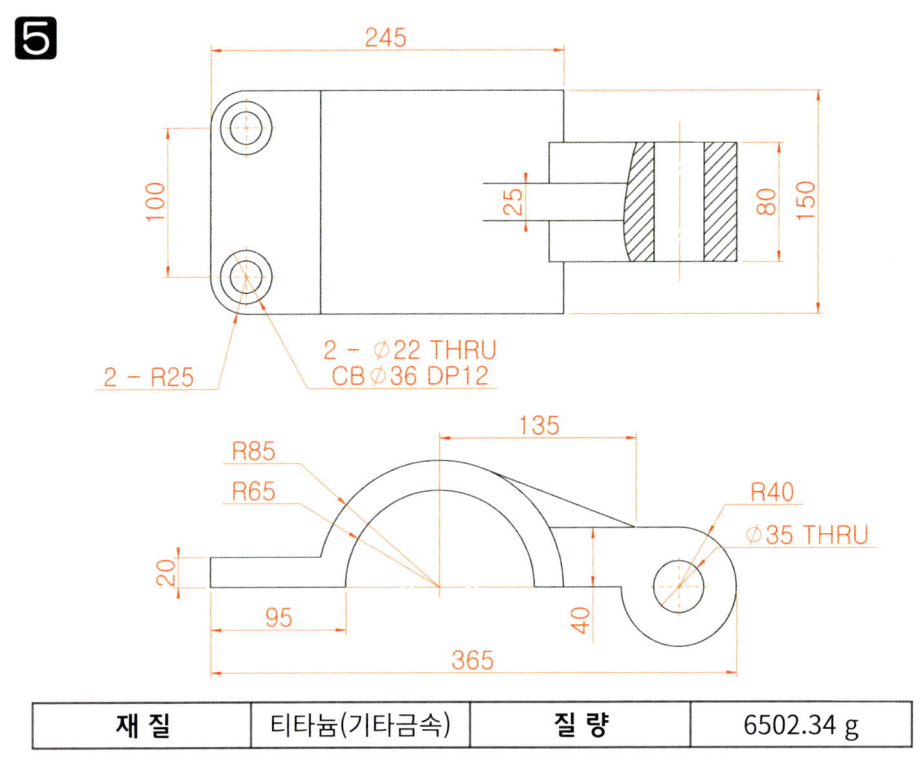

| 재 질 | 티타늄(기타금속) | 질 량 | 6502.34 g |

6

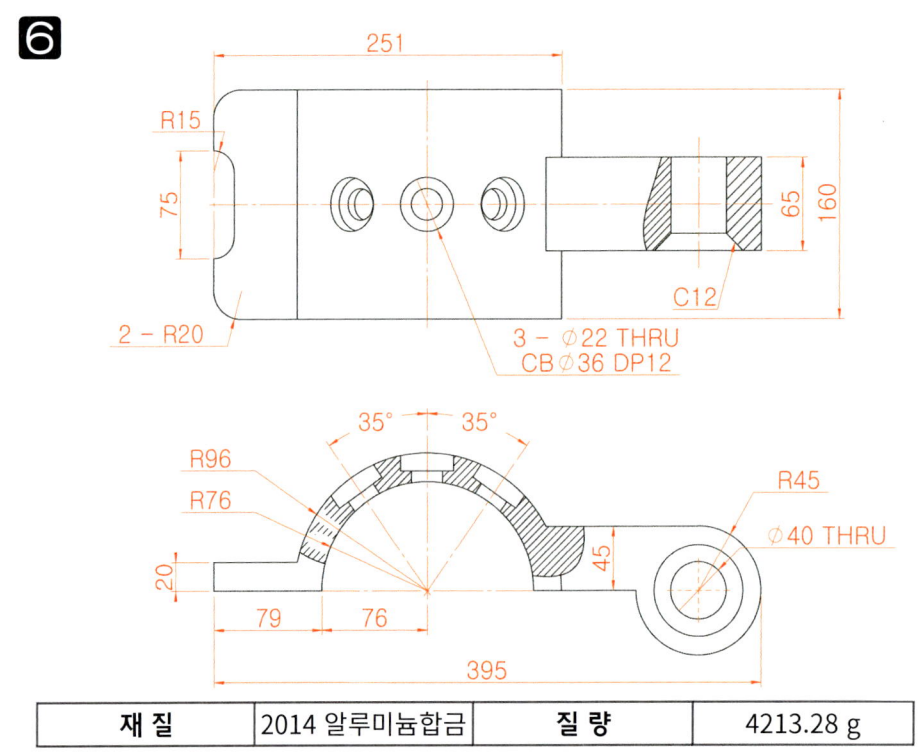

| 재 질 | 2014 알루미늄합금 | 질 량 | 4213.28 g |

7

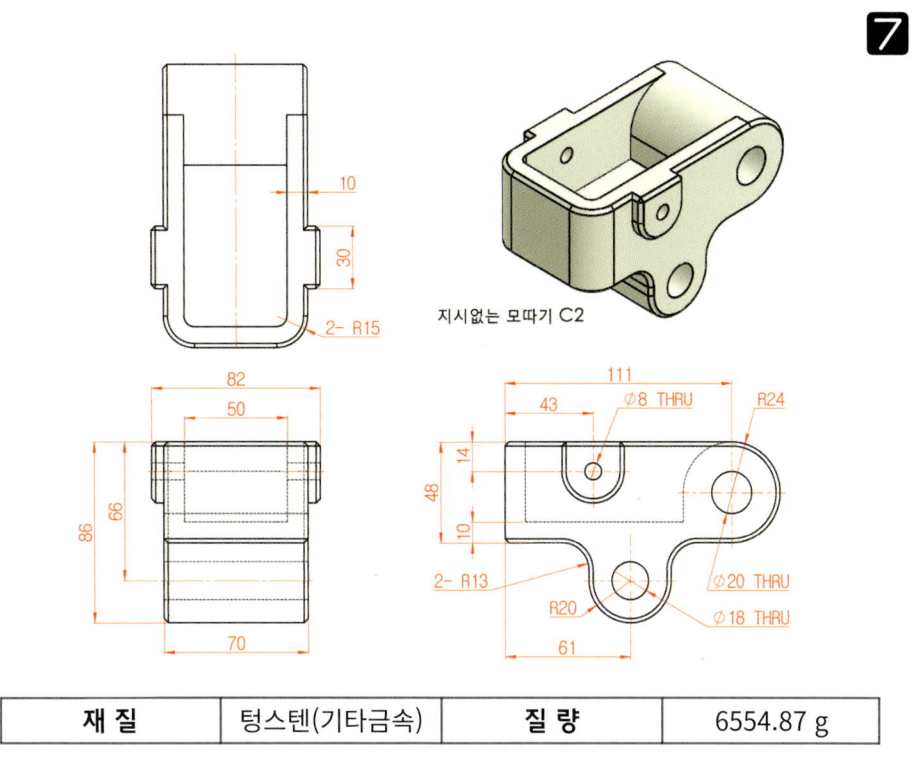

지시없는 모따기 C2

| 재 질 | 텅스텐(기타금속) | 질 량 | 6554.87 g |

8

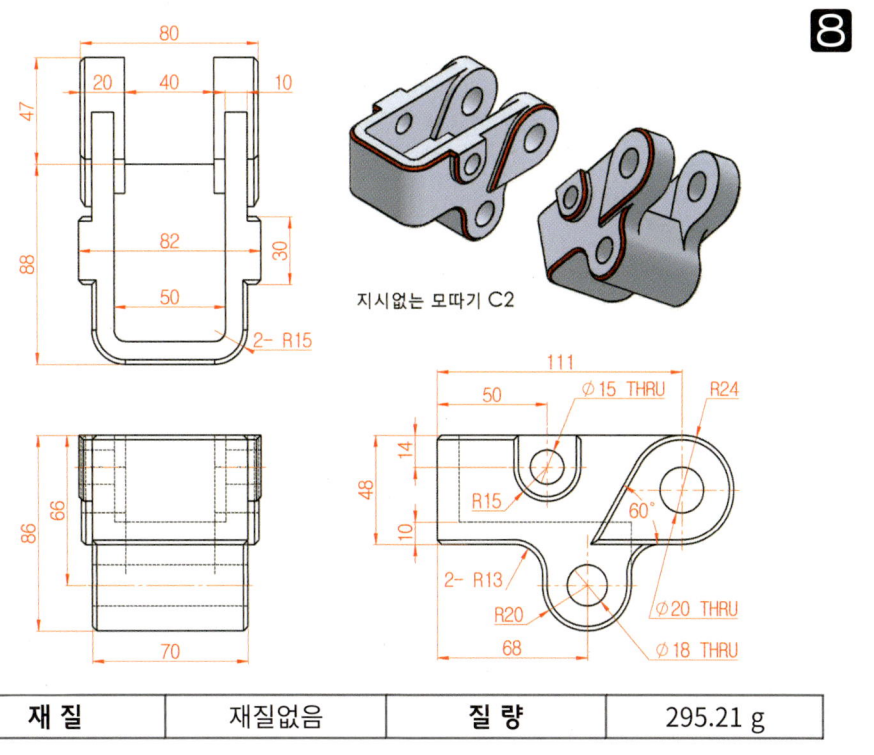

지시없는 모따기 C2

| 재 질 | 재질없음 | 질 량 | 295.21 g |

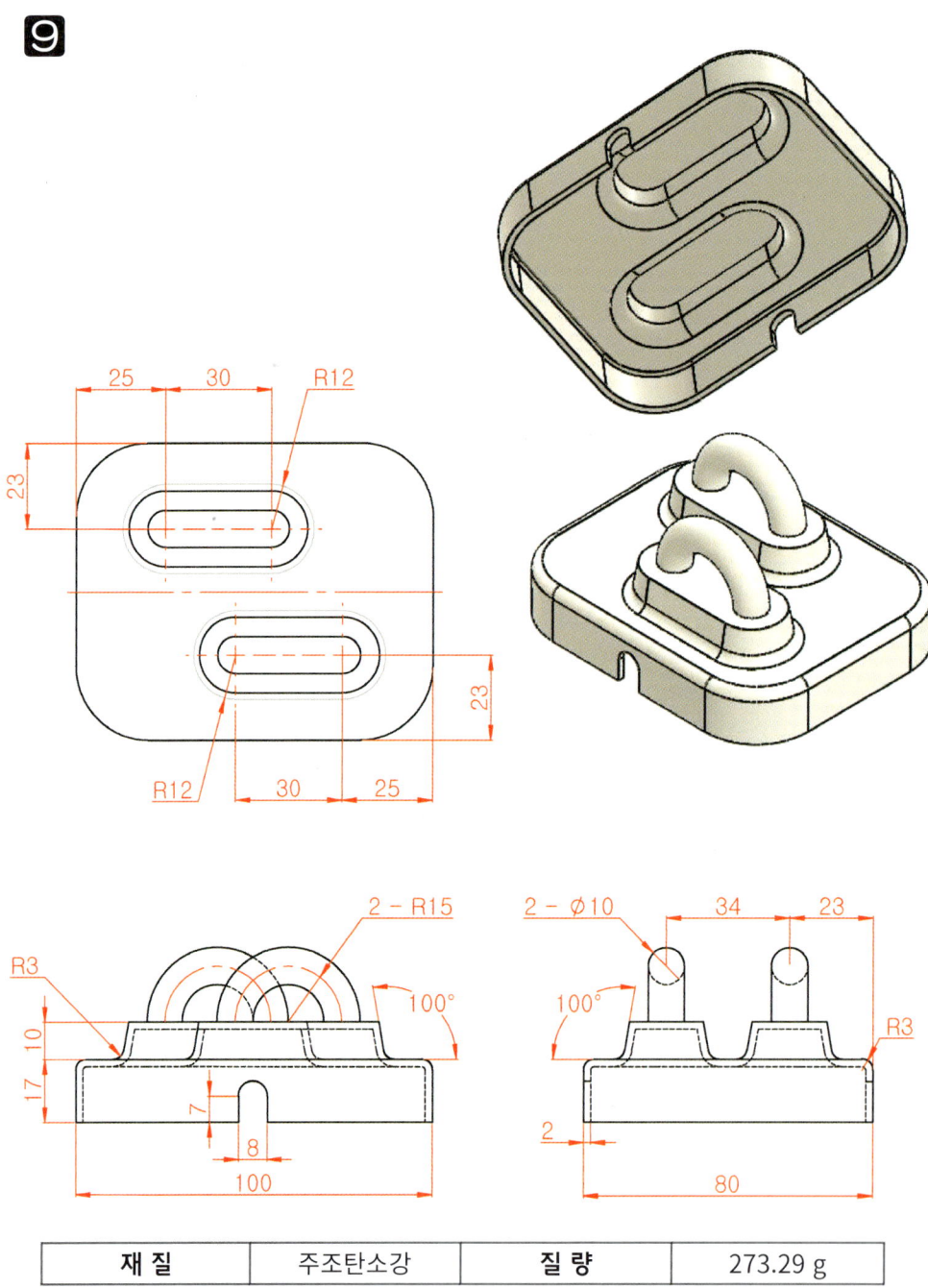

chapter 10
파트 3단계
솔리드곡면

01 회전 피처 개념정리
02 솔리드 회전 예제
03 솔리드 회전 연습문제
04 스윕 피처 개념정리
05 솔리드 스윕 예제

06 솔리드 스윕 연습문제
07 로프트 피처 개념정리
08 솔리드 로프트 예제
09 솔리드 로프트 연습문제
10 종합 연습문제

01 회전 피처 개념정리

<mark>회전 피처</mark>는 <mark>중심선을 기준으로 작성한 단면을 일정 각도만큼 회전</mark>시켜 <mark>원형 피처를 생성</mark>하는 도구입니다. 아래 그림 하나로 회전 피처가 어떻게 만들어지는지 살펴 봅시다.

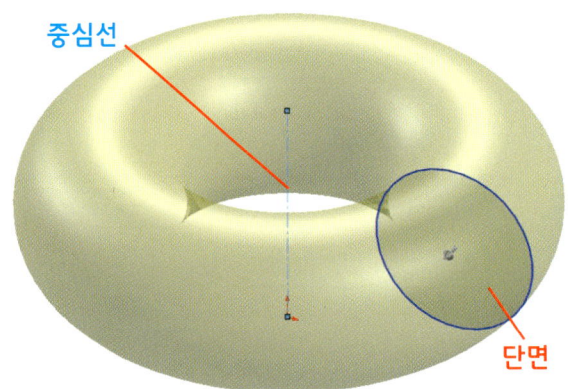

회전 피처는 **솔리드 회전/ 곡면 회전** 도구로 나누어지며, 솔리드 회전 피처의 경우 회전(+) 회전컷(-) 피처로 나누어져 있습니다. 옵션 구성은 동일합니다.
회전 피처는 3요소를 모두 사용하여 생성하며, 다음의 세 가지 주의사항이 있습니다.

① 회전의 중심으로 사용할 중심선이 반드시 작성되어 있어야 합니다
② 경우에 따라 중심선 또는 피처의 모서리선, 스케치선 모두 회전의 중심으로 사용할 수 있습니다.
③ 곡선은 회전의 기준으로 사용할 수 없습니다.

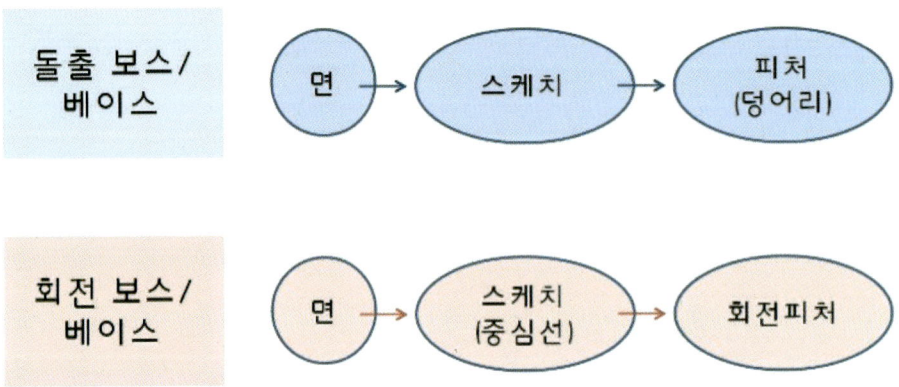

즉, 회전 피처 작업을 한 문장으로 정리하면 <mark>중심축으로 회전</mark>이라고 할 수 있겠습니다.

02 솔리드 회전 예제

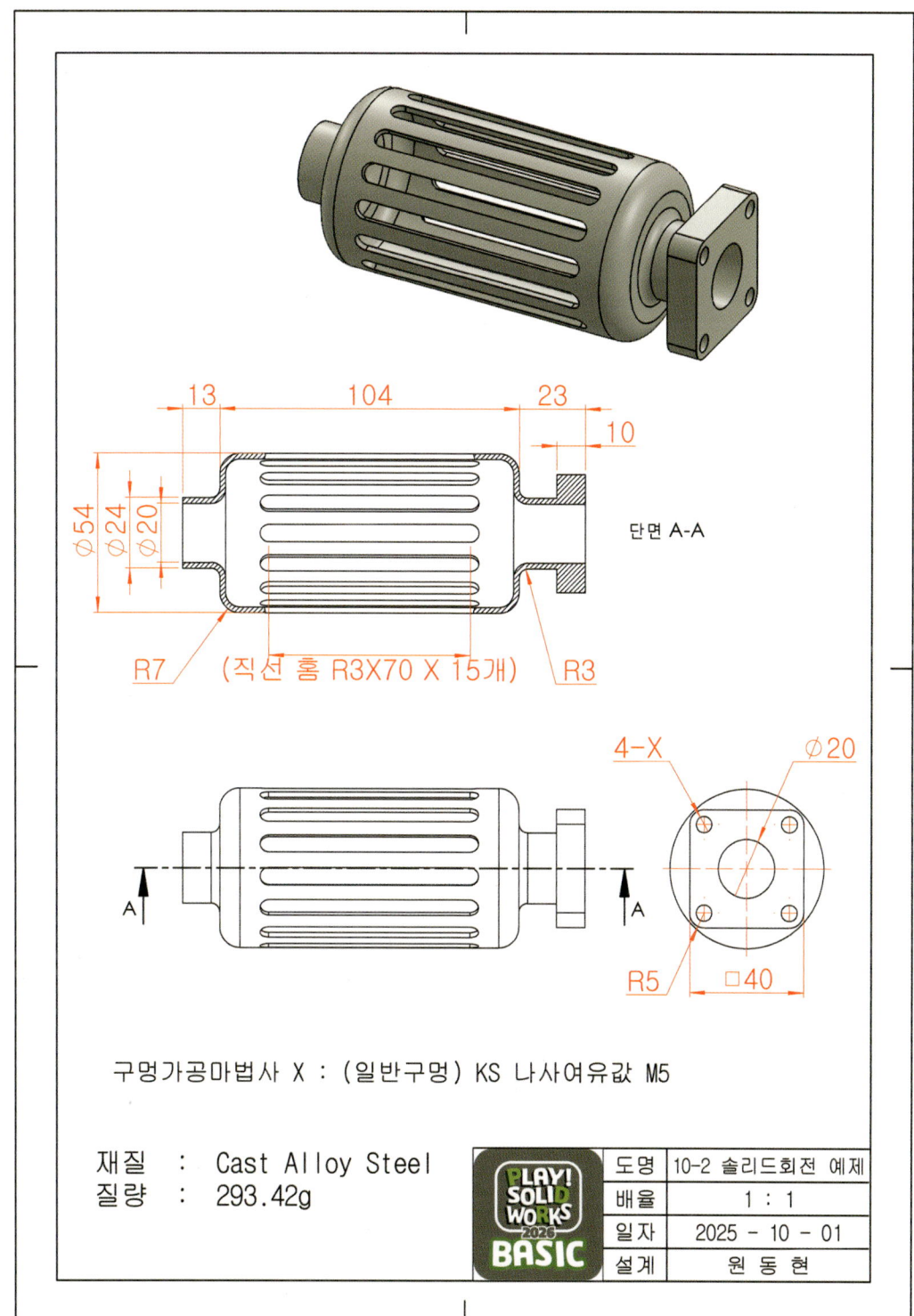

풀이과정

1. 솔리드 회전 예제 도면을 다시 한번 살펴볼까요? 이전 단원에서 학습한 대로, 세 가지 질문에 맞추어 작업 계획을 세워 봅시다.

   ① 플러스 방식과 마이너스 방식 중 어떤 방식으로 만들 것인가?
   ② 가장 먼저 만들어야 할 형상은 무엇인가?
   ③ 첫번째 형상을 만들기 위해 어떤 면에 어떤 스케치를 그릴 것인가?

   저자는 **회전 피처로 전체 형상을 만든 후에 직선 홈 구멍을 깎아내고 원형 패턴으로 복사하는 마이너스 방식**으로 작업 계획을 세웠습니다. 작업 계획에 맞추어 예제를 완성해 봅시다.

   새 파트 문서를 실행하고 **정면**에 다음의 **단면 스케치**를 작성합니다. **스케치 대칭복사** 도구를 사용하면 보다 쉽게 스케치를 작성할 수 있으며, **두 군데 가로 치수만 먼저 입력해 줍니다.**

   참고) 보조선 스케치는 용도가 다르므로, 두 개를 작성하여 사용합니다.

   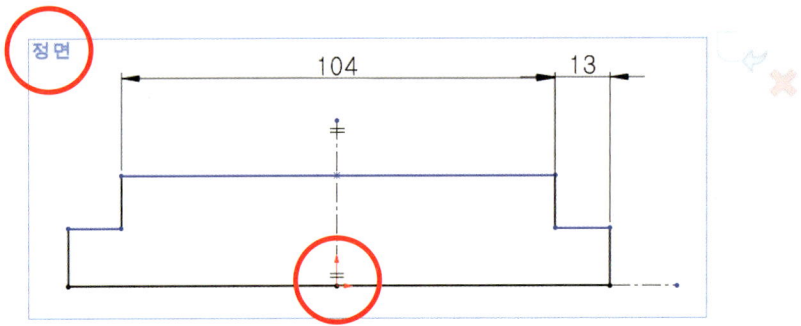

2. 회전 피처 작업에서 가장 중요한 포인트가 있다면 바로 **지름 치수**를 작성하는 방법입니다. 다음과 같이 **중심선을 기준으로 선과 선 요소를 선택한 상태에서 마우스 커서를 중심선 너머로 넘기면 다음과 같이 지름 치수로 자동 변환**됩니다.

   주의) 실선과 실선으로는 지름 치수로 변경되지 않으므로 반드시 보조선을 중심으로 선택해야 지름 치수를 작성할 수 있습니다.

   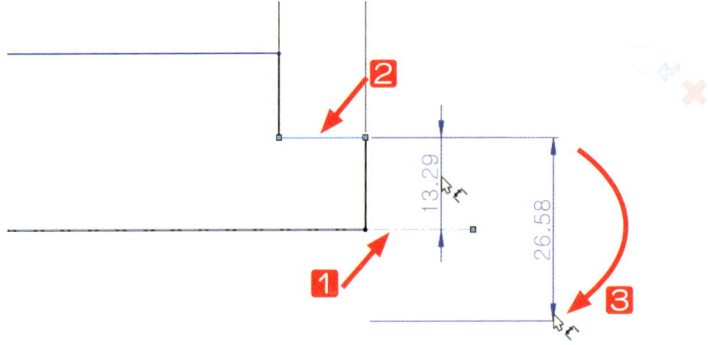

3 다음 도면을 따라 스케치를 완성한 후, 피처 도구모음에서 **회전 피처** 도구를 실행합니다.

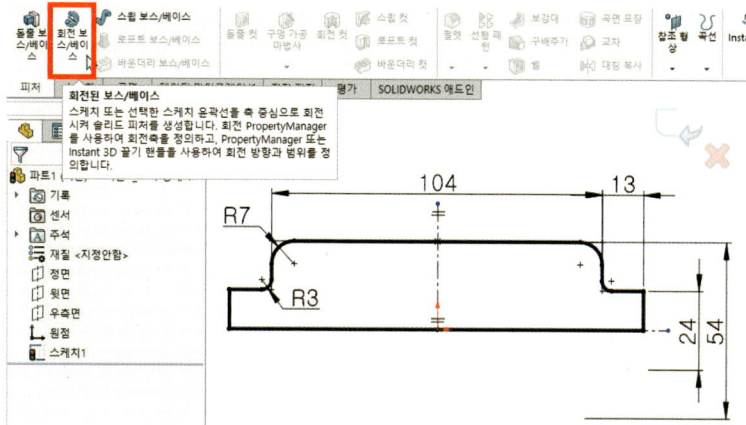

4 회전 피처의 옵션은 상대적으로 간단합니다. **회전의 기준**과 **각도**를 입력하면 다음과 같이 회전 피처의 미리보기가 표시됩니다.

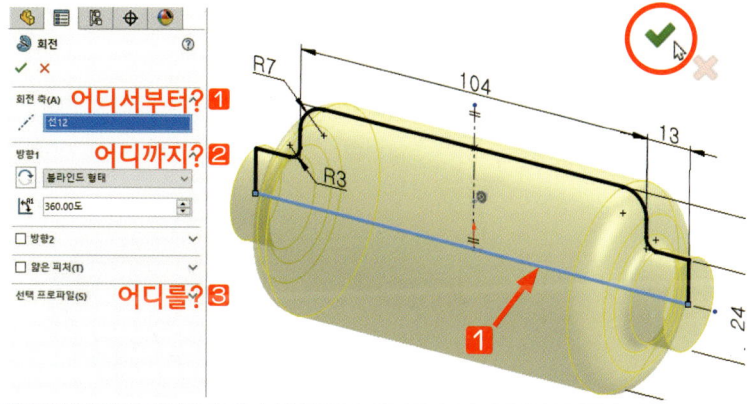

1 [회전 축] 회전의 기준 : 가로 중심선 (실선/ 보조선 모두 사용가능합니다.)
2 [방향] 어디까지 : 블라인드 형태, 360°
3 [선택 프로파일] 어디를 : 단일 영역이므로 자동 선택됩니다.

5 **첫번째 베이스 피처**가 완성되었습니다. 두 번째 단계로, **쉘 피처** 도구를 사용해서 내부를 비워 얇은 벽 상태로 만들어 봅시다.

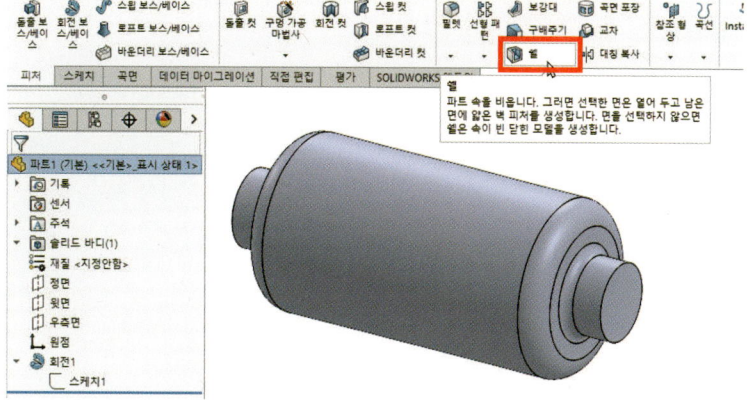

179

6 쉘 도구를 실행하면 미리보기가 표시되지 않으므로, 옵션에서 **미리보기 표시** 항목을 체크해 줍니다.[2] 그리고 개방형 형상이 되도록 **제거할 면**에 피처의 양쪽 끝단을 선택합니다.[1] 미리보기를 확인한 후, 확인 아이콘을 선택합니다.

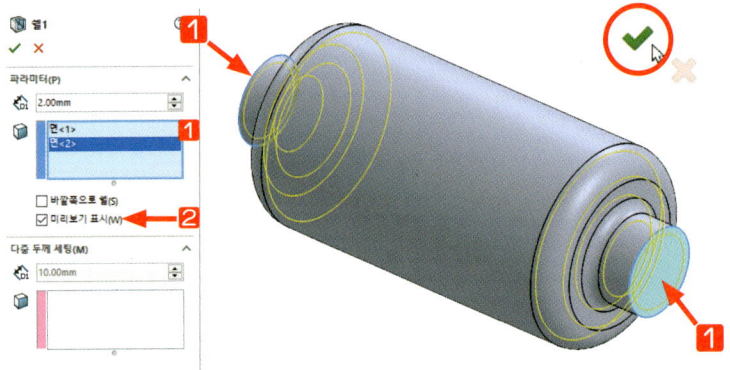

7 쉘 피처를 추가한 후의 내부를 살펴볼까요? **빠른 보기** 도구모음에서 **단면도**를 실행하면 지정한 평면으로 파트를 나누어 내부를 살펴볼 수 있습니다.

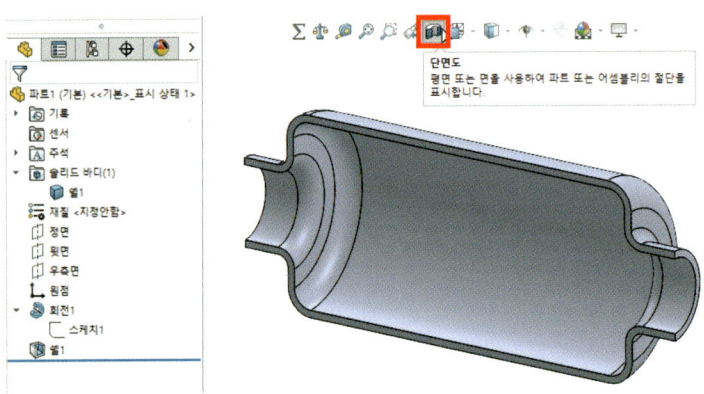

[TIP] 단면도 도구 사용하기

3D 형상 작업에 있어서 단면의 내부를 살펴보는 작업은 매우 중요합니다. 그러나 일일이 돌출 컷 등의 도구로 잘라내지 않아도 **단면도** 버튼 하나로 단면을 보고, 다시 복구할 수 있습니다.

빠른 보기 도구모음에서 **단면도** 도구를 실행해 봅시다. 왼쪽 옵션에서 평면을 선택하거나 각도로 기울어진 단면을 생성할 수 있습니다. **조정바를 드래그**해도 좋습니다.

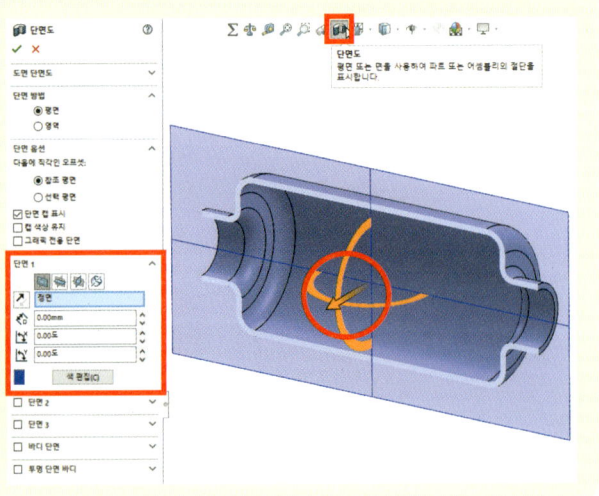

8 다시 한번 단면도 도구를 클릭해서 일반모드로 복구한 후, 세 번째 작업으로 **돌출 컷 피처**를 추가 생성해 봅시다. 이전 단원에서 설명드린 것처럼, 곡면에는 스케치를 작성할 수 없으므로 디자인트리에서 정면을 선택하고 새로운 스케치를 실행합니다.

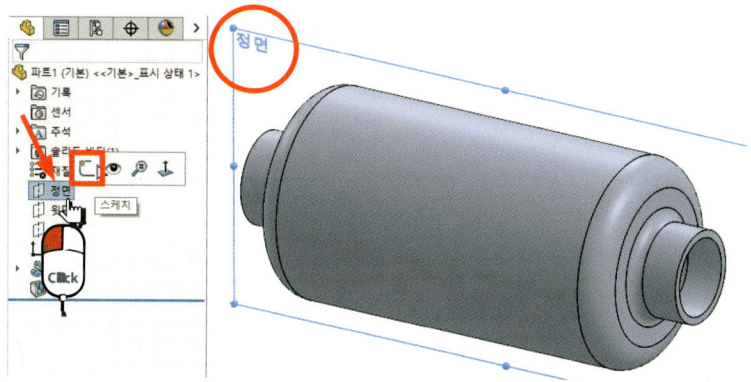

9 다음과 같이 원점을 기준으로 하는 **직선 홈 스케치**를 작성합니다. 스케치가 완전정의 상태가 되면 피처 도구모음에서 **돌출 컷 피처**를 실행해 봅시다.

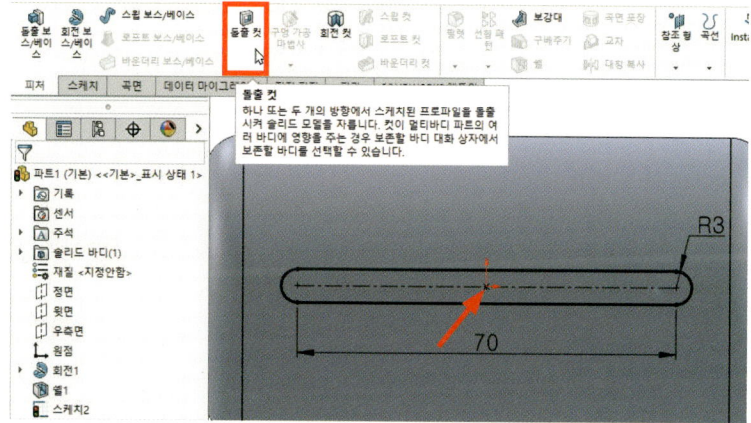

10 돌출 컷 피처의 방향이 다음과 같이 뒷편으로 향하도록 방향을 조정해 줍니다. 옵션은 다음과 같습니다.

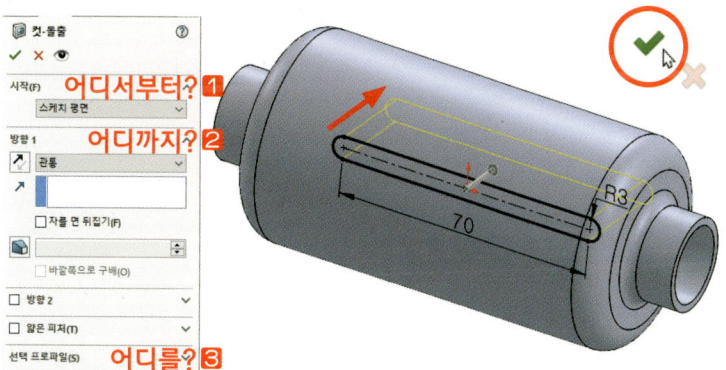

1 [시작] 어디서부터 : 스케치 평면
2 [방향] 어디까지 : 관통 (본체의 뒤쪽 방향으로 향하도록 조정합니다.)
3 [선택 프로파일] 어디를 : 단일 영역이므로 자동 선택됩니다.

1 1 돌출 컷 피처가 추가되었습니다. **생성된 직선 홈 구멍은 총 15개**가 생성되어야 하므로, 피처 도구모음에서 **원형 패턴** 도구를 사용해서 돌출 컷 피처를 복사해 봅시다.

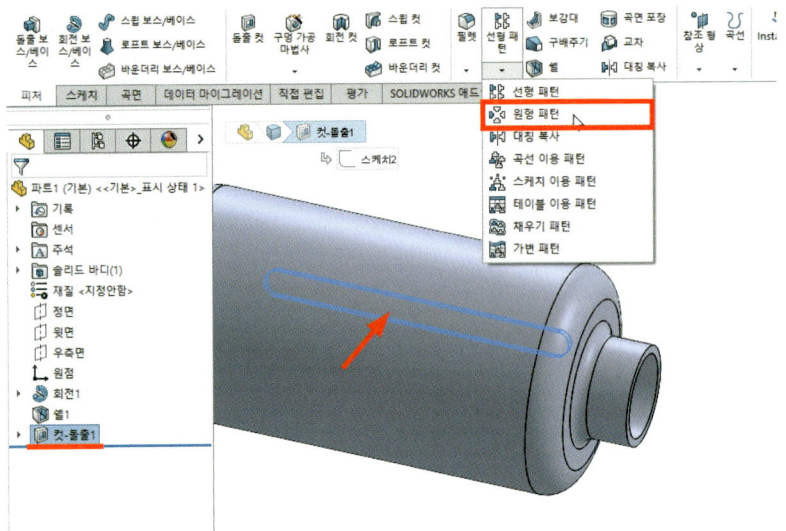

1 2 원형 패턴 도구에 사용할 기준으로 원형 피처의 중심을 사용해야 합니다. 그러나 원형 피처의 중심은 일반적으로는 표시되지 않으므로, **빠른 보기 도구모음에서 임시축을 표시 상태로 변경**해 줍니다. **이 임시축을 원형 패턴의 기준으로 선택**하여 나머지 옵션을 입력해 봅시다.

참고) 원형 패턴의 기준으로 사용하는 임시축 외에도 원형 피처의 모서리선이나 원통면을 선택해도 좋으며, 가급적 임시축을 사용하는 방법을 권장합니다.

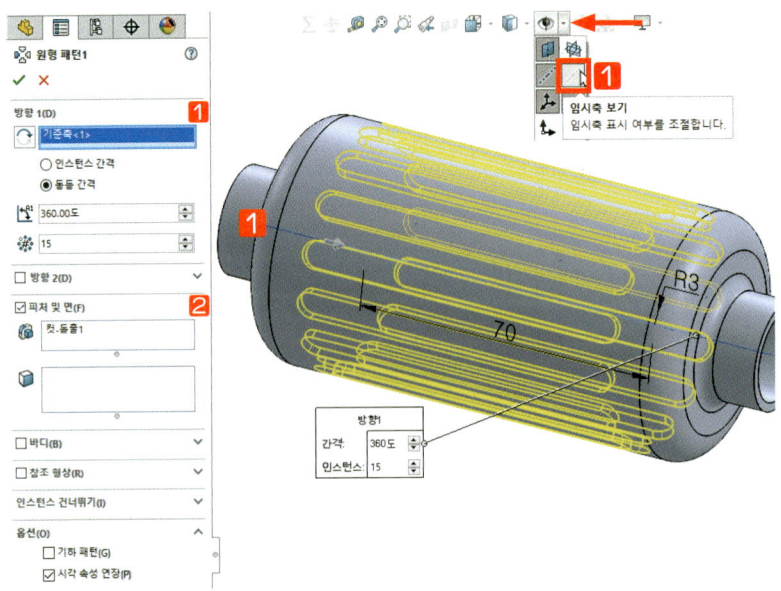

1 [기준] 패턴할 기준 : 표시된 임시축을 선택합니다. / 동등간격 360° / 15개(총 개수)
2 [대칭 복사 피처] 패턴할 요소 : 돌출 컷 피처를 선택합니다.

13 15개의 홈 구멍 피처가 추가되었습니다. 예제 도면을 확인하고 나머지 추가 생성해야 할 부분을 확인해 봅시다.

다음과 같이 **피처의 우측면**을 선택하고 **새로운 스케치**를 실행합니다.

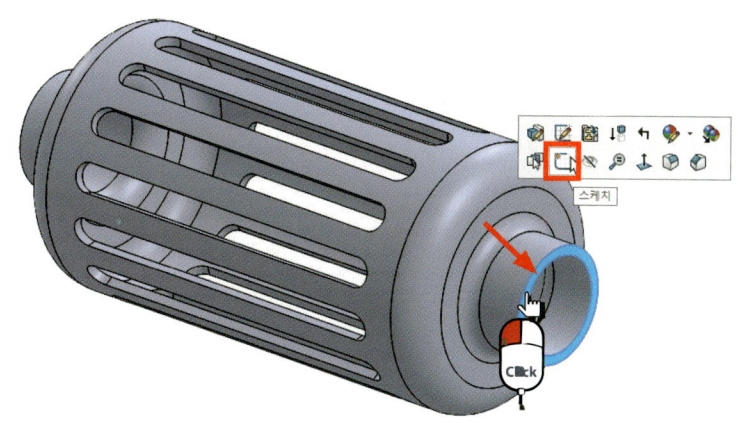

14 원점을 기준으로 다음의 **중심사각형 스케치**를 작성합니다. 표시된 부분이 누락되지 않도록 **중심원 스케치**도 작성해야 하며, 피처 필렛 대신 **스케치 필렛**으로 스케치를 완성합니다.

스케치를 완성한 후, 피처 도구모음에서 **돌출 피처**를 실행해 봅시다.

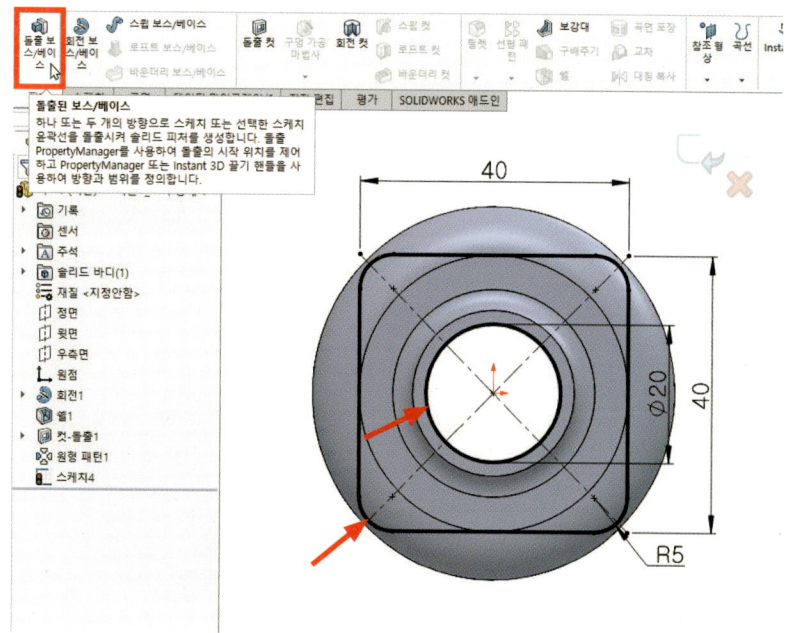

15 돌출 피처의 옵션은 다음과 같습니다. 기존 피처와 겹치지 않도록 미리보기를 확인하며 **돌출 방향에 유의**합니다.

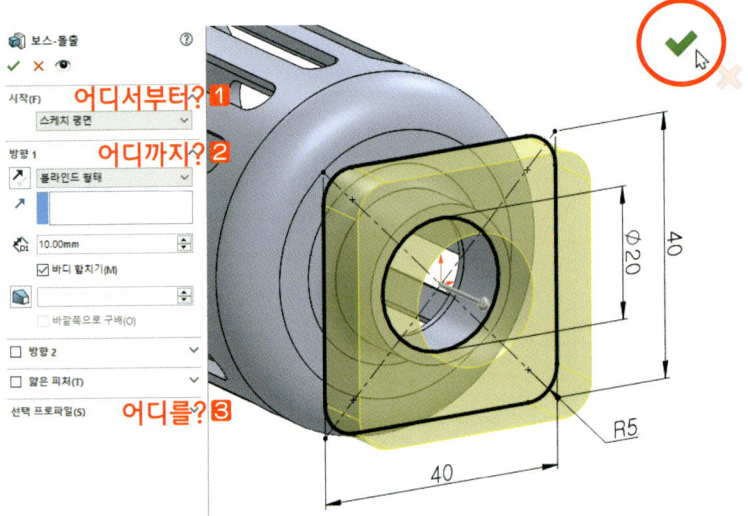

1 [시작] 어디서부터 : 스케치 평면
2 [방향] 어디까지 : 블라인드 형태 10mm
3 [선택 프로파일] 어디를 : 단일 영역이므로 자동 선택됩니다.

16 이제 마지막 피처 단계만 남았습니다. 생성된 돌출 피처의 표시된 부분에 **기계 구멍**을 생성해 봅시다. **구멍 가공 마법사** 도구를 실행합니다.

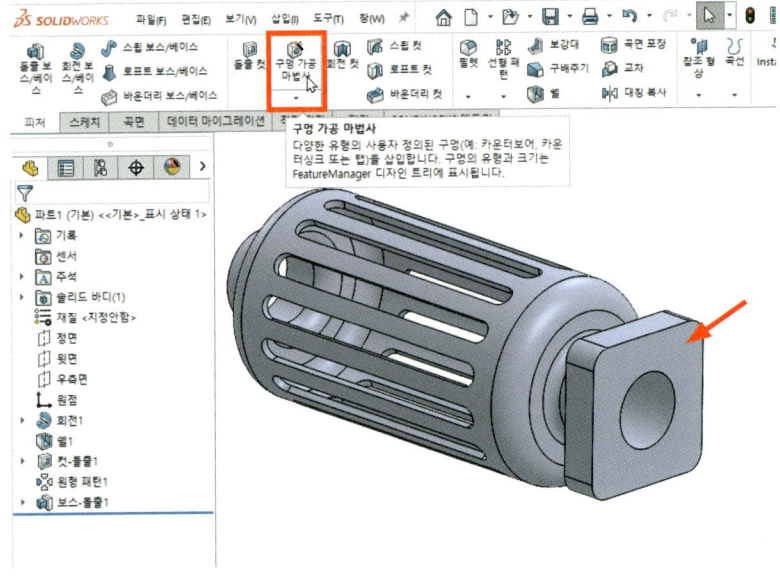

17 구멍 가공 마법사의 유형과 위치는 다음과 같습니다.

① 유형 : KS 일반 구멍 나사 여유값 M5 / 다음까지 (기타 옵션 없음)
② 위치 : 필렛피처의 중심에 작성합니다. (총 4개의 구멍을 작성합니다.)

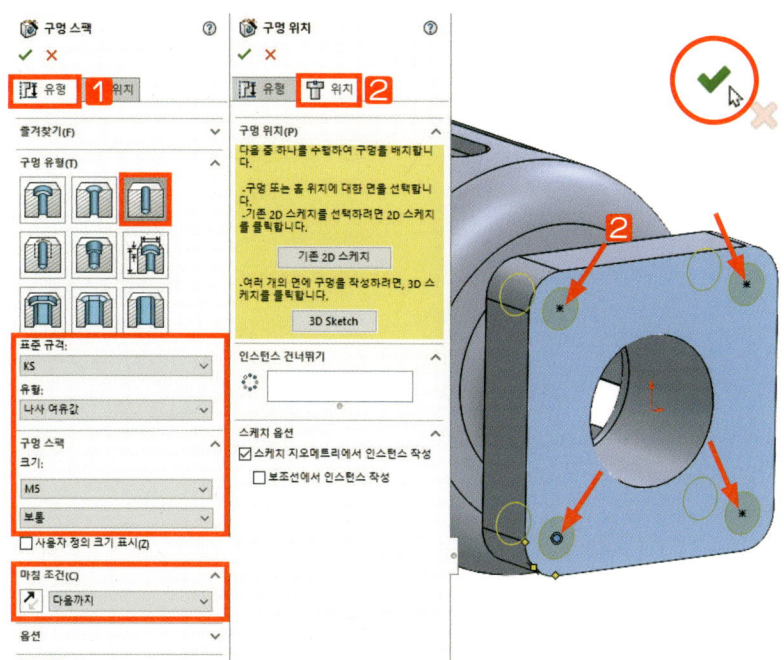

18 솔리드 회전 예제가 완성되었습니다. **Cast Alloy Steel** 재질을 입력한 후에 정답을 맞춰 봅시다. (293.42g)

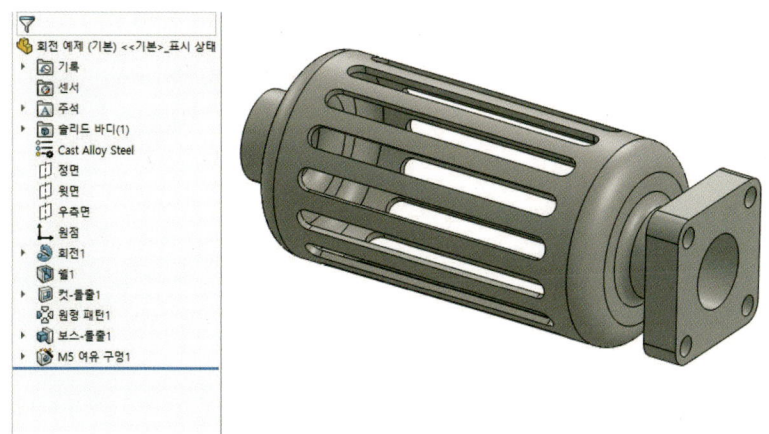

03 솔리드 회전 연습문제

솔리드 회전 피처의 연습을 위한 다음의 도면을 따라 모델링을 완성하고, 재질을 입력한 후 질량을 측정해 보세요. 특히, 3번 도면을 완성한 후 4번 도면으로 설계를 변경하는 연습도 함께 해 볼까요?

1

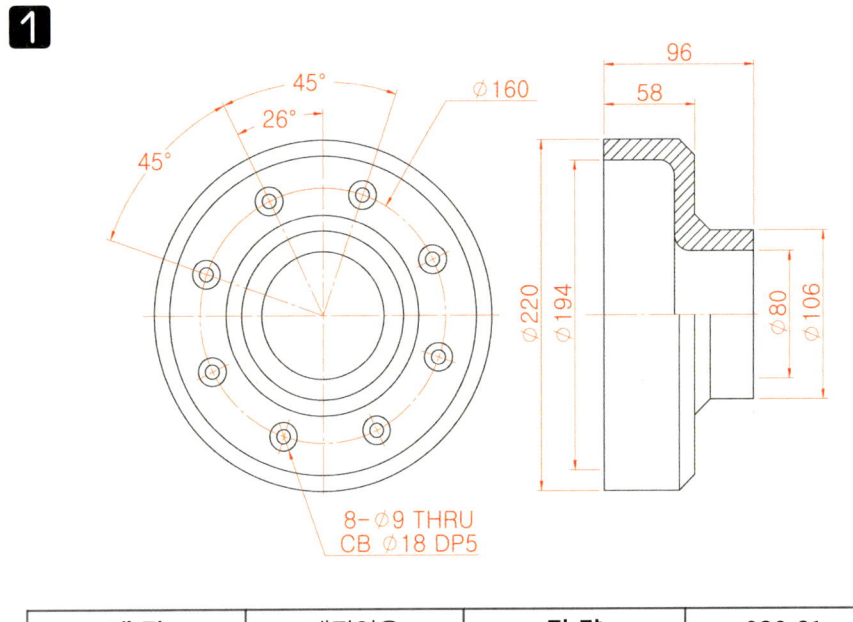

재 질	재질없음	질 량	930.61 g

2

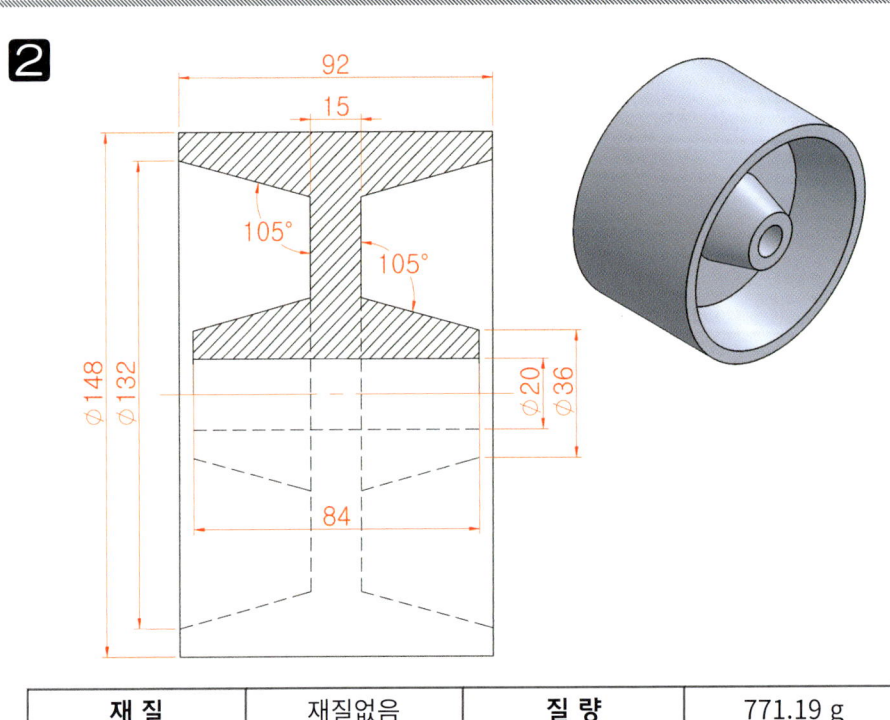

재 질	재질없음	질 량	771.19 g

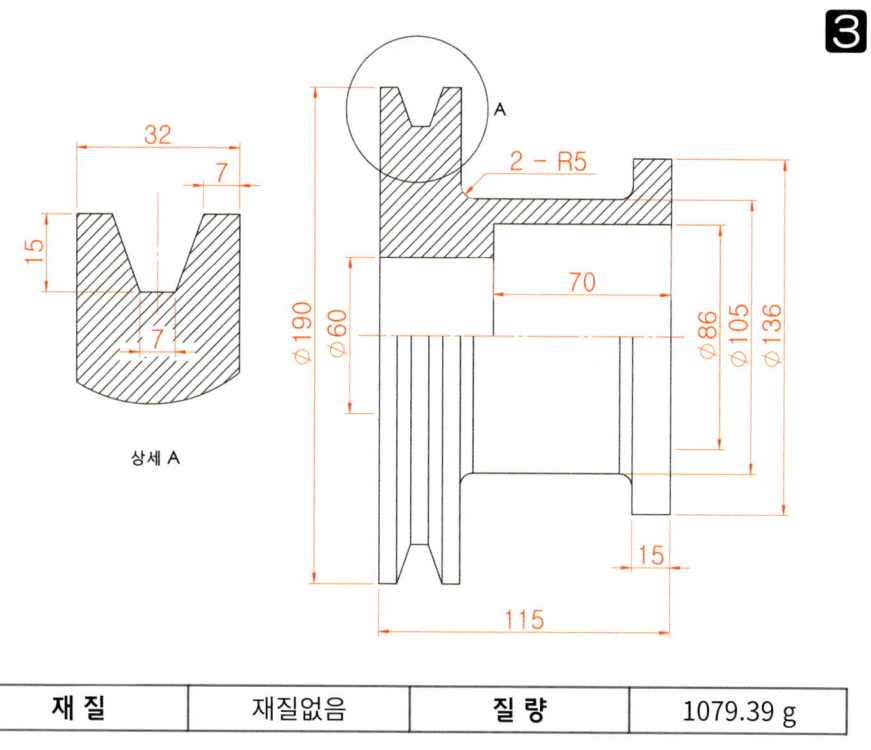

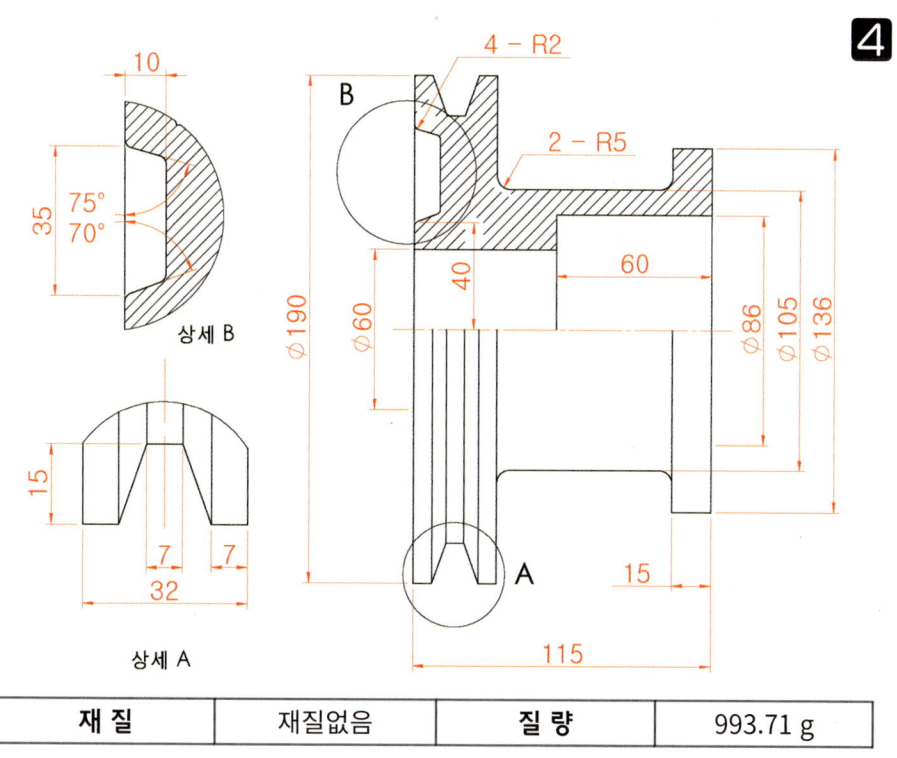

04 스윕 피처 개념정리

스윕 피처는 **단면과 경로, 두 개의 스케치를 합성하여 피처를 생성**하는 곡면 도구입니다. 스윕 피처 역시 그림으로 먼저 이해해 봅시다.

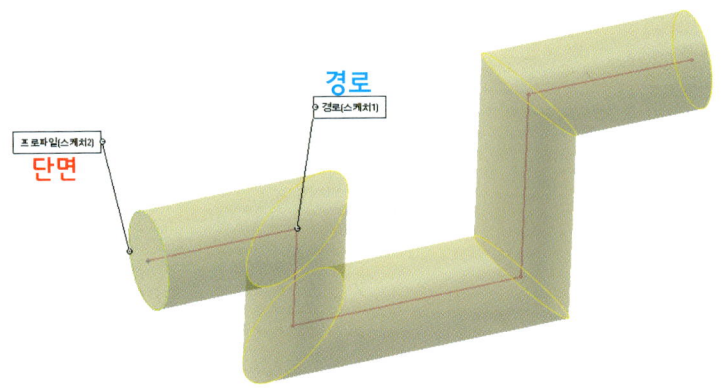

스윕 피처는 두 가지 작성방식으로 생성할 수 있으며, 본 교재에서는 일반적인 생성 방식이자 기본 개념인 첫 번째 생성 방식을 기준으로 설명합니다.

① 각각 개별 작성한 두 개의 스케치 (단면 / 경로) 를 합성하여 생성합니다.
② 원형 단면에 한해, 경로 스케치 하나만 작성해서 생성합니다.

단, 단면과 경로를 하나의 스케치에 함께 작성하면 스윕 피처를 생성할 수 없으므로, 개별 스케치로 분리하여 작성하는 것이 기본 원칙입니다. 또한, 단면의 크기에 비해 경로가 너무 복잡하거나 경로에 비해 단면의 크기가 클 경우 피처를 생성하는 데 오류가 발생할 수 있습니다.

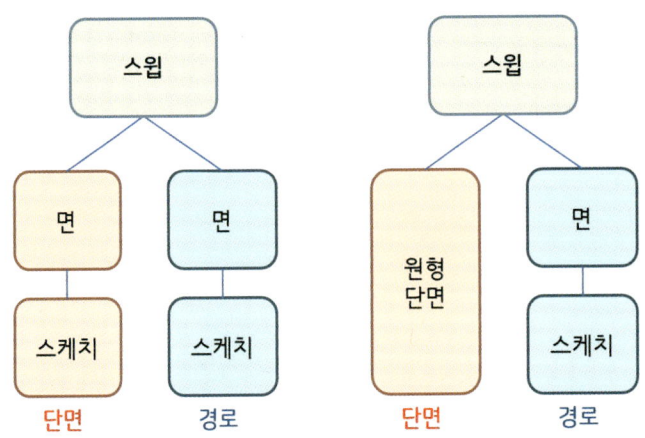

스윕 피처를 하나의 문장으로 정리하면 **단면이 경로를 따라가며 생성하는 피처**가 되겠습니다.

05 솔리드 스윕 예제

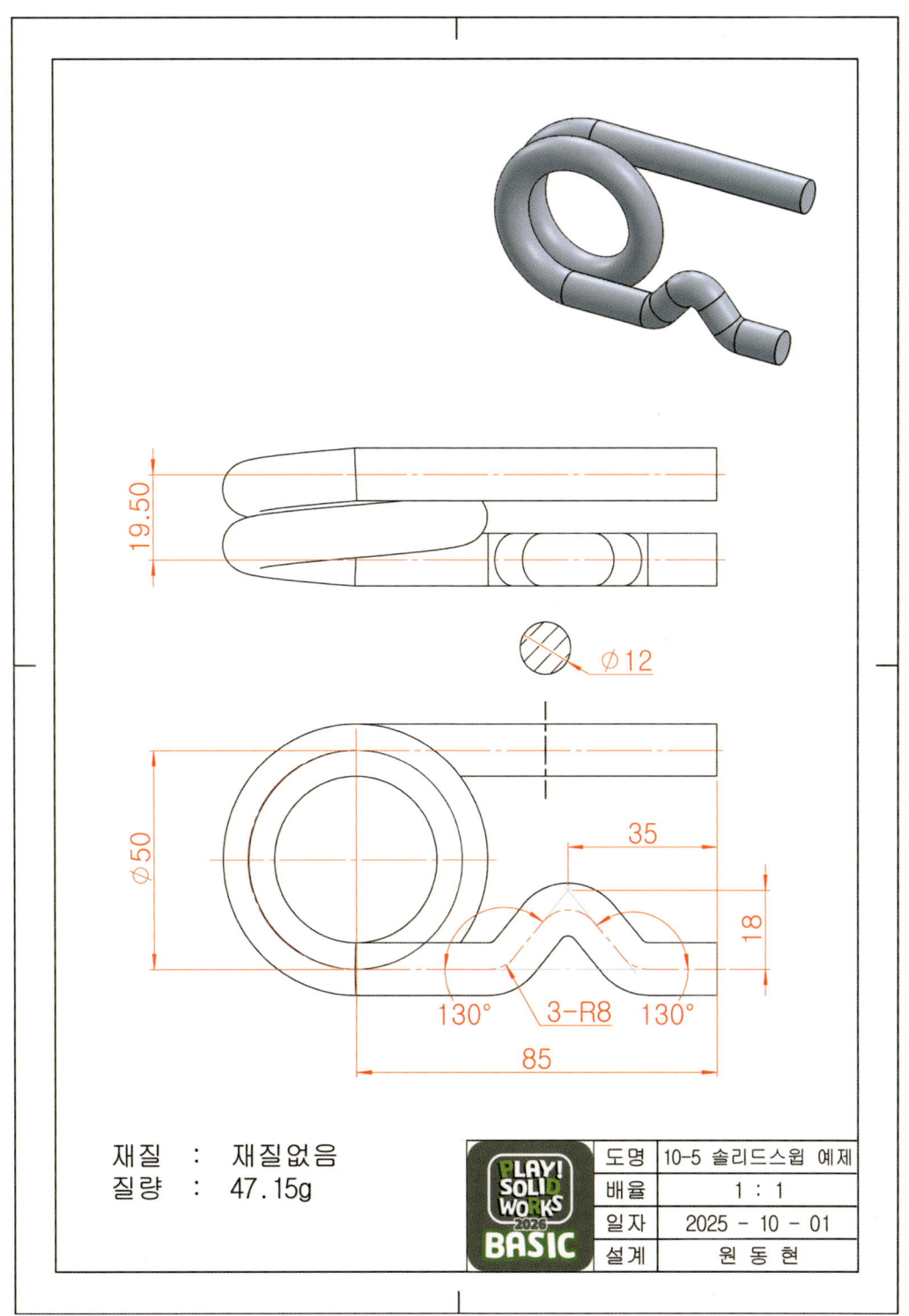

풀이과정

1 솔리드 스윕 예제는 앞에서 학습한 **스윕 피처의 구조와 구성 요소**를 생각하며 필요한 재료들을 **순서대로 만들어 나가는 과정**이 중요한 예제입니다. 교재의 풀이과정을 따라 차근차근 스윕 피처를 사용하여 예제를 완성해 봅시다. 특히 이번 예제를 통해서 **곡선 도구**를 사용하면서 여러분의 형상 작업의 범위를 한 층 더 넓히는 기회로 만들어 봅시다.

먼저, 스윕 피처의 경로를 만들어 봅시다. 도면을 확인해 보면 **오른쪽의 스프링 형상**이 유독 눈에 띄는데요, 이러한 형상을 만들기 위해서는 **나선형 곡선** 도구를 사용하는 것이 가장 좋습니다. **나선형 곡선**은 원 스케치로부터 스프링 형태의 3차원 꼬인곡선을 만들어주는 도구입니다.

새 파트 문서를 실행하고, **정면**에 다음의 **원 스케치**를 작성합니다.[1] 그리고 곡선 도구에서 **나선형 곡선** 도구를 실행해 봅시다.[2]

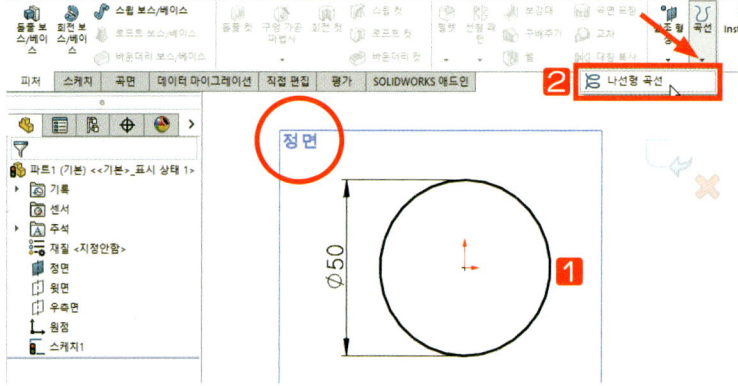

2 나선형 곡선 도구를 실행하는 즉시 다음과 같이 미리보기가 표시됩니다. 나선형 곡선의 옵션은 다음과 같습니다. (나선형 곡선이 앞쪽으로 생성되도록 방향을 조정합니다.)

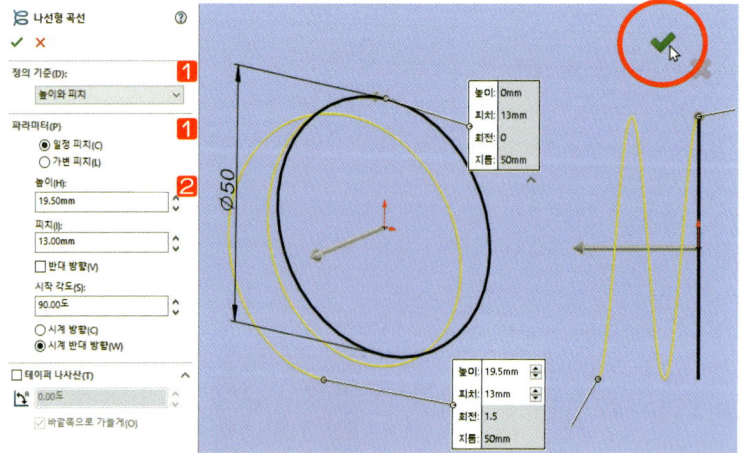

1 [정의기준] 생성 방식 : 높이와 피치 / 일정 피치
2 [파라미터] 곡선 유형 : 높이 19.5mm 피치 13mm / 시작각도 90° / 시계반대방향

③ 디자인트리를 먼저 살펴봅시다. 생성된 나선형 곡선은 스케치를 기반으로 만들어진 곡선입니다. **이 곡선과 연결되는 두 개의 선 스케치**를 작성해 봅시다. **첫 번째 연결 스케치**를 작성하기 위해 새로운 평면을 만들어 봅시다. **참조형상 - 기준면** 도구를 실행합니다.

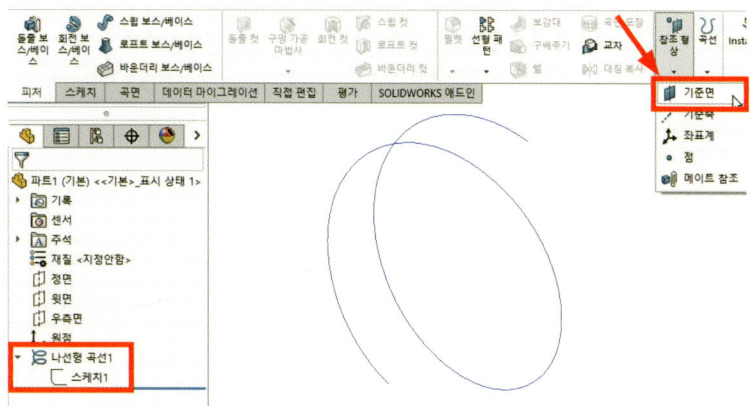

④ **1참조에는 정면[1]**을 선택하고, **2참조에는 곡선의 앞쪽 끝점[2]**을 선택하면 오프셋 거리값을 입력하지 않아도 완전정의된 평면을 생성할 수 있습니다. 확인 아이콘을 선택합니다.

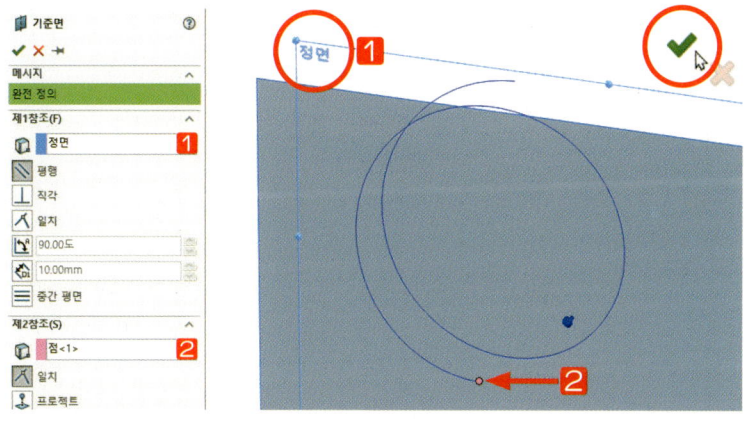

⑤ **새로 추가된 평면**에 **새로운 스케치**를 실행하고 다음의 스케치를 작성합니다. 이 때, 치수와 구속조건만 입력하고 원점에 연결하지 않은 **불완전정의 상태**로 만들어 줍니다.

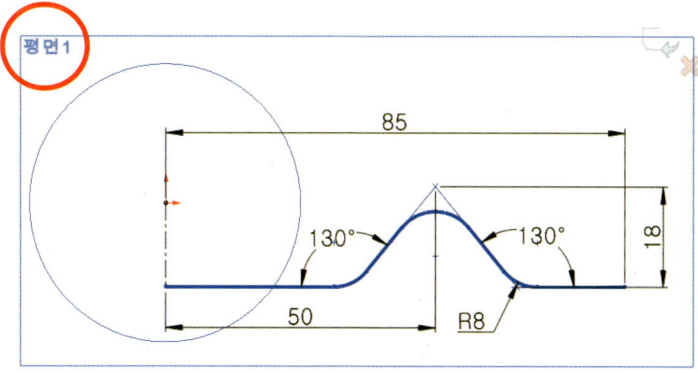

6 작성된 스케치를 완전정의 상태로 만들어 볼까요? 다음과 같이 **Ctrl 키를 누른 상태에서 스케치선의 끝점[1]과 나선형 곡선[2]**을 선택하면 **관통 구속조건**을 입력할 수 있습니다. 스케치가 완전정의 상태가 되면 **현재 스케치는 종료**합니다.

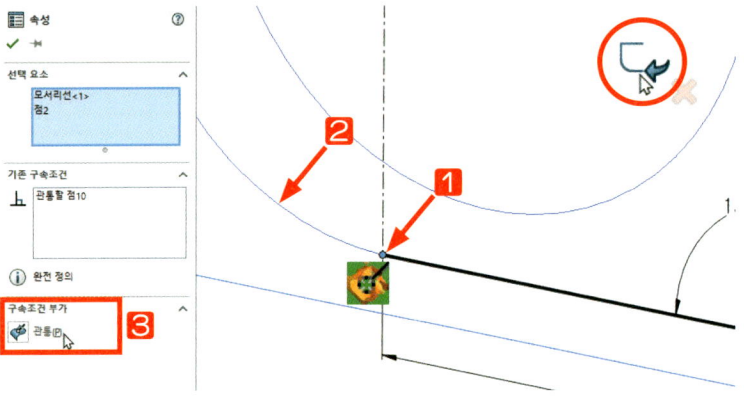

7 **두 번째 연결 스케치**는 **정면**에 작성하겠습니다. 디자인트리에서 **정면**을 선택하고 **새로운 스케치**를 실행합니다.

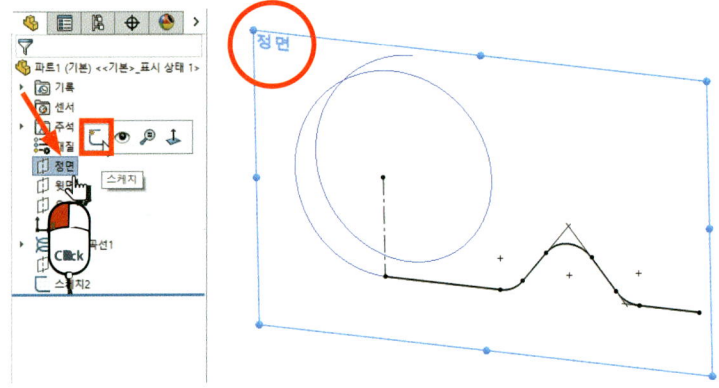

8 다음과 같이 **나선형 곡선의 끝점에 관통하는 직선 스케치**를 작성합니다. 완전정의 상태가 되면 스케치를 종료합니다.

주의) 나선형 곡선의 끝단에 연결하는 스케치는 별도의 스케치로 새로 작성해야 합니다.

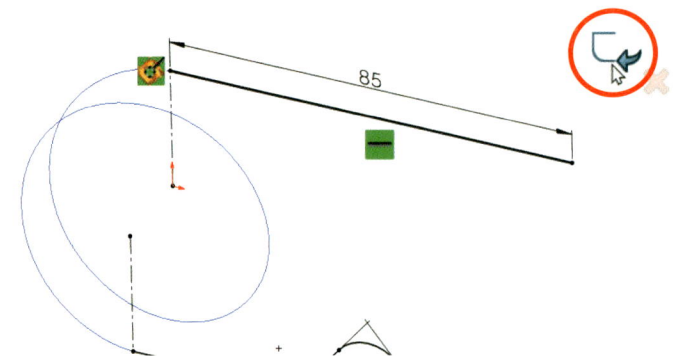

9 스윕 피처를 생성하기 위한 경로는 스케치 요소를 기본으로 다양한 곡선과 모서리선을 모두 사용할 수 있습니다. 그러나 **곡선과 2D 스케치, 3D 곡선** 등 서로 다른 요소가 섞여 있을 경우 스윕의 경로로 사용하기 어렵습니다.

이런 경우에는 **복합 곡선** 도구를 사용하여 다양한 요소를 하나의 그룹으로 묶어주는 방법을 사용하면 스윕의 경로로 사용할 수 있습니다. 다음과 같이 곡선 도구모음에서 **복합곡선** 도구를 실행해 봅시다.

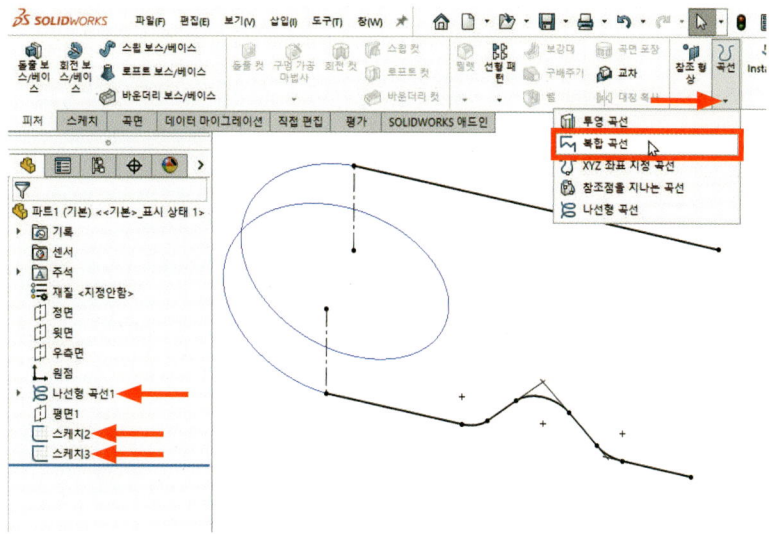

10 복합곡선 도구를 실행한 후, 연결하고자 하는 곡선과 스케치 요소들을 선택한 후 확인 아이콘을 선택합니다.

주의) 복합곡선으로 연결하는 요소들은 서로 겹치거나 끊어짐 없이 연결되어 있어야 합니다. 복합 곡선으로 입력되지 않는 스케치 요소는 끝점이 연결되어 있는지, 개별 요소로 작성되어 있는지 점검해 봅시다.

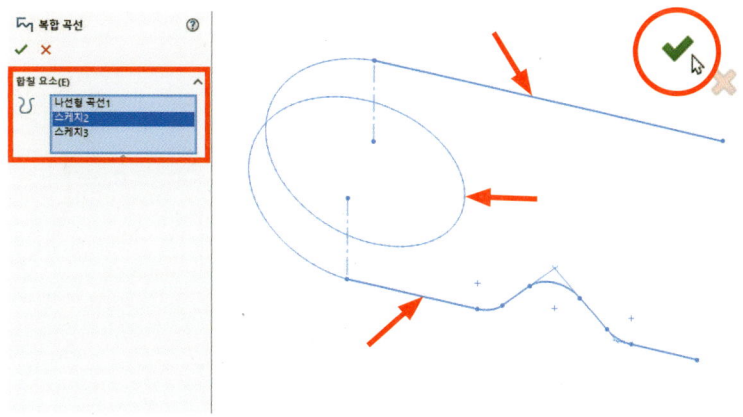

11 다음과 같이 서로 다른 스케치와 곡선이 하나의 곡선으로 통합되었습니다. 스윕 피처를 생성하는 데 필요한 첫번째 재료인 경로가 완성되었으니, **두 번째 재료인 단면** 스케치를 작성해 봅시다. 경로에 수직하는 평면을 새로 생성해 봅시다. **(참조형상 - 기준면)**

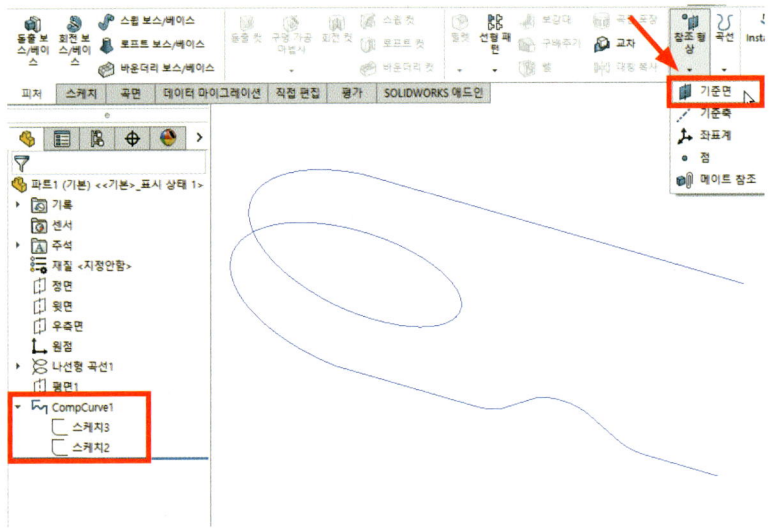

12 1참조에는 곡선을 선택하고, **2참조에는 곡선의 끝점**을 선택하면 다음과 같이 곡선에 수직하는 평면이 생성됩니다.

참고) 1참조와 2참조는 바꾸어 선택해도 무관합니다.

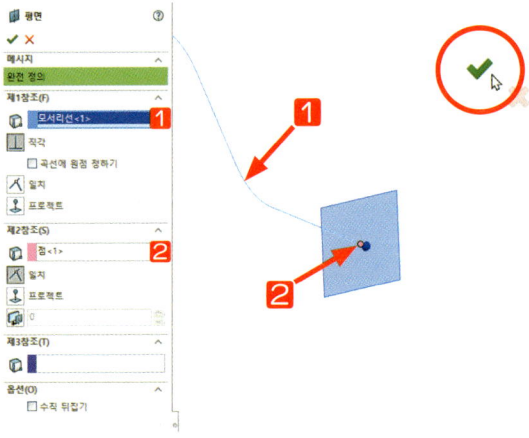

13 새로 추가된 평면에 **스윕의 단면 스케치**를 작성해 볼까요? 생성한 평면을 선택해서 새로운 스케치를 작성해 봅시다.

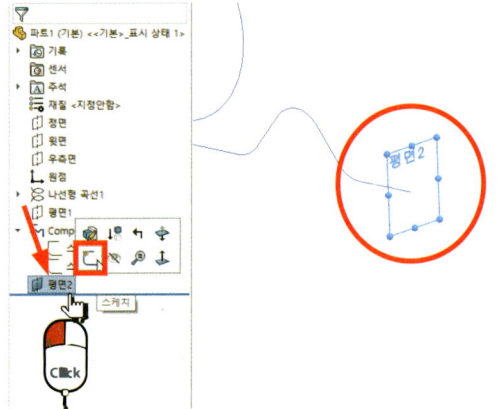

14 **곡선의 끝점을 중심으로 하는 원 스케치**를 작성합니다. 경로 스케치를 작성할 때와 마찬가지로, **경로의 선¹과 원의 중심점²**으로 **경로 구속조건**을 적용한 후 **스케치를 종료**합니다.

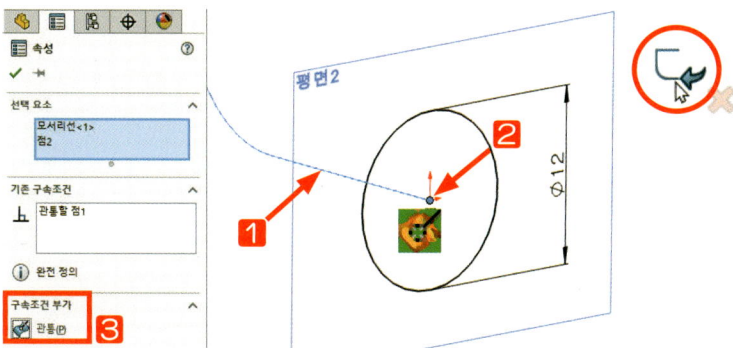

15 이로써 스윕 피처를 생성하기 위한 모든 재료가 준비되었습니다. 피처 도구모음에서 **스윕 피처** 도구를 실행해 봅시다.

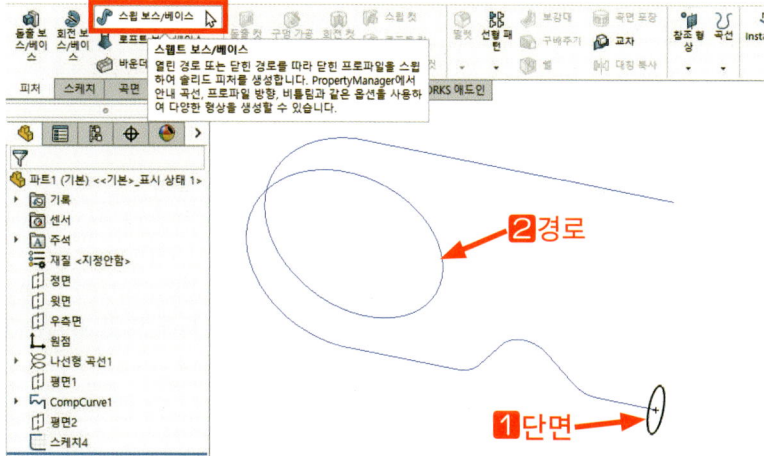

16 스윕 피처의 옵션은 다음과 같습니다.

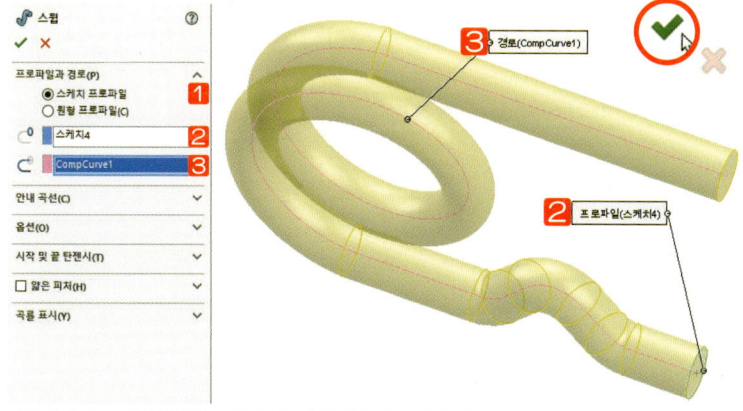

1 [생성 모드] 프로파일과 경로 : 스케치 프로파일 모드
2 [단면] 스윕의 단면 : 원 스케치를 선택합니다.
3 [경로] 스윕의 경로 : 복합곡선을 선택합니다.

17 솔리드 스윕 예제가 완성되었습니다. 이렇게, **여러 개의 스케치를 합성해서 만들어지는 구조의 피처가 스윕 피처**입니다. 재질이 없는 상태에서 질량은 **47.15g** 입니다.

참고) 스윕이나 로프트 같은 곡면 피처의 특성 상, 물성치를 측정했을 때 약간의 오차가 발생할 수 있습니다. 허용 오차 범위는 소수자리 두 자리 (0.05 이내) 로 두고 정답을 맞추어 보세요.

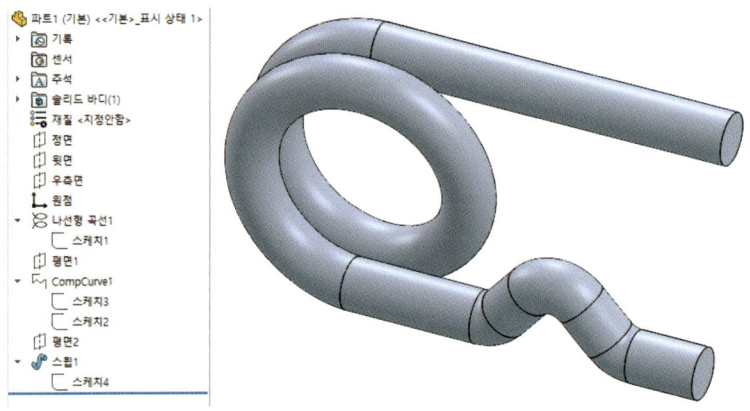

[TIP] 스윕 피처의 변형 공식 - 원형 프로파일 모드

솔리드웍스의 업데이트는 아예 새로운 기능이 추가되는 신기능 업데이트와, 기존 도구의 하위 옵션을 개선하는 업데이트 두 가지 종류가 있습니다. 지금 소개해 드릴 기능은 솔리드웍스 2015 버전 대 후반부터 추가된, 생각보다 오래된(?) 신기능입니다.

스윕의 단면이 원형 이라는 전제조건 하에, **경로 스케치 하나만 가지고 스윕 피처를 생성**할 수 있는 기능으로, 다음의 **원형 프로파일 모드**로 변경하면 입력창은 하나만 표시됩니다. 그리고 단면의 지름 치수를 입력하면 원형 단면의 스윕 피처가 자동으로 생성됩니다.

작업자의 노동력을 절감하면서 형상을 빠르게 생성해 주는 옵션이지만, **그럼에도 불구하고 스윕의 기본 개념에 기반한 단면/ 경로 스케치를 작성하는 방식을 먼저 익힌 후에** 원형 프로파일 모드를 차츰 사용해나가는 순서를 권장합니다.

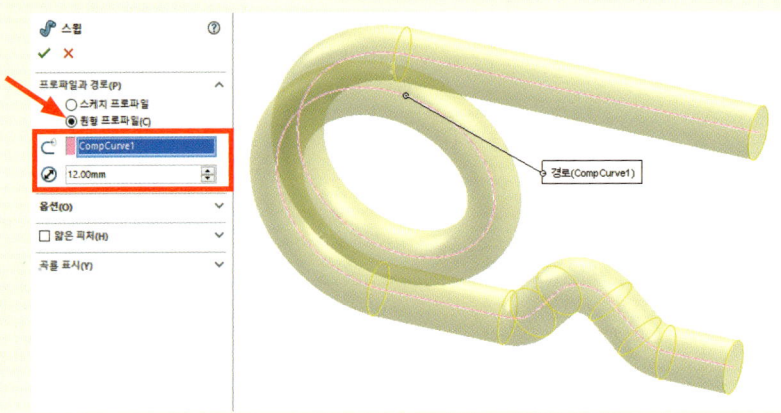

06 솔리드 스윕 연습문제

여러분의 학습을 위해 두 가지 난이도의 솔리드 스윕 피처 연습문제를 준비했습니다. 스윕 피처의 개념정리를 참고해서 도면을 완성하고 질량을 측정해 봅시다.

1

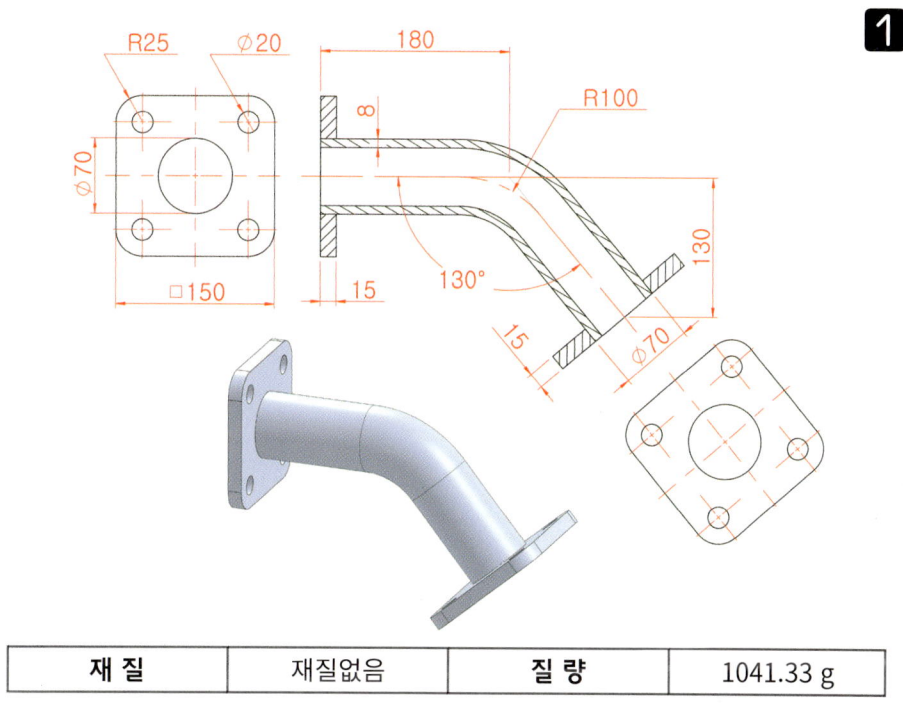

재 질	재질없음	질 량	1041.33 g

2

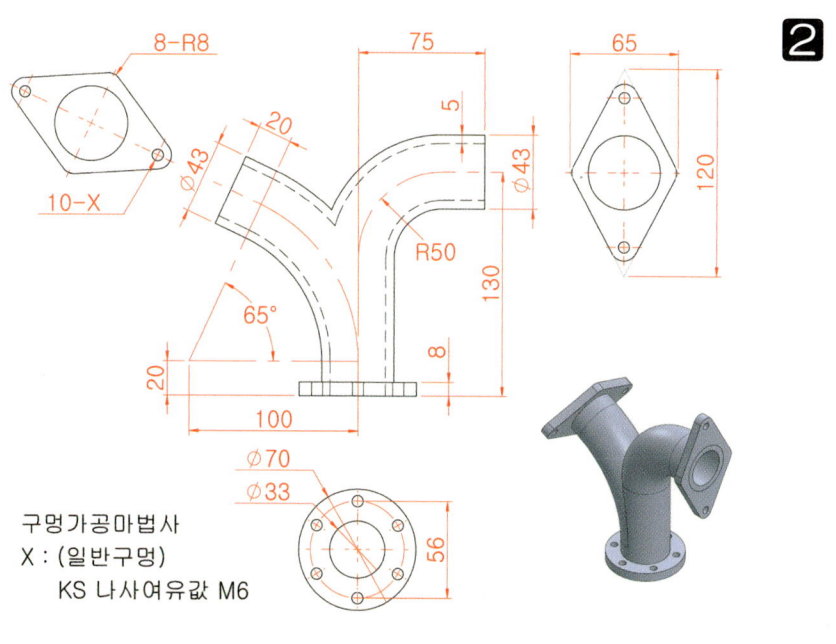

구멍가공마법사
X : (일반구멍)
KS 나사여유값 M6

재 질	보통탄소강	질 량	1581.03 g

07 로프트 피처 개념정리

로프트 피처 도구는 **단면과 단면을 연결하여 형상을 만드는 도구**입니다. 다음과 같이 서로 다른 단면을 연결하여 돌출이나 회전 피처로는 만들기 어려운 불규칙적인 형상을 만드는 데 사용합니다.

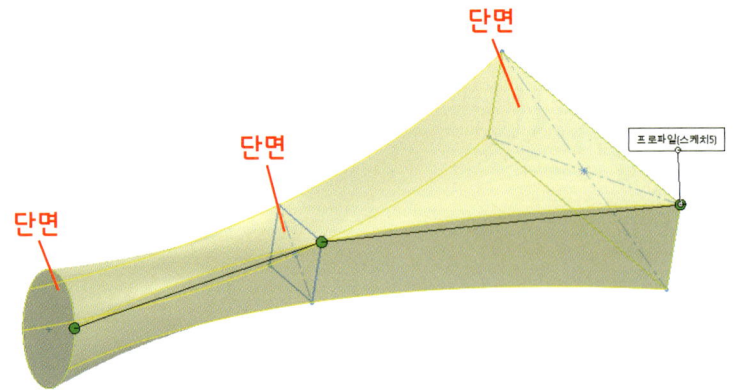

로프트 피처 의 구조를 살펴보면 로프트 피처는 다음의 두 가지 작성 방식이 있음을 알 수 있습니다.

① 2개 이상의 단면 스케치를 연결하여 생성합니다.
② 이미 생성되어 있는 피처의 면과 스케치를 연결하여 생성합니다.

단, 여러 개의 요소를 연결할 때는 순서대로 선택해야 로프트 형상이 꼬이지 않으므로 요소 선택에 주의합니다.

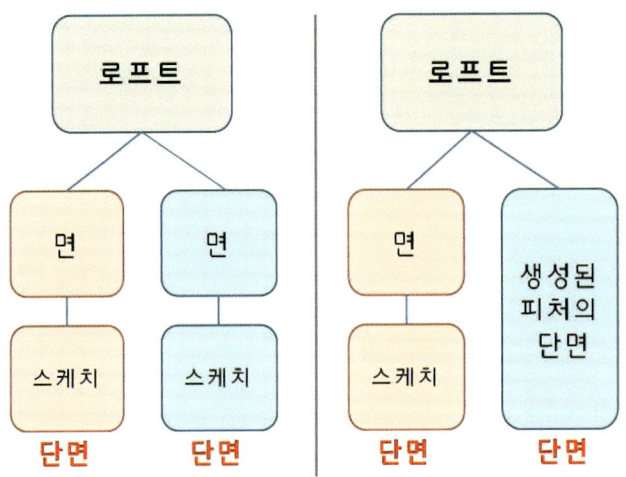

로프트 피처를 하나의 문장으로 정리하면 **단면과 단면의 연결**이 됩니다.

08 솔리드 로프트 예제

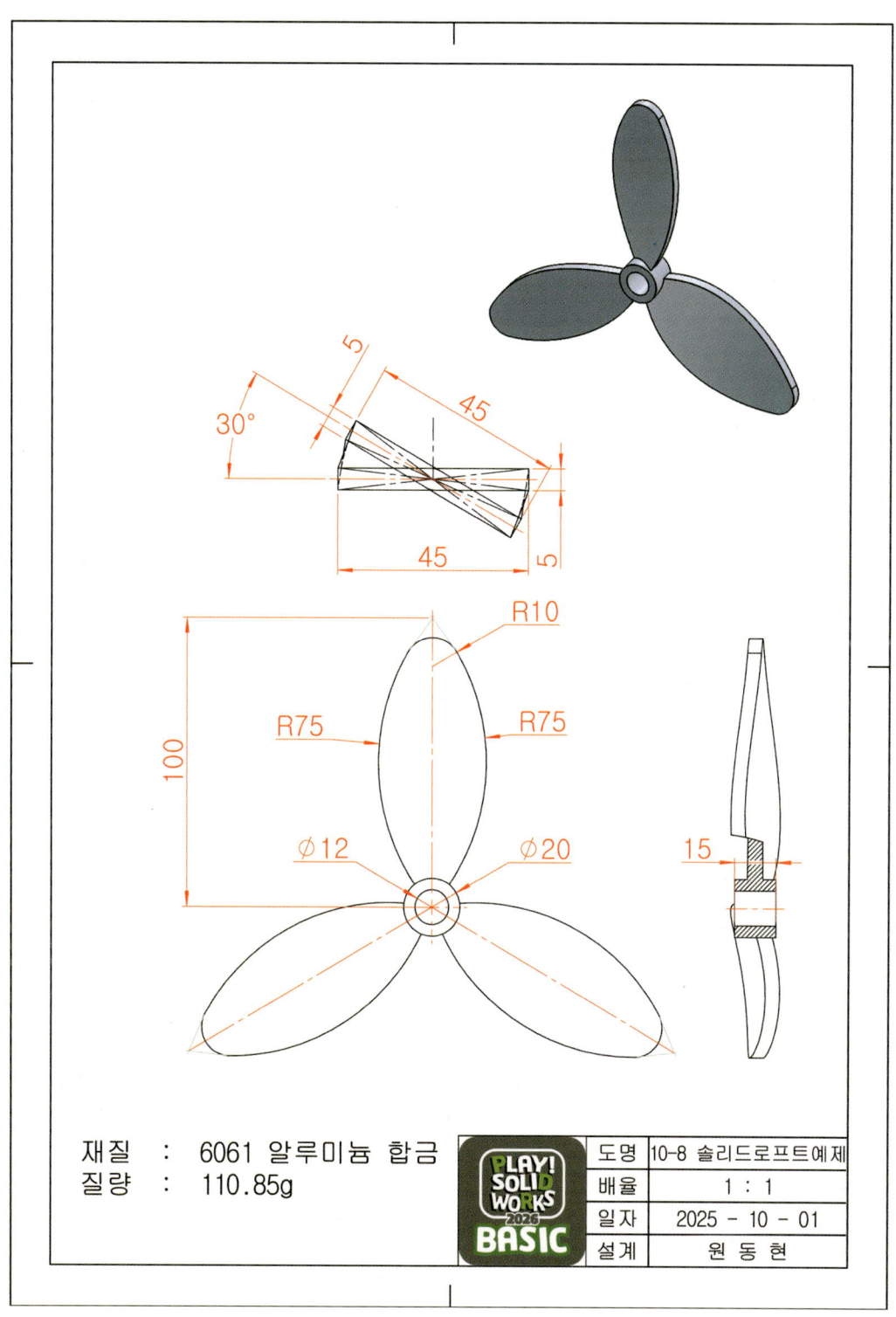

풀이과정

1 세 번째 솔리드 곡면 예제인 솔리드 로프트 예제를 완성해 봅시다. 로프트 피처의 개념정리를 다시 생각해 볼 때, 여러 개의 단면 스케치가 있어야겠죠? 그렇다는 뜻은 **스케치의 개수만큼 평면도 생성되어야 한다는 의미**이기도 합니다. 그러므로, 참조형상 - 기준면 도구로 새로운 평면을 먼저 생성해 봅시다.

새 파트 문서를 실행하고, **참조형상- 기준면** 도구를 실행합니다. 그리고 **윗면으로부터 100 mm 만큼 위로 향하는 새로운 평면**을 추가합니다.

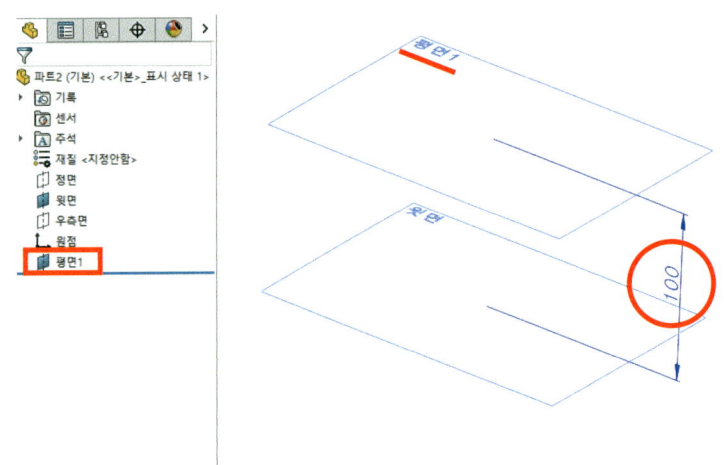

2 **기본 평면 - 윗면**과 **새로 추가한 평면**에 로프트 피처를 위한 **단면 스케치**를 작성해 봅시다.

다음과 같이 **원점**을 기준으로 각각의 평면에 각각의 사각형 스케치를 작성합니다.

특히 윗면에 작성하는 사각형은 **세 점 중심 사각형** 도구를 사용하면 보다 쉽게 스케치를 작성할 수 있습니다.

스케치가 완성되면 스케치 작성모드를 종료합니다.

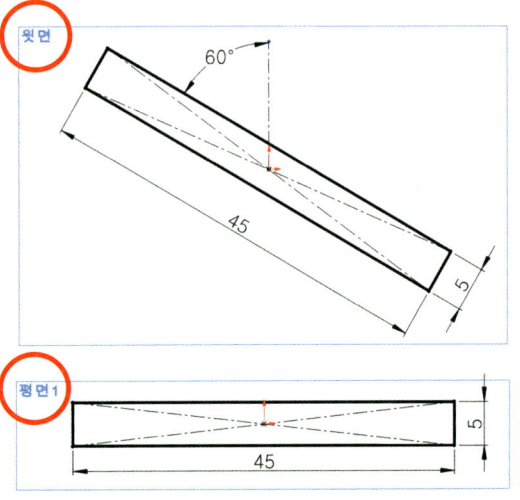

3️⃣ 로프트 피처를 생성하기 위한 단면들이 준비되었습니다. 피처 도구모음에서 **로프트 피처** 도구를 실행합니다.

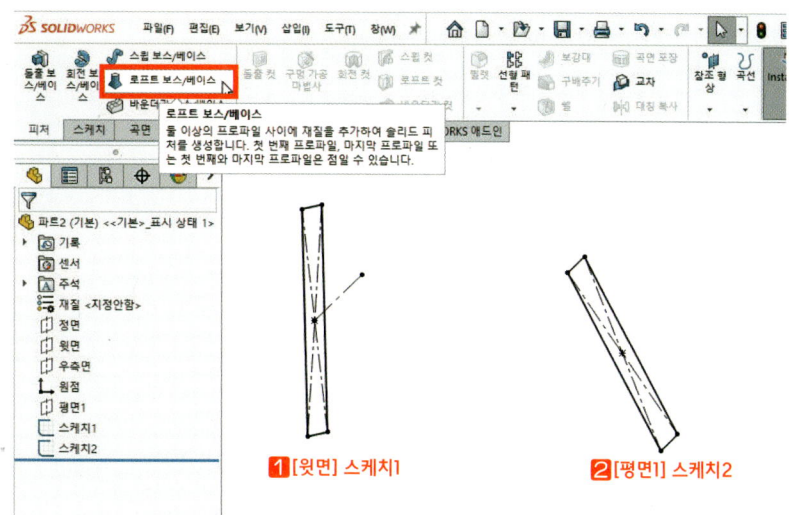

4️⃣ 옵션창의 프로파일 항목에 **단면 스케치**를 선택하면 다음과 같이 미리보기가 표시됩니다. **(선택하는 단면의 순서는 무관합니다.)** 이때, 단면 스케치에 초록색 점이 표시되는데, 이를 **커넥터** 라고 합니다.

다음과 같은 미리보기가 아닌, 단면이 꼬인 상태로 연결될 경우, **커넥터를 드래그**해서 같은 위치로 정렬해 주면 형상이 꼬이는 문제를 방지할 수 있습니다.

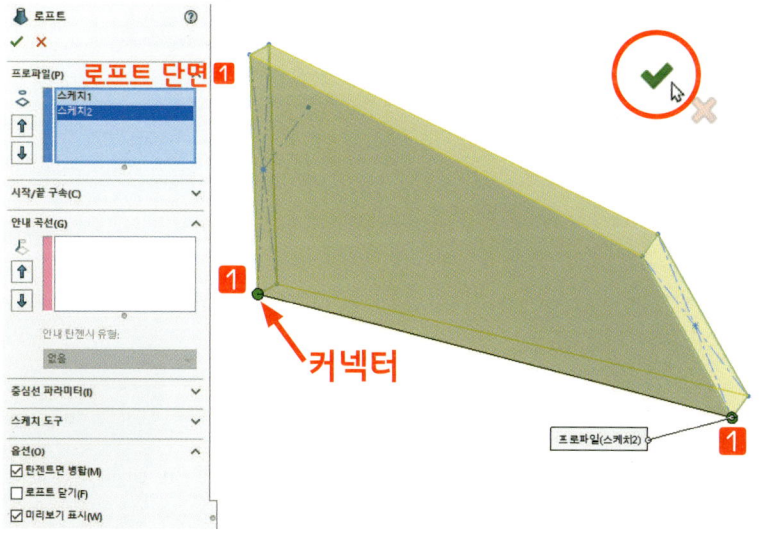

1️⃣ [프로파일] 로프트의 단면 : 두 개의 스케치를 순서대로 선택합니다.
2️⃣ [옵션] 미리보기 표시 항목을 선택합니다.

5 **첫 번째 피처 - 로프트 피처**가 생성되었습니다. 디자인트리를 살펴보면 스윕 피처와 같은 구조 (**두 개의 스케치를 합성해서 하나의 피처가 생성**) 임을 알 수 있습니다.

다시 한번 디자인트리에서 **정면**을 선택하고 **새로운 스케치**를 실행해 봅시다.

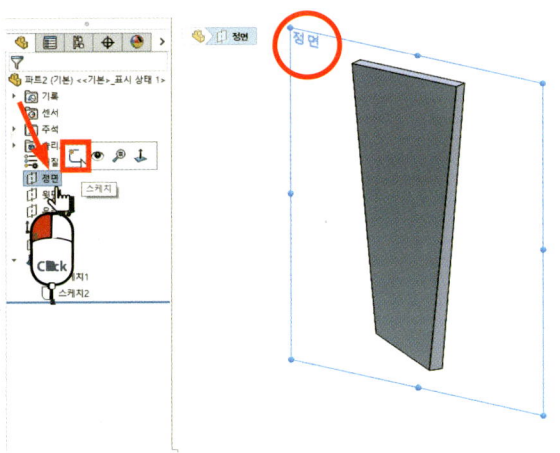

6 다음과 같이 중심선을 기준으로 양 끝점이 일치하는 **3점호 스케치**를 작성해 봅시다. 스케치가 완전정의 상태가 되면 피처 도구모음에서 **돌출 컷 피처**를 실행합니다.

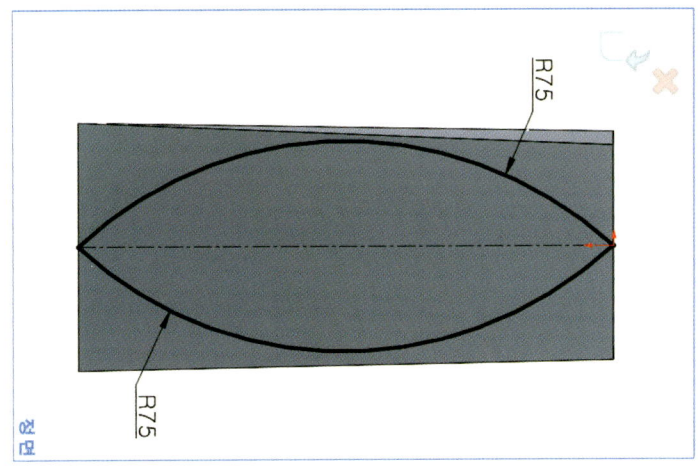

7 돌출 컷 옵션에서 [**자를 면 뒤집기**] 옵션을 **체크**해서 가운데 부분만 남기고 가장자리를 모두 제거해 봅시다.

1 [시작] 어디서부터 : 스케치 평면
2 [방향] 어디까지 :
   관통, 양쪽으로 / 자를 면 뒤집기 체크
3 [선택 프로파일] 어디를 :
   단일 영역이므로 자동 선택됩니다.

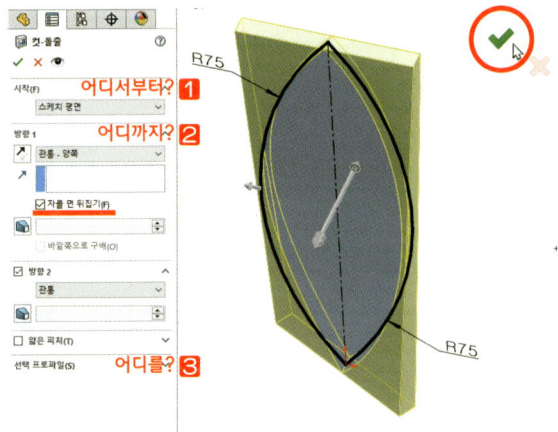

8 가장자리를 제거한 이후에 **피처 필렛** 도구로 상단부의 뾰족한 부분을 다듬어 봅시다. **필렛 반경은 10mm** 입니다.

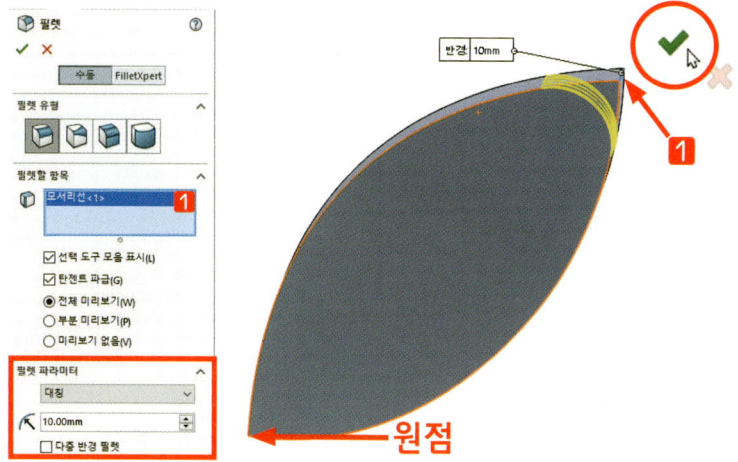

9 피처 필렛을 추가한 후, 디자인트리에서 **정면**에 다음의 **새로운 스케치**를 작성해 봅시다. **원점**을 기준으로 **원 스케치**를 작성한 후, **돌출 피처** 도구를 실행합니다.

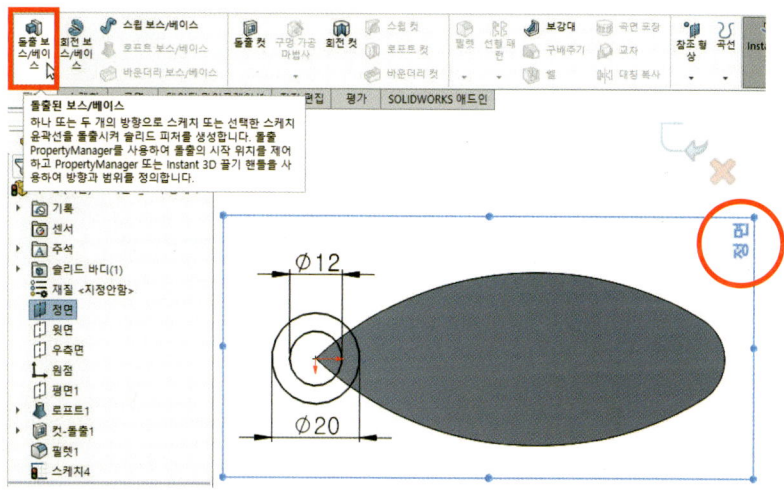

10 돌출 피처 옵션은 다음과 같습니다. **양쪽으로 균일한 두께의 돌출 피처**를 생성해 봅시다.

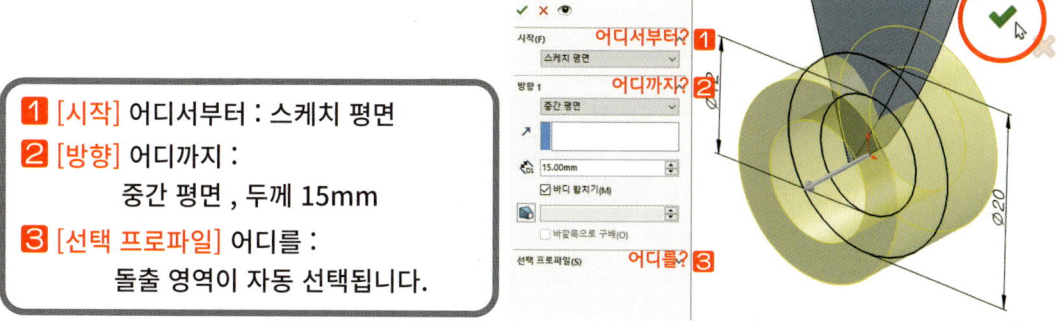

1 [시작] 어디서부터 : 스케치 평면
2 [방향] 어디까지 :
   중간 평면, 두께 15mm
3 [선택 프로파일] 어디를 :
   돌출 영역이 자동 선택됩니다.

203

`11` 돌출 피처가 추가되었습니다. 그러나 원통 피처의 내부에 찌꺼기가 남았으므로, **스케치 공유** 기능을 사용해서 표시된 부분을 제거해 봅시다.

다음 순서대로 항목을 선택합니다.

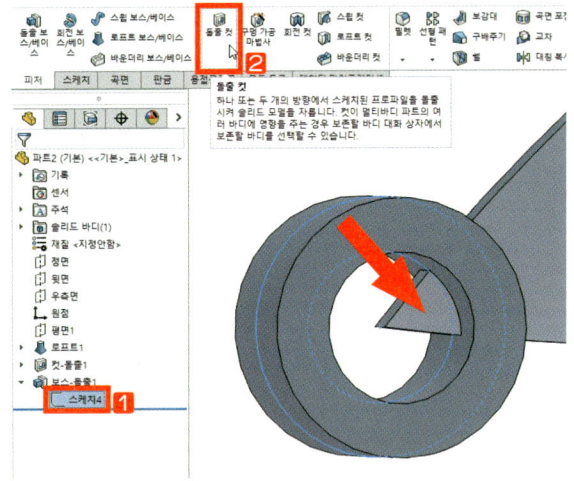

`12` **돌출 컷 피처**의 옵션은 다음과 같습니다.

1 [시작] 어디서부터 : 스케치 평면
2 [방향] 어디까지 : 관통 - 양쪽
3 [선택 프로파일] 어디를 :
   원통 피처의 내부 영역을 선택합니다.

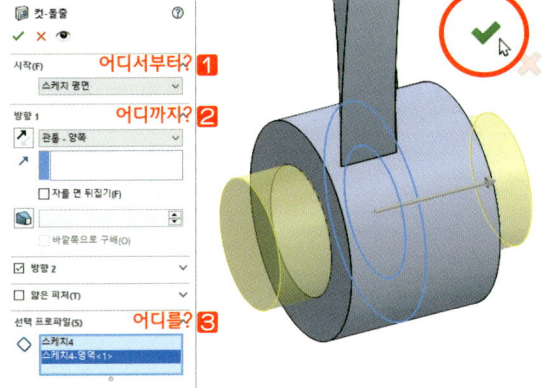

`13` 도면을 확인해 봅시다. 프로펠러의 한쪽 날개가 완성되었으므로, **원형 패턴** 도구를 사용해서 나머지 부분도 복사 생성해 볼까요? **원형 패턴** 도구를 실행해 봅시다.

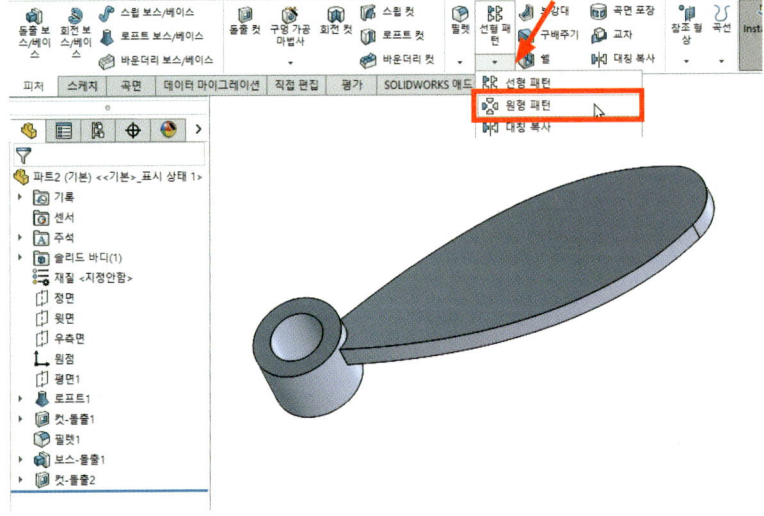

14 원형 패턴의 옵션을 살펴봅시다. 패턴할 요소로 피처를 선택할 때는 **피처가 만들어지는 과정들까지 재생성하며 복사**하게 됩니다. 그러나 **복사할 피처의 단계가 복잡하거나 다소 복잡한 옵션으로 생성된 피처를 선택할 경우 오류가 발생할 확률이 높아집니다.**

이러한 경우에는 **바디 패턴**을 사용해서 **완성된 바디 단위로 복사**하는 방법을 사용하면 오류 없이 형상을 복사할 수 있습니다.

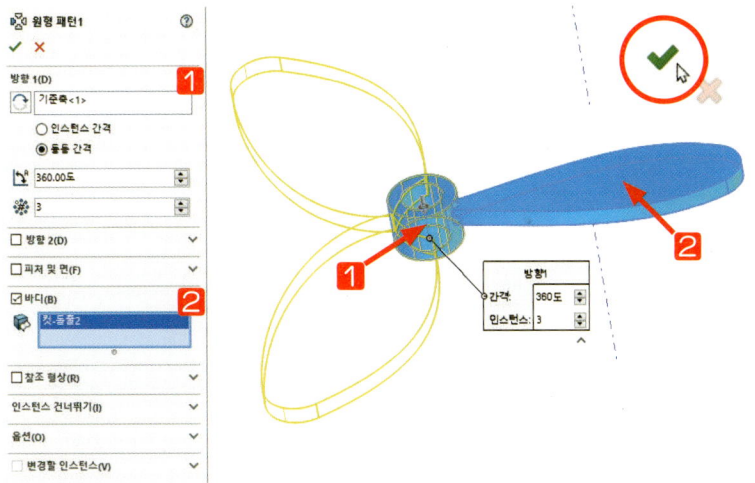

1 [기준] 패턴할 기준 : 표시된 기준축을 선택합니다. / 동등간격 360° / 3개(총 개수)
2 [대칭 복사 바디] 패턴할 바디 : 전체 바디를 선택합니다.

15 바디 원형 패턴 도구를 사용해서 형상이 복사되었습니다. 디자인트리를 살펴봅시다. 다음과 같이 복사된 바디들이 개별 생성되어 있습니다. 이렇게 **여러 개의 바디들을 하나의 바디로 합칠 수 있을까요? 방법이 있습니다.**

다음과 같이 디자인트리에서 솔리드바디를 모두 선택한 후 우클릭해서 **합치기** 도구를 실행해 봅시다.

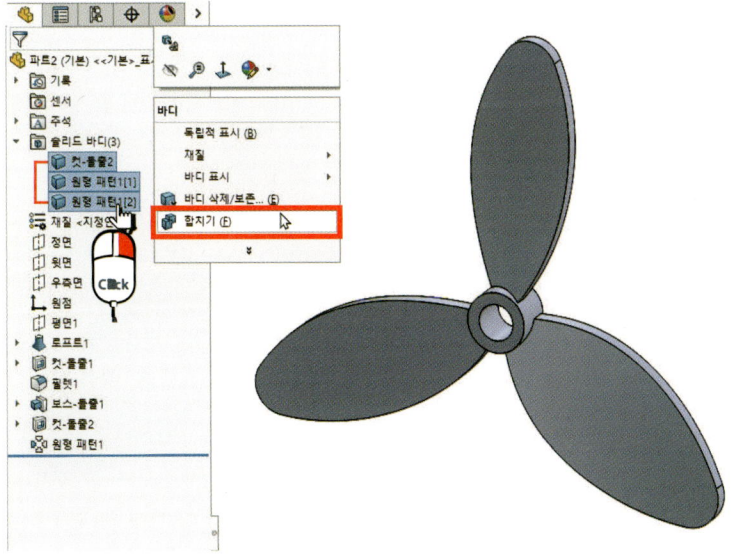

16 **합치기** 도구는 멀티 바디에서 사용하는 도구로, 다음의 세 가지 모드가 있습니다. **여러개의 바디를 하나로 합치려면 [추가] 모드를 선택**하고[1], 모든 바디를 입력해 줍니다.[2] 그리고 확인 아이콘을 선택해 봅시다.

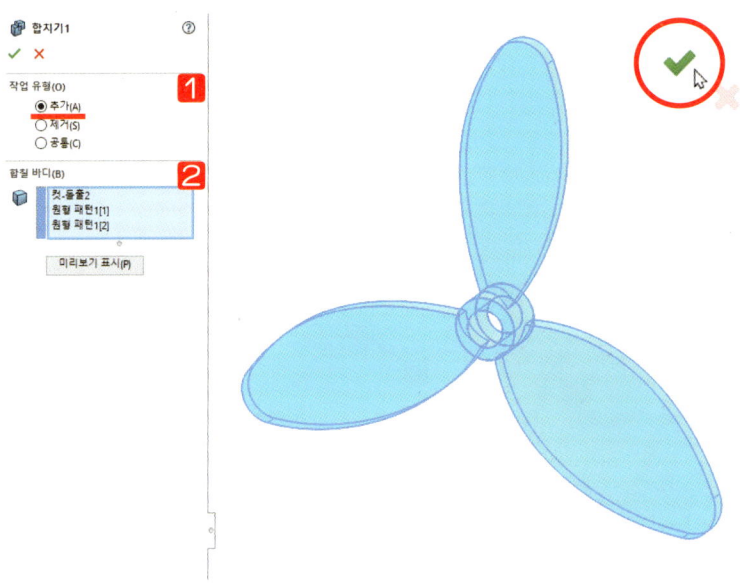

17 세 개의 날개가 하나로 합쳐지며 로프트 예제가 완성되었습니다. **6061 알루미늄 합금** 재질을 적용한 후 **질량**을 측정해 볼까요? (**110.85 g**) 곡면 피처의 특성 상, 소수자리 오차가 발생할 수 있습니다.

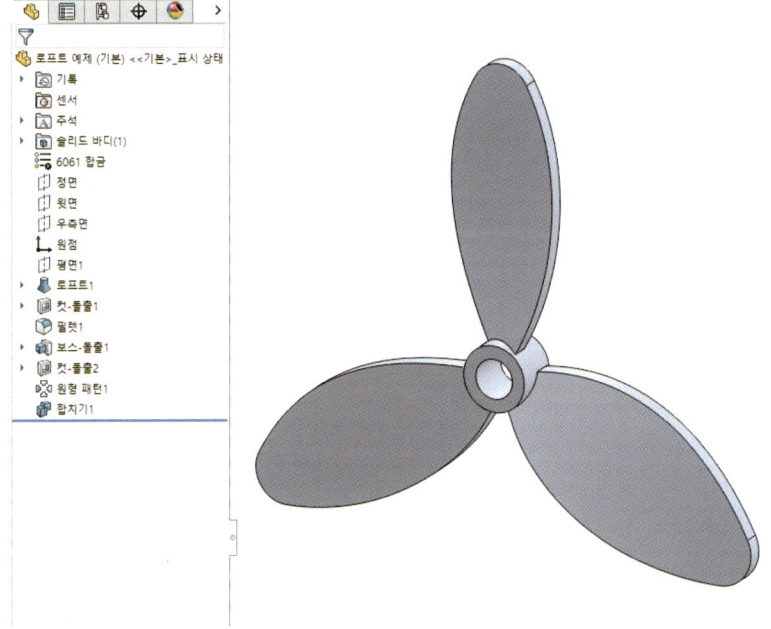

09 솔리드 로프트 연습문제

로프트 연습문제 역시 두 개의 도면을 준비했습니다. 다음과 같이 로프트 도구를 사용해서 형상을 완성하고, 질량을 측정해 볼까요? **단, 질량 오차는 어느 정도 감안해 줍니다. (소수자리 2자리)**

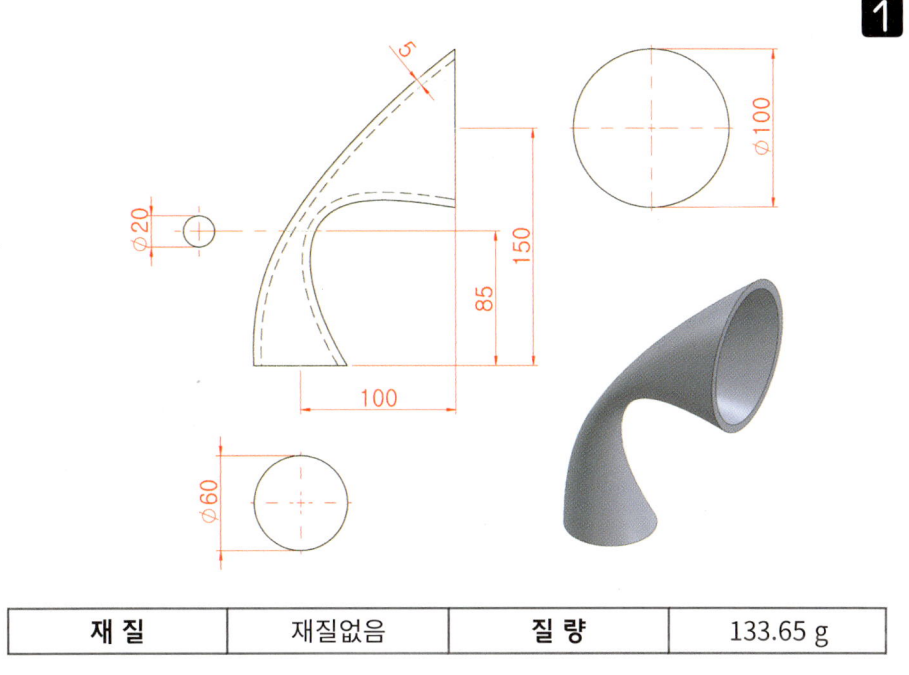

재 질	재질없음	질 량	133.65 g

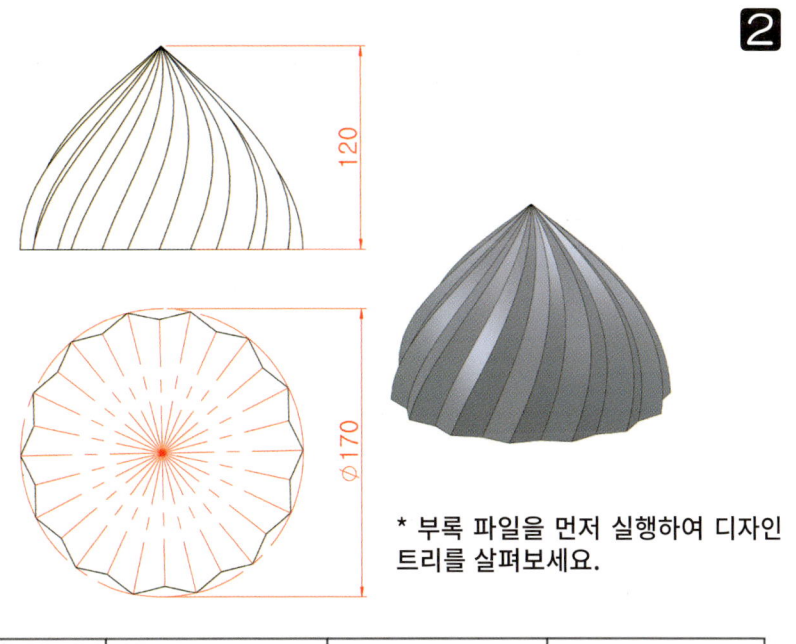

* 부록 파일을 먼저 실행하여 디자인 트리를 살펴보세요.

재 질	ABS 플라스틱	질 량	1318.21 g

10 종합 연습문제

더욱 높은 단계의 연습이 필요한 독자 여러분들을 위해 **다소 복잡한 형상의 연습 도면 4개**를 준비했습니다. 교재를 통해 학습한 다양한 피처 도구들을 모두 사용해서 형상을 완성하고 질량 - 정답을 맞추어 봅시다.

1

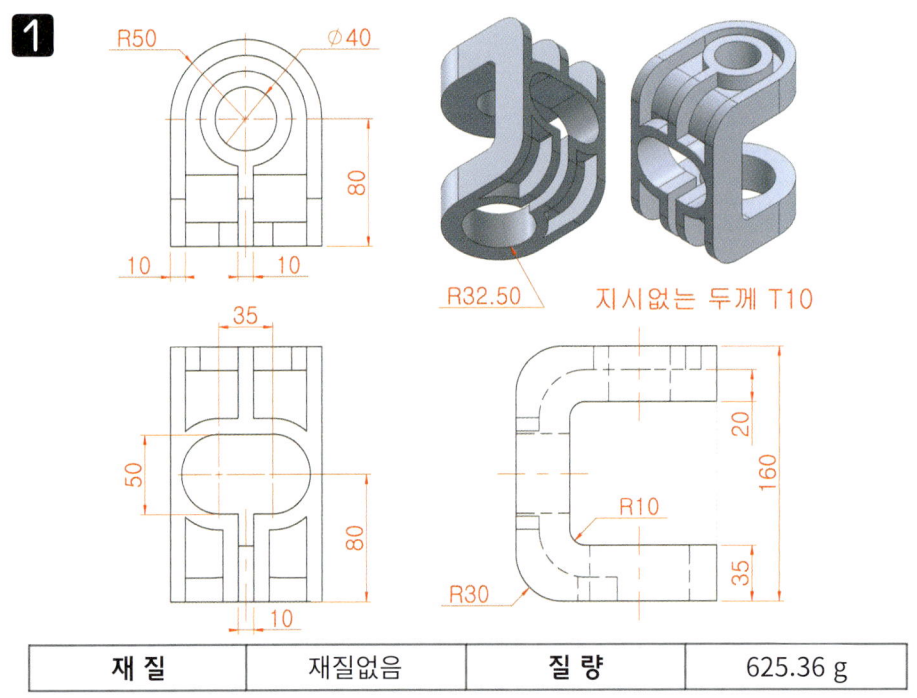

재 질	재질없음	질 량	625.36 g

2

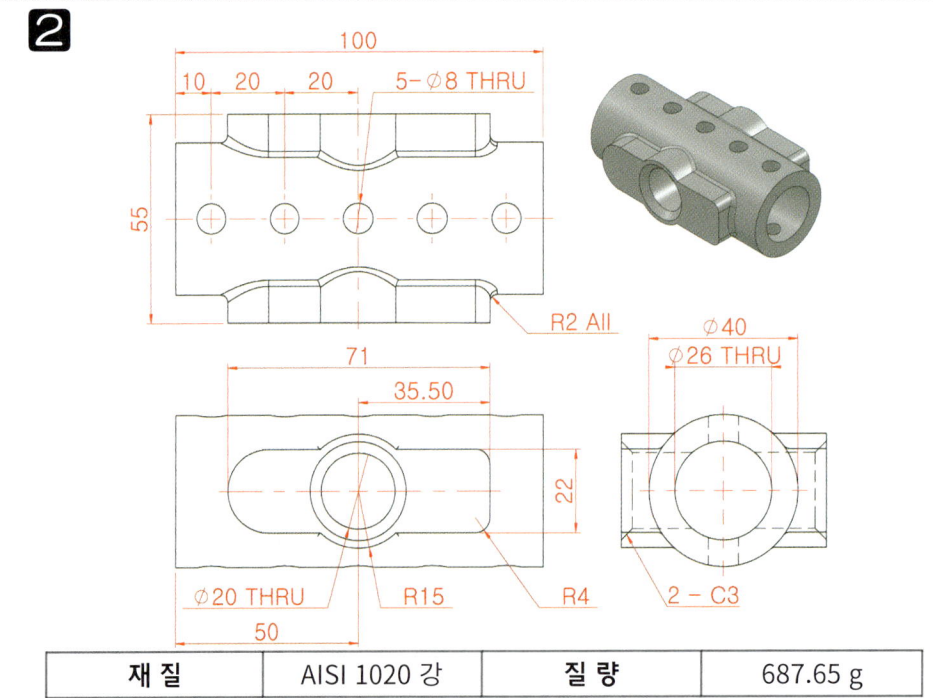

재 질	AISI 1020 강	질 량	687.65 g

3

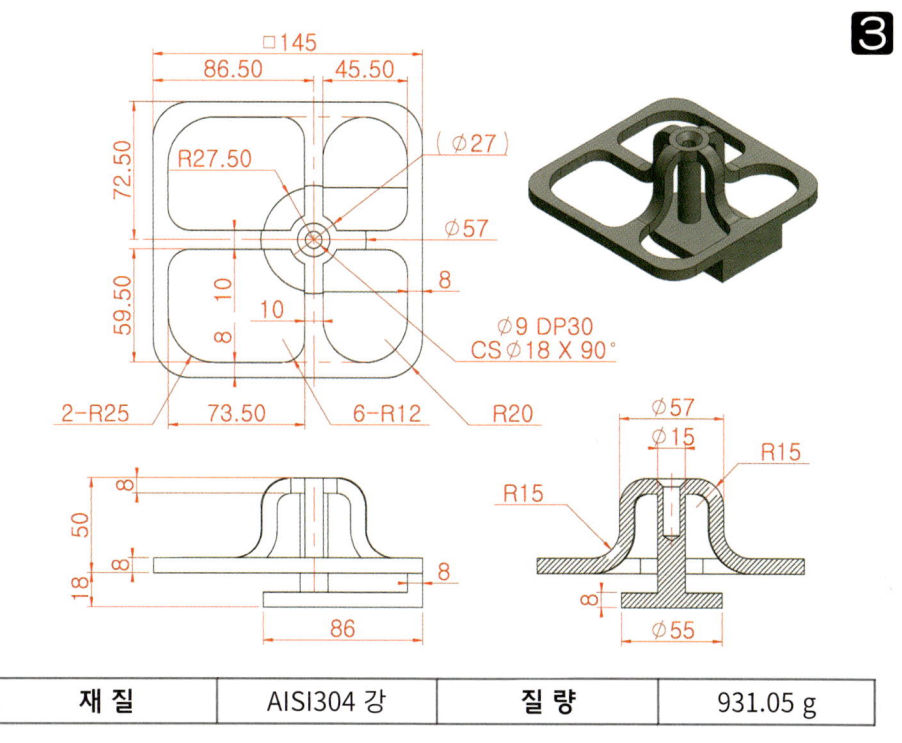

| 재 질 | AISI304 강 | 질 량 | 931.05 g |

4

지시없는 필렛 R5

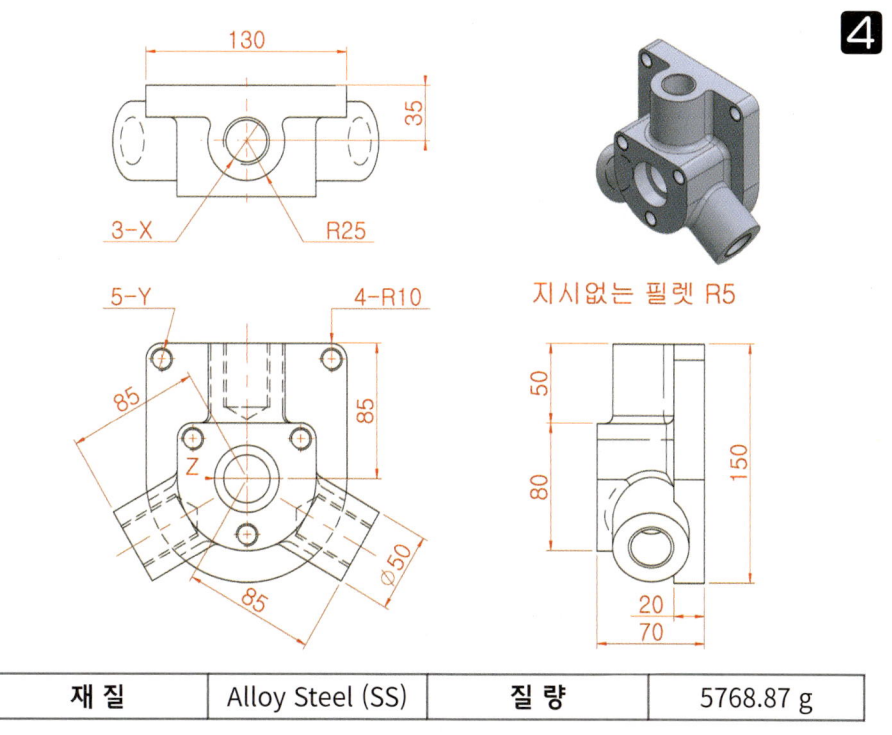

| 재 질 | Alloy Steel (SS) | 질 량 | 5768.87 g |

MEMO ✓

chapter 11

부록

01 56P 모델링 작업을 위한
   작업 계획 훈련 정답
02 94P 스케치 연습문제 정답
03 플레이! 솔리드웍스 공식 유튜브 채널
04 솔리드웍스 한국 공식 사용자그룹
   [SWUGN KOREA]
05 원동현 강사 교육 의뢰 및 오프라인 교육

01 56P 모델링 작업을 위한 작업 계획 훈련 정답

1) 1단계 훈련 정답

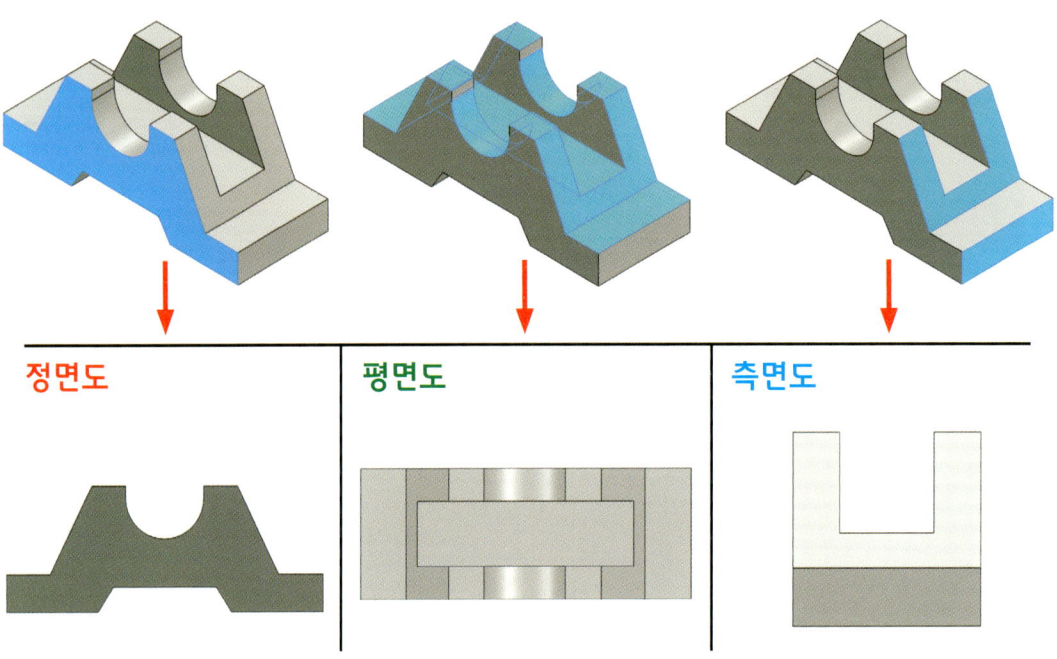

2) 2단계 훈련 정답

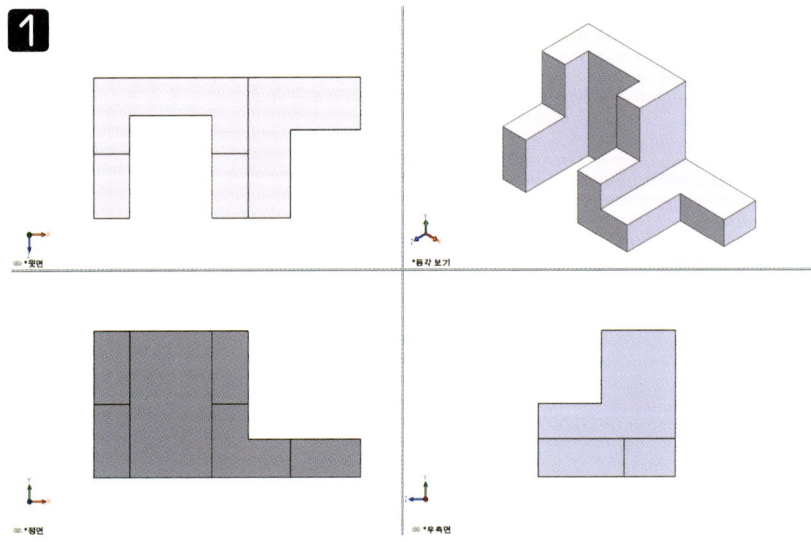

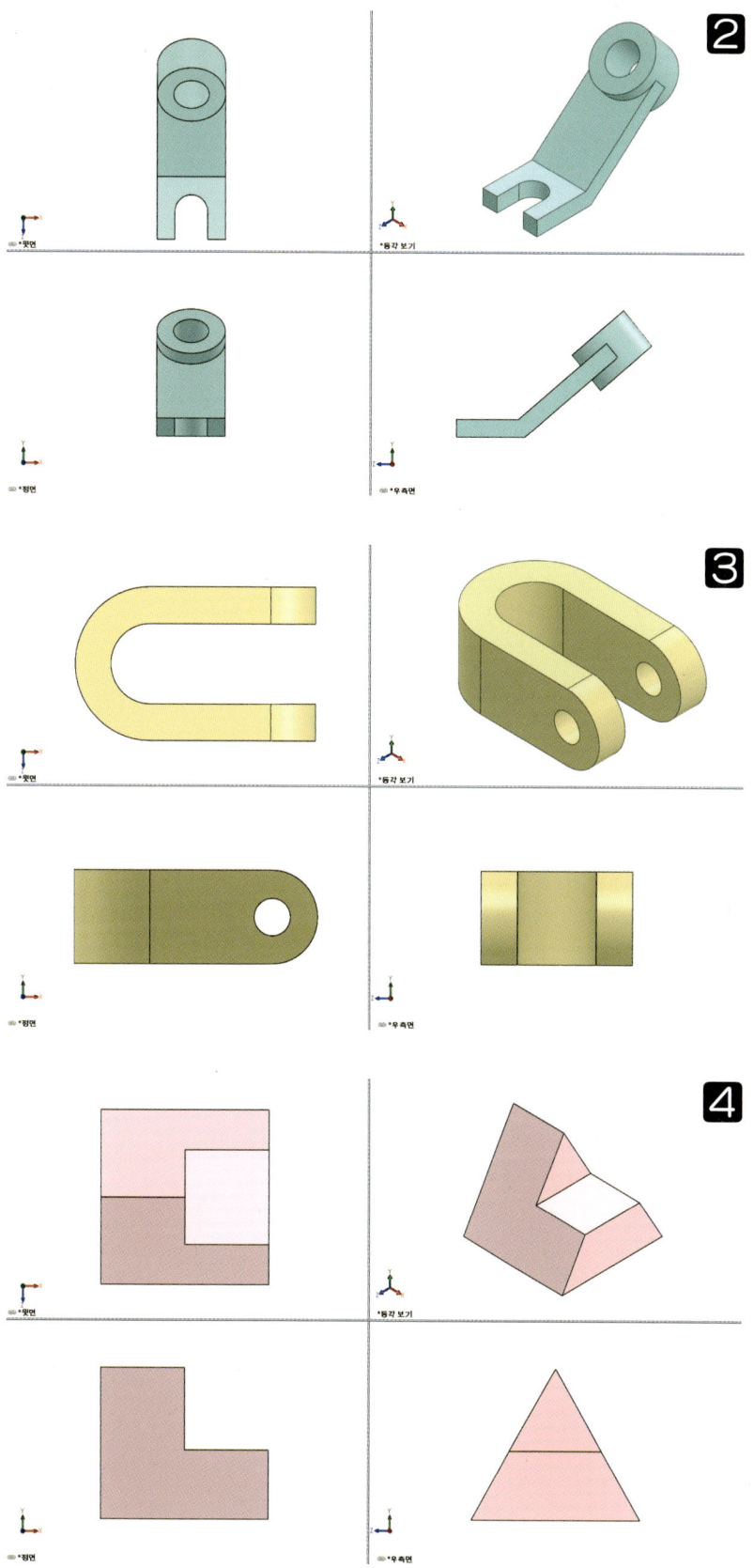

02 94P 스케치 연습문제 정답

1) 스케치 연습문제 1단계

1. A : 52.31   B : 22.49
2. A : 125°   B : 25.46
3. 469.18
4. 277.94
5. 276.27
6. A : 64.13   모든 실선의 길이 : 468.4
7. A : 44.72   B : 121°

2) 스케치 연습문제 2단계

1. 134.19   5. 307.69
2. 946.93   6. 783.94
3. 623.12   7. 320.57
4. 531.63

03 플레이! 솔리드웍스 공식 유튜브 채널

Play! SOLIDWORKS 공식 유튜브 채널
(www.youtube.com/PlaySOLIDWORKS)

Play! SOLIDWORKS 유튜브 공식 채널을 통해 독자 여러분들과 더욱 가까워집니다 !

- [솔리드웍스 한국 공식 사용자그룹]에 게시되는 솔리드웍스 QnA 질문 답변들
- [플레이! 솔리드웍스] 교재 시리즈의 애프터 강의 시리즈
- 솔리드웍스 글로벌 인증시험 강의 가이드 및 모의고사 풀이과정
- 난이도별 솔리드웍스 교육 동영상 강의 시리즈 [기본, 중급]
- 기타 다양한 미공개 솔리드웍스 교육 영상

Play! SOLIDWORKS 유튜브 공식 채널을 통해서 솔리드웍스와 관련된 다양한 동영상 컨텐츠 및 격주로 진행되는 솔리드웍스 온라인 세미나를 모두 만나실 수 있습니다. **채널 구독을 클릭하시면 업데이트되는 동영상 강의를 가장 먼저 받아보실 수 있습니다.**

스마트폰과 태블릿PC 로 어디서든 자유롭게 솔리드웍스 강의를 시청하세요. 독자 여러분의 솔리드웍스 학습을 도와드리겠습니다.

04 솔리드웍스 한국 공식 사용자그룹 SWUGN KOREA

솔리드웍스 한국 공식 사용자그룹 SWUGN KOREA
(Play! SOLIDWORKS 네이버 카페　cafe.naver.com/playsw)

원동현 저자가 직접 운영하는 솔리드웍스 사용자 커뮤니티인 Play! SOLIDWORKS 네이버 카페는 2010년 7월 20일에 처음 시작되었습니다.

 솔리드웍스를 더욱 즐겁게 배우고 전문적으로 사용하자는 취지로 지금은 2만6천여 명 이상의 회원 유치와 더불어, **2015년 5월 16일 부로 한국의 솔리드웍스 사용자를 대표하는 다쏘시스템 솔리드웍스 공식 사용자그룹 커뮤니티로 인증**받아 정기적인 온/오프라인 모임을 통해 엔지니어와 디자이너, 학생과 직장인을 연결하며 더욱 효과적인 인적/ 지적 네트워크를 구축해 나가고 있습니다.

 특히 솔리드웍스를 더욱 쉽고 즐겁게 배우고 실무에 적용할 수 있도록 카페 내 온라인 강의실을 운영하여 자가학습을 도와드리고 있으며, 전국의 오프라인 재직자 교육, 카페 내 질의 응답 게시판을 통해 작업 중 발생하는 문제에 대해 실무자들을 위한 전문적인 도움과 조언을 드리고 있습니다.

 또한 솔리드웍스 인증시험과 정기적인 오프라인 세미나, 각종 설계와 디자인 분야 전시회, 세미나 등의 참여로 실무자들 간 인적 네트워크를 형성하고 있으며, 전국의 지역 소모임과 자격증 소모임, 해외 유저들의 모임, 대학생 모임 등 다양한 소그룹 활동을 적극 지원하여 회원들이 직접 참여하는 사용자 모임이 되도록 만들어 나가고 있습니다.

 앞으로도 솔리드웍스 프로그램을 통한 설계/ 제조/디자인 분야의 무한 발전과 더욱 효과적이고 즐겁게 솔리드웍스를 사용할 수 있도록 활성화된 사용자모임으로 만들겠습니다.

05 원동현 저자 직강 솔리드웍스 교육 컨텐츠 제작 의뢰 및 온/ 오프라인 교육 신청 안내

원동현 저자 직강 솔리드웍스 교육 컨텐츠 제작 의뢰 및
온/ 오프라인 교육 신청 안내

안녕하세요 Play! SOLIDWORKS 시리즈의 원동현 강사입니다. **오프라인 대면교육/ 비대면 온라인 원격 교육**을 통해 전문적인 솔리드웍스 교육을 진행합니다. 또한, 동영상 강의 컨텐츠 제작도 함께 진행하고 있으니, 온라인 교육컨텐츠 제작을 희망하시는 분들은 컨텐츠 제작 관련 문의를 주시기 바랍니다.

솔리드웍스 및 3D 프린팅 관련 학생들의 교육을 희망하시는 전국의 고등학교/ 대학교 선생님과 교수님들, 그리고 재직자 교육을 진행하는 직업훈련학교 및 교육센터 담당자님들은 아래 연락처로 교육 문의를 주시기 바랍니다.

[교육 의뢰 절차]

1. 학과의 계획에 따른 솔리드웍스 교육 의뢰서 이메일 접수
   [DNTRLSP24@NAVER.COM]
2. 일정 및 커리큘럼, 진행 비용 등 교육 견적서 회신 (2~3일 소요)
3. 학사일정에 따라 학기 중/ 방학 특강 등으로 일정 및 과정 조정

[교육 컨텐츠 안내]

- 솔리드웍스의 단계별 교육과정 (초급/ 중급/ 고급)
- 원격 교육 (줌ZOOM) 을 이용한 비대면 교육과정
- 솔리드웍스 글로벌 인증시험 과정
- 1:1 맞춤 대면/ 비대면 교육 과정
- 3D 프린팅과 연계한 모델링 과정
- 판금/ 곡면/ 용접구조물/ 렌더링 및 모션 등 특화 단과반 과정 운영
- 솔리드웍스 동영상강의 컨텐츠 제작 및 납품 작업 진행

학생들의 작품 및 교육 후기, 교육의뢰서 양식은 **http://blog.naver.com/dntrlsp24** 네이버 블로그 로 방문하시면 안내받으실 수 있습니다.

기타 교육 관련 문의는 이메일 < **DNTRLSP24@NAVER.COM** > 으로 보내주시면 안내받으실 수 있습니다.

PLAY! SOLIDWORKS 2026 PART BASIC

초판 1쇄 인쇄   2025년 10월 20일
초판 1쇄 발행   2025년 10월 25일

저　자	원동현
발행인	유미정
발행처	도서출판 청담북스
주　소	(우)10909 경기도 파주시 하우3길 100-15(야당동)
전　화	(031) 943-0424
팩　스	(031) 600-0424
등　록	제406-2009-000086호
정　가	22,000원
ISBN	979-11-91218-38-1　　13000

※이 책은 저작권법에 따라 보호를 받는 저작물이므로 무단 전재나 복제를 금지하며,
　이 책 내용의 전부 또는 일부를 이용하려면 반드시 저작권자나 발행인의 서면동의를 받아야 합니다.

※잘못된 책은 구입하신 서점에서 교환하여 드립니다.